3.–23. Dezember 1955

STRIEZELMARKT

auf dem Altmarkt

Striezelmarkt täglich 13–20 Uhr · Vergnügungsteil täglich 14–22 Uhr

INTERNATIONALES DIXIE LAND FESTIVAL DRESDEN

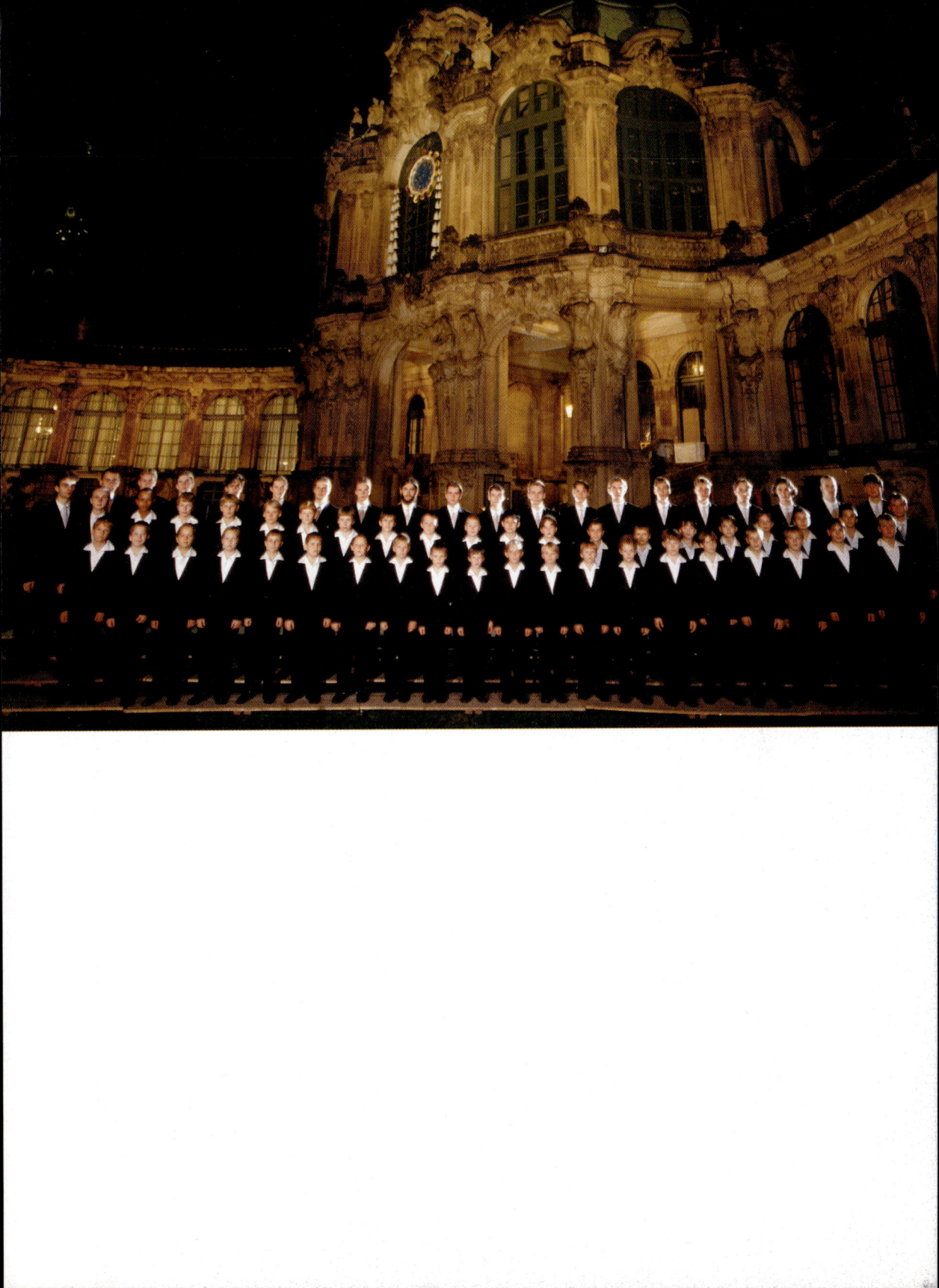

Nimm
Putzi
die Kinderzahnpaste mit Fruchtgeschmack
VEB
ELBE
Chemie

MYTHOS DRESDEN
EINE KULTURHISTORISCHE REVUE

Herausgegeben vom
Deutschen Hygiene-Museum Dresden

2006

BÖHLAU VERLAG KÖLN WEIMAR WIEN

INHALT

GRUSSWORTE

»Im Zentrum der Mensch« – das Leitmotiv der Partnerschaft zwischen der DKV Deutsche Krankenversicherung AG und dem Deutschen Hygiene-Museum findet seine Entsprechung in den eindrücklichen Bildern aus 800 Jahren Stadtgeschichte Dresden: Im Zentrum der Mensch. Bilder von Aufbau, Zerstörung und Wiederaufbau zeigen wechselvolle Episoden einer ungewöhnlichen Historie. Missbrauch von Macht wechselt sich ab mit großer Kultur und verantwortungsvollem Umgang mit Menschen und Ressourcen. Deutlich wird in der Ausstellung auch, dass Geschichte von Menschen gemacht wird und nicht wertfrei im Raum steht. Es geht immer auch um ihre persönliche Verantwortung, ihre Wünsche und Lebenswelten. Mit dem Blick in die Vergangenheit wird die Gegenwart gestaltet und werden Visionen für die Zukunft entwickelt. Wir stehen in unserem Land vor großen Veränderungen. Dennoch vertraut die DKV auf ihre unternehmerische Zukunft, auf weiteres Wachstum und hat sich für Expansion entschieden. Wir investieren in Menschen, Technologien und Wissenschaft. Im Zentrum steht der Mensch, sei es als Mitarbeiter, als Versicherter oder als Patient. Für Menschen entwickeln wir Visionen und beteiligen uns intensiv am notwendigen Um- und Neubau unserer sozialen Sicherungssysteme in Deutschland. Das ist unsere ganz spezielle Verantwortung. 800 Jahre Geschichte Dresden machen deutlich, dass europäische Geschichte Freiheit und Verantwortung verbindet. Wir wünschen allen Besuchern der Ausstellung, dass sie neue Anregungen in diesem Sinne erfahren und mitnehmen.

Günter Dibbern
Vorsitzender des Vorstands, DKV Deutsche Krankenversicherung AG

Der Begriff des Mythos ist eng mit unserer heutigen Vorstellung von Kultur verbunden. Die mythologischen Dichtungen müssten als eine »Sprache der Fantasie« betrachtet werden, hatte der Professor und Literaturkritiker Karl Philipp Moritz im Jahr 1795 in seinem bis ins 20. Jahrhundert verbreiteten Standardwerk zur antiken Götterlehre geschrieben. Er begründete mit seiner ästhetischen Mythologie ein neues Verständnis vom Mythos in der Literatur und der bildenden Kunst. Demnach machen erst die mündlich tradierten Erzählungen von Orten und Menschen die Vergangenheit erfahrbar und lassen in uns ein Gefühl für lokale Bezugspunkte entstehen. Der »Mythos Dresden« bietet dafür markante Beispiele aus acht Jahrhunderten. Auch der noch junge Mythos Hellerau, heute

Sitz der Kulturstiftung des Freistaates Sachsen, gehört dazu. Er ist aus der Idee geboren, Kunst für alle Menschen lebendig zu machen. Diesem Ziel fühlt sich die Kulturstiftung des Freistaates Sachsen mit Ihrer Förderung künstlerischer und kultureller Projekte verpflichtet. Gerade die zeitgenössische Kunst und Kultur schöpft aus der Verbundenheit, mitunter auch aus der kritischen Auseinandersetzung mit dem einzigartigen kulturellen Erbe Dresdens. Ich wünsche dem Deutschen Hygiene-Museum Dresden daher viele Besucher und der Ausstellung allen erdenklichen Erfolg.

Ralph Lindner
Stiftungsdirektor, Kulturstiftung des Freistaates Sachsen

Die Kulturstiftung Dresden der Dresdner Bank wurde 1991 ins Leben gerufen um Kunst, Kultur, Wissenschaft und Städtebau in der Stadt zu fördern, in der die Dresdner Bank vor 134 Jahren gegründet wurde. Sie gratuliert der Stadt Dresden im Jahr 2006 herzlich zu ihrem 800. Jubiläum und dem Deutschen Hygiene-Museum Dresden zu einer erneut außerordentlich erdachten und gestalteten Sonderausstellung.

Das ursprünglich aus dem Griechischen stammende Wort »Mythos« mit der Bedeutung »Wort, Rede, Sage« bezeichnet im übertragenen Sinn faszinierende Personen, Dinge oder Ereignisse. Hiervon bietet die Geschichte Dresdens unzählige, was uns die aktuelle Ausstellung des Deutschen Hygiene-Museums Dresden auf wiederum faszinierende Art vor Augen führt.

Die Kulturstiftung Dresden der Dresdner Bank, die im Jahr 2006 ihr 15-jähriges Bestehen feiert, wird mit den ihr zur Verfügung stehenden Mitteln ihren Beitrag dazu leisten, dass der »Mythos Dresden« nicht nur durch die vergangenen Errungenschaften und Ereignisse der Stadt begründet ist, sondern auch in Zukunft durch außerordentliche Leistungen ihrer engagierten Bürger, wissenschaftlichen Institutionen und kulturellen Einrichtungen fortgeschrieben wird.

Wir danken allen an dieser einmaligen Ausstellung Beteiligten und wünschen der Präsentation »Mythos Dresden. Eine kulturhistorische Revue« viel Erfolg und zahlreiche interessierte Besucher, die den Ruf Dresdens über die Stadt- und die sächsische Landesgrenze hinaus weitertragen.

Kuratorium und Vorstand der
Kulturstiftung Dresden der Dresdner Bank

Klaus Vogel, Gisela Staupe

Mythos Dresden. Eine Einführung

Zum Begriff

Auch in dem an gebauter Geschichte so reichen Dresden stellt das Deutsche Hygiene-Museum ein Haus mit besonderer Aura und Historie dar. Museumsgeschichtlich war und ist es ein Solitär. Als legendärer Tempel der Gesundheitsaufklärung gegründet, seit 1927 geplant und errichtet von dem Architekten Wilhelm Kreis, finanziert durch das Vermächtnis des Odol-Fabrikanten Karl-August Lingner, wurde es 1930 zum Entstehungsort eines der in seiner Ambivalenz sinnfälligsten Symbole der damaligen Zeit, des »Gläsernen Menschen«. Seit 1933 fungierte das Deutsche Hygiene-Museum als ein Propagandamuseum für die Verbreitung von nationalsozialistischem Gedankengut zur so genannten Rassenhygiene und Eugenik. 1945 schwer kriegsgeschädigt, wurde das Haus bald wieder aufgebaut und avancierte 1954 zum zentralen Gesundheitsaufklärungsinstitut der DDR.

Wie in einem Prisma bricht sich am Deutschen Hygiene-Museum die Geschichte der Stadt Dresden: Erneuerung, Innovation, Zerstörung, Wiederaufbau, programmatische Fremdbestimmung bis hin zur Neuorientierung nach dem Mauerfall. Seit 1991 hat es sich fächer- und disziplinenübergreifend zum »Museum vom Menschen« gewandelt. An diesem Ort wird aus Anlass des 800-jährigen Geburtstages der Stadt Dresden die Ausstellung »Mythos Dresden« präsentiert. In einer eindrucksvollen Schau lässt sie Stationen einer großen Geschichte Revue passieren.

Vielfältig und verschlungen wie die Geschichte der Stadt ist auch die Rede vom »Mythos«. Aus den Erzählungen von den Ursprüngen sind heute vielfältig verwendbare, kollektiven Träumen und Wünschen offen stehende Bildwelten geworden. Zu diesen gehören im Fall des »Mythos Dresden« auch die großen Leistungen der Vergangenheit, die bis heute eine Vielzahl von Identitätsangeboten liefern.

Für die Zukunft erlaubt der Mythos eine gewisse »offene Unbestimmtheit« (Hans-Georg Gadamer) und zwingt so die wissenschaftliche Rationalität zur Besinnung auf ihre Grenzen. Unsere Ausstellung unter dem Thema »Mythos Dresden« versucht, in diesem Rahmen einen lebendigen Dialog zwischen Überlieferung und aktuellen Anforderungen zu ermöglichen.

Geburt, Entfaltung und Etablierung des »Mythos Dresden«

Dresden entwickelt sich von der mittelalterlichen Siedlung zur Renaissance-stadt. August der Starke baut Dresden zur prachtvollen Residenz um; die Stadt glänzt in barocker Prachtentfaltung, Festlust, Schönheitskult und verfeinertem Kunstgenuss, die Rede vom »Mythos Dresden« beginnt und dauert bis in die Gegenwart. Der Mythos braucht das Ereignis und die Rede darüber. Und diese Stadt macht in den folgenden Jahrhunderten von sich reden.

August der Starke begründet auch die einzigartige Gemäldesammlung. Sein Sohn, August III., kauft Raffaels Sixtinische Madonna, diese »übermächtige« (Durs Grünbein) Ikone der Dresdner Kunstsammlungen, und er holt den Vene-zianer Bernardo Bellotto an die Elbe. Virtuos und nach venezianischem Vorbild interpretiert er die prächtigen barocken Stadtansichten in seinen Veduten und schreibt so die Silhouette Dresdens in ein Regelwerk der Kunst (Andreas Beyer) ein. Durch seine Korrekturen der Wirklichkeit, etwa durch Erhöhung der Kup-pel der Frauenkirche, hebt er die Stadt über ihre geographische und historische Wirklichkeit hinaus. Die von Canaletto, wie Bernardo Bellotto vereinfachend genannt wird, geschaffene »Skyline« des alten Dresden legt sich wie eine Folie über jedes »wirkliche« Bild der Stadt, selbst noch über dasjenige ihrer Zerstörung.

Nur unterbrochen von den Schlägen des Siebenjährigen Krieges erlebt die Stadt eine Blütezeit, die sich über fast drei Jahrhunderte erstreckt. Schon der »späte« Canaletto stimmt mit der Vedute der zerstörten Kreuzkirche auf die Ruinen-poesie der Romantik ein; Maler, Philosophen und Literaten wie Philipp Otto Runge, Caspar David Friedrich, Novalis, E. T. A. Hoffmann, Schelling, Fichte und die Brüder Schlegel prägen die Kunst- und Wissenschaftsszene der Stadt und machen Dresden zu einer Hauptstadt der Romantik. Im 19. Jahrhundert tritt die Musik in den Vordergrund der Künste. Carl Maria von Weber komponiert mit dem »Freischütz« die deutsche Nationaloper, von ihm empfängt Richard Wag-ner entscheidende Eindrücke.

Das frühe 20. Jahrhundert macht der Avantgarde der ersten Moderne Platz, auch wenn deren Vertreter in Dresden, wie die Maler der »Brücke«, nur ein kurzes Gastspiel geben. Zu einem Mythos eigener Art geworden ist das Gesamt-kunstwerk Hellerau, einer der wenigen Orte, an denen die Idee des 20. Jahrhun-derts vom »Neuen Menschen« in positiver Weise Gestalt angenommen hat.

Neubeginn

Das alte Dresden wird am 13. und 14. Februar 1945 fast völlig zerstört. Die Stadt, die in ihrer Blüte in einem Atemzug mit Florenz und Venedig genannt wurde, reiht sich im Leiden ein zwischen Lissabon und Karthago. Neben der unüberschaubaren Fülle an Kunstschätzen, die Dresden bis heute besitzt, trägt es seither auch an einem einzigartigen »Leidschatz« (Aby Warburg). Aber auch die schreckliche Wirklichkeit des 13. Februar wurde narrativ überwunden: in zahlreichen Äußerungen und Werken von Schriftstellern wie Erich Kästner, Victor Klemperer, Gerhard Hauptmann, Heinz Czechowski oder Martin Walser.

Walser etwa schildert in seinem Roman Die Verteidigung der Kindheit wie sich ein aus dem zerstörten Zirkus Sarrasani entlaufener Löwe zwischen den Leichen auf den Elbwiesen bewegt »… an den Toten schnupperte, …, spürte, dass da noch jemand lebte und sich sogar dicht an ihn schmiegte.« Die Erzählung über die fast paradiesisch anmutende Friedfertigkeit des Raubtiers wird zu einem mythischen Erzählkern, der bei der »Verarbeitung des Schreckens des Unbekannten und der Übermächtigkeit« (Hans Blumenberg) hilft und Zukunftsvertrauen schafft, wo sonst keines angebracht wäre.

Der Mythos Dresden lässt sich in der Form einer Ellipse deuten, deren beide Pole einmal den Glanz und die Schönheit, einmal das Elend und die Zerstörung verkörpern. Die Frauenkirche ist das Herz dieses Mythos. Alles, was der Stadt widerfuhr, zeigt sie in konzentrierter Gestalt, als Punctum auf den Veduten Canalettos und als geschwärzte Ruine. Als rekonstruiertes Wahrzeichen der Stadt soll sie jetzt Symbol des Friedens sein. Nach anfänglichem Zögern fällt es auch den meisten Zweiflern leichter, ihr diese Aufgabe zuzugestehen. Lange prägte die »schreckliche Schönheit« der Ruine das Stadtbild, gleichzeitig war sie ein hochsymbolischer Ort, Movens und Bühne für die, die aus dem Erinnern für die Umgestaltung der Zukunft schöpften, wie etwa die Umwelt- und Friedensbewegung in den 1980er Jahren.

In der Zeit der DDR hatten die Bürger Dresdens ein besonderes Verhältnis zu ihrer Stadt; was ihr widerfahren war, zeichnete sie vor allen anderen aus. Jetzt war es gerade das »Ungenügen an der eigenen Gegenwart« (Ingo Schulze), das Glanz und Zerstörung Dresdens einen mythischen Aspekt verlieh. »Besonders« verhielten sich die Dresdner auch in der Wendezeit. An keinem Ort der DDR kam es zu derart explosiven Situationen wie hier, bevor sich die legendäre »Gruppe der 20« formierte und die Forderungen der Bewohner des »Tals der Ahnungslosen«, (so genannt wegen der technischen Unmöglichkeit, das »Westfernsehen« zu empfangen) nach Bürgerrechten und Beschränkung der staatlichen Macht formulierte.

Heute wird mit großangelegten Restaurierungsvorhaben der alte Glanz Dresdens wieder heraufbeschworen. Die Kräfte der Erhaltung und der Wiederherstellung verkörpern menschliche Kulturleistungen in der Geschichte; Zerstörung und Vernichtung sollen in Dresden nicht das letzte Wort haben. In diesem Bewusstsein stellt sich auch diese Stadt, die als Mythos erlebt wird, den Herausforderungen der Gegenwart

Danksagung

Die Stiftung Deutsches Hygiene-Museum dankt ganz besonders Prof. Dr. Karl-Siegbert Rehberg, Marcel Beyer und Hans-Peter Lühr, die unser Projekt von Anfang an wissenschaftlich begleitet und beraten haben. Die umfangreiche konzeptionelle und wissenschaftliche Arbeit sowie die organisatorische Umsetzung lag in der Hand eines Projektteams unter der Leitung von Sigrid Walther. Mitgewirkt haben Dr. Gunda Luyken, Dr. Roland Füssel, Kathrin Ahnert und Ulrike Gätke-Heckmann. Die Dramaturgie der Ausstellung wurde von dem Filmemacher und Regisseur Jan Martin Scharf entwickelt. Ihnen allen sei an dieser Stelle für ihre engagierte Arbeit gedankt.

Dem Architektenteam Wandel Hoefer Lorch + Hirsch mit Marcus Kaiser und Tobias Katz danken wir für ihre konzeptionelle Phantasie und Konsequenz, mit der sie die Ausstellung gestaltet haben. Den Autoren danken wir für ihre Beiträge und Helga Raulff für die Konzeption und redaktionelle Betreuung des Buches. Allen anderen Gesprächspartnern und natürlich nicht zuletzt allen großzügigen Leihgebern, die der Ausstellung erst zu ihren Gegenständen verholfen haben, sei an dieser Stelle sehr herzlich gedankt.

Zum Schluss möchten wir auch allen Personen und Institutionen danken, die in vielfältiger Weise zum Gelingen dieses Projektes beigetragen haben. Unser besonderer Dank gilt der Kulturstiftung des Freistaates Sachsen, dem Hersteller von »Odol« GlaxoSmithKline Consumer Healthcare und der Kulturstiftung Dresden der Dresdner Bank, die das Ausstellungsvorhaben großzügig unterstützt haben. Wir danken für das Vertrauen, das sie in dieses Projekt investiert haben.

Klaus Vogel
Direktor

Gisela Staupe
Stellvertretende Direktorin

Ingo Schulze

Ich war begeisterter Dresdner

Nachtgedanken

Wo stand das »Schwarze Tor« und wo das »Seetor«, wo befanden sich die »Pirnaische Vorstadt« oder das »Linckesche Bad«? »Der goldene Topf« von E. T. A. Hoffmann war zu Hause bevorzugter Vorlesestoff, schließlich spielte das »Märchen aus der neuen Zeit« in Dresden. Doch die Wege des Studenten Anselmus oder jene von Fräulein Veronika Paulmann nachzuvollziehen, gelang nicht, die Namen sagten mir nichts. Bei den Nachforschungen stellte sich jedoch heraus, dass sich an den beschriebenen Orten entweder nur noch eine freie Fläche befand oder etwas Anderes. Deshalb versetzte die kindliche Vorstellungskraft die Figuren in ein imaginäres Dresden, an jenen sagenhaften Phantasieort, den es seit dem 13. Februar 1945 nicht mehr gab. Obwohl ich es hätte besser wissen können, war ich der Überzeugung, erst in der Bombennacht sei jenes Dresden verschwunden, in dem der Student Anselmus zwischen zwei einander bekriegende Mächte gerät.

Anselmus muss sich zwischen der Welt der Poesie und jener des bürgerlichen Alltags entscheiden, zwischen Veronika Paulmann, die um den Studenten mit allen Mittel kämpft, seit sie in ihm einen künftigen Hofrat sieht, und Serpentina, dem grünen Schlänglein, der Tochter des Archivarius Lindhorst, der eigentlich ein Salamander ist. Oder andres gesagt: Anselmus gerät zwischen zwei Mächte, deren Schein sich von ihrem Sein unterscheidet. Natürlich steht der Leser auf der Seite Serpentinas, gerade weil Hoffmann uns das Fräulein Veronika in ihrer Anmut und ihrer kalten Berechnung, ihrem wirklichen Mut und ihrer Skrupellosigkeit, in ihrem lebensfrohen Krämergeist so eindringlich vor Augen führt. Dass Anselmus schließlich mit Serpentina nach Atlantis versetzt wird, erfüllte mich mit Befriedigung. Eine noch größere Befriedigung jedoch zog ich aus der Tatsache, dass es hier um Dresden ging, und damit meine Heimatstadt zum Nabel der Welt erklärt wurde, zu einem Ort, an dem die entscheidenden Kämpfe ausgetragen werden.

Sind es Werke wie das Hoffmannsche, die eine Stadt zum Mythos werden lassen?

Was überhaupt ist Mythos?

Die für mich beste Beschreibung hat noch immer Franz Fühmann geliefert. In seinem Essay »Das mythische Element in der Literatur« zählt er die Hauptelemente auf, die für ihn zum Wesen des Mythos gehören. Vereinfachend gesagt: »Das Mythische ist Gleichnis für die Verschränkung dessen, was sowohl draußen wie drinnen ist, von historisch-sozialen wie von psychischen Realitäten. (…) Er ist untheoretisierte Erfahrung und Bestätigung meines Erfahrens, doch dieses Bestätigen hat übergreifend auch erklärende Gewalt, wennglcich in cincm besonderen Sinn: Es erklärt Dinge, die wissenschaftlich unerklärbar sind.« Mythos ist immer etwas Unabgeschlossenes, etwas, für das es keine Urfassung gibt und keine Endfassung. Mit jeder Deutung schreibt man ihn fort. Märchen sind gesunkene Mythen. Das Märchen kann wieder zum Mythos werden, wenn wir anstelle des Happy-Ends die Widersprüche zurückdenken.

Darüber hinaus ist der Mythos ambivalent: »Die Anfälligkeit liegt in seinem Gleichnischarakter; der ist sein Vorzug wie seine Schwäche, und beides teilt er mit jeder Kunst. … Das menschliche Streben nach bequemster Erklärung der unbequemen Dinge des Alltags – und uneingestanden gerade des Innen – kann … zu massenhafter und gieriger Anerkennung all dessen führen, was nach dem Mund redet, um den Bart geht, Honig ums Maul schmiert – kurzum: aller Demagogie.« Wer das Gleichnis zur Gleichung fälscht, zerstört den Mythos und setzt an seine Stelle den Wahn.

Außerhalb der Literatur, außerhalb der Kunst wird die Bestimmung des mythischen Elementes komplizierter. Denn sowohl die reale Erfahrung als auch die Erfindung machen erst die Erzählung aus, die zum Mythos werden kann. Der Mythos braucht sowohl das Ereignis wie die Rede darüber. Was macht eine Stadt zu einem Mythos? Was muss mit einer Stadt geschehen, damit der Begriff Mythos – bei aller Unschärfe –, angemessen wirkt?

Ich war begeisterter Dresdner

Denn welche andere Stadt besaß einen weltberühmten Zwinger, eine weltberühmte Gemäldegalerie, eine weltberühmte Staatskapelle, einen weltberühmten Kreuzchor, ein weltberühmtes Grünes Gewölbe, das weltberühmte Meißener Porzellan oder so weltberühmte Schlösser wie Pillnitz oder Moritzburg? In Dresden war weltberühmte Musik, weltberühmte Kunst, weltberühmte Architektur, weltberühmte Literatur entstanden. Der Dresdner Zoo war weltberühmt für seine Menschenaffen und der Große Garten war weit und breit der größte Garten. Vielleicht stand in Leipzig ein größerer Bahnhof, aber wenn wir Dresdner unseren Hauptbahnhof und den Neustädter Bahnhof zusammen gelegt hätten

... Und natürlich war unser Fernsehturm höher als der Berliner, wenn man die Höhe über dem Meeresspiegel maß. Die Bezeichnung »Elbflorenz« beunruhigte mich hingegen, weil sie unterstellte, es gäbe da etwas noch Schöneres als Dresden, etwas, wovon die Dresdner Herrlichkeit nur abgeleitet wäre.

Zur Familie gehörten der Goldene Reiter, der Kreuzkantor Rudolf Mauersberger, die Trümmerfrauen, Peter Schreier und Hansi Kreische (der später von Dixi Dörner abgelöst wurde). Auch auf Manfred von Ardenne waren wir stolz. August der Starke wurde mir jedoch bald suspekt. Er hatte die Gräfin Cosel auf die Burg Stolpen gesperrt und den Alchimisten Böttger in die Meißener Burg. Die Bauern, so hörten wir in der Schule, mussten ihr weniges Salz auf die Straße streuen, damit die Herrschaften auch ohne Schnee Schlittenpartien machen konnten. Am schlimmsten aber fand ich die Geschichte mit den Dragonervasen. Zwei Vasen aus chinesischem Porzellan, die August der Starke für zwanzig Soldaten vom König von Preußen kaufte – ob es pro Vase zwanzig oder insgesamt zwanzig Soldaten waren, weiß ich nicht mehr. Da ich eines Tages auch zur Armee müsste, sah ich mich als einen dieser verkauften Dragoner. Was würde geschehen, wenn die Vasen auf dem Weg nach Dresden kaputt gingen? Durfte man das überhaupt wünschen?

Für Walter Benjamins Feststellung, dass es kein Produkt der Kultur gäbe, das nicht zugleich ein solches der Barbarei sei, gab es wohl kein besseres Beispiel.

Das Ritual der Sonntagsausflüge diente dazu, sich der Dresdner Herrlichkeiten zu versichern. Das Mindeste war eine Radtour nach Moritzburg. Doch zu einem wirklichen Sonntag gehörte die Autofahrt nach Pillnitz, auf die Burg Stolpen oder in die Sächsische Schweiz, vor allem aber der Ausflug auf die uneinnehmbare Festung Königstein. Uneinnehmbar war sie, weil Gefangene einen Brunnen durch den Felsen geschlagen hatten und ihr somit nicht das Wasser ausgehen konnte.

Die Rüstkammer im Zwinger kannte ich weitaus besser als die gegenüberliegende Gemäldegalerie. Immer wieder gingen wir auf der Brühlschen Terrasse zu jener Stelle, an der August der Starke seinen Daumenabdruck im Geländer hinterlassen hatte. Und immer wieder standen wir schließlich vor den Trümmern der Frauenkirche (für den eigentlichen Grund, dass man die Ruine nicht antastete und die darunter verborgenen Schätze rettete, hielt ich die Angst vor den Gerippen, auf die man dabei stoßen würde).

Zu Weihnachten gehörte die Christmette am Morgen des Ersten Weihnachtsfeiertages, deren Sensationen das »Vom Himmel hoch, da komm ich her« war, das tatsächlich durch ein geöffnetes Fenster hoch über dem Altar gesungen wurde, und der Auftritt der Drei Könige, vor allem des Mohren, weil dessen Schleppenträger in winzigen Schritten hinterhertänzelte.

Von meiner Mutter und den Großeltern, allesamt Neu-Dresdner, hörte ich weder den Dresdner Dialekt noch die Dresdner Legenden. Beides vernahm ich aus dem Mund einer Frau, die meiner Großmutter beim Putzen und Wäschewaschen half. Sie erzählte mir, wie bei der Bombardierung Dresdens Löwen und Tiger neben Kindern und Frauen im Großen Garten gelegen und Zuflucht gesucht hätten. Sie erzählte von Tieffliegern über den Elbwiesen, die auf die vor dem Feuer Flüchtenden mit Maschinengewehren geschossen hätten. Sie erzählte mir, wie schön und herrlich das Leben vorher gewesen war, und wie schlimm alles dann mit den Russen geworden war.

In der Schule, wenn nicht schon im Kindergarten, hörten wir von einem Soldaten der Roten Armee, der, als er die von den Faschisten in einem nassen Bergstollen versteckte »Sixtinische Madonna« erblickte, so ergriffen war, dass er alle Vorsicht vergaß und auf eine Mine trat. Er bezahlte seinen Mut und seine Feinsinnigkeit mit dem Leben.

Die Stadtrundfahrt führte uns zum alten Gericht in der Südvorstadt, in dem Kommunisten von den Faschisten gefoltert und hingerichtet worden waren, dann auch zum Blauen Wunder, der einzigen am Kriegsende nicht gesprengten Dresdner Elbbrücke, denn zwei Männer hatten unabhängig voneinander die Zündschnur durchschnitten.

Ein Ritual waren auch die Besuche am Sonnabend Nachmittag im Dresdner Dynamostadion. In der DDR war es das konkurrenzlos bestbesuchte Stadion. Häufig war es zu Oberligaspielen mit 34.000 Tausend (oder waren 36.000?) ausverkauft. Da ich bis dahin richtige Fußballspiele nur aus dem Fernsehen gekannt hatte, war ich überrascht gewesen von der Farbigkeit der Kulisse, vor allem von dem geradezu leuchtenden Grün des Rasens und den schwarz-gelben Trikots. Allerdings vermisste ich Wiederholung und Zeitlupe, wenn ein Tor gefallen war. Sobald die Zahl der Opfer des »anglo-amerikanischen Terrorangriffs« erwähnt wurde, hatte ich als Stadionbesucher eine klare Vorstellung. 30.000 kamen zu einem Spiel gegen Wismut Aue im Dezember.

Glanz aus dem »Ruinenwert«

Vielleicht brauchte es all dieser Beispiele gar nicht, um die Vermutung auszusprechen, dass, wenn es denn so etwas wie einen Mythos Dresden geben sollte, dieser sich sowohl aus dem einstigen Glanz wie aus dessen Zerstörung speist. Je größer der Glanz, den wir aus dem »Ruinenwert« schlossen, desto sinnloser und opferreicher die Zerstörung.

Wir besaßen und hüteten eine relativ frühe Ausgabe von Fritz Löfflers »Das alte Dresden«, das mit seinem schwarzen Einband und der goldenen Schrift das eigentliche heilige Buch zu Hause war. Es hatte die Bedeutung eines Reliquiars, eines Stammbaums.

Und zugleich zogen wir aus der Größe des Verlustes auch eine Art Selbst-bewusstsein. Was der Stadt widerfahren war, zeichnete sie wiederum vor anderen aus. Ja die einmalige Zerstörung reichte nicht: Die Sentenz, dass Dresden drei-mal zerstört worden sei, einmal durch die Bomben, zum zweiten Mal durch das, was man abgerissen hatte, zum dritten Mal durch das neu Gebaute, war jedem Dresdner geläufig.

Wenn es einen Mythos Dresden gibt, dann war sein Herz die Ruine der Frauen-kirche.

Dieser Mythos von Schönheit und Zerstörung leuchtete vor dem Dresden, wie ich es kannte, nur umso heller. Mein Dresden waren die endlosen Zäune und Mauern der »Russenkasernen«, die sich von Klotzsche bis hinein in die Stadt zogen. Unser Zeitalter war die Prager Straße, die Wohnblöcke der Johannstadt, das Hochhaus am Pirnaischen Platz mit der Leuchtschrift »Der Sozialismus siegt«, der »Fresswürfel«, der an Stelle der abgerissenen Sophienkirche entstan-den war, der Kulturpalast mit dem Mosaik »Der Weg der Roten Fahne«, die »Straße der Befreiung« samt Kügelgenhaus, die Ruinen von Schloss und Frau-enkirche, auch die vielen kleineren Ruinen und das Devisenhotel »Bellevue«. Irgendwie gehörte sogar der schleppende Wiederaufbau der Semperoper dazu.

Aber der Mythos war auch in den vielen Oasen präsent. Und ob tatsächlich oder nur von der Anmutung her. Die Oasen ähnelten wieder bewohnbar gemachten Ruinen: Das Kupferstich-Kabinett, das Albertinum, der Pretiosensaal der Schlossruine, die Neustadt mit der Galerie Kühl, Loschwitz mit seinen Villen, dem Leonhardi-Museum, dem Künstlerhaus an der Pillnitzer Landstraße, Blase-witz mit dem Antiquariat Carl Adler, der Schiller- und der Körnergarten, das Café Toscana oder das Secundo genitur auf der Brühlschen Terrasse.

In Dresden ließ sich etwas erhaschen, das unverwechselbar war. Die heimlichen Wohnungsausstellungen von Hermann Glöckner und Gerhard Altenbourg, Bar-lach im Pretiosensaal, Klee im Albertinum. Es gab die Konzerte im Kulturpalast und in der Kreuzkirche. Es gab den Jazz und es gab das Schauspiel, die Musik-hochschule und die Kunsthochschule. Vor allem aber die vielen Wohnungen mit ihren so ähnlichen Bücher- und Plattenbeständen.

Ein Dazwischen

Das mag nach glücklicher oder zumindest erfüllter Gegenwart klingen. Und vielleicht war sie es ja auch. Aber so hat es sich damals nicht angefühlt. Wir lebten in einem merkwürdigen Provisorium, einem Dazwischen, gerade weil der status quo wie für die Ewigkeit gemacht schien.

Zu dem Bewusstsein des Verlustes einer reichen, überbordenden Vergangenheit, wie man es eben besonders in Dresden pflegen konnte, trat eine DDR-typische Überzeugung, nämlich dass sich das eigentliche Leben anderswo abspielte. Die Zukunft definierte sich räumlich, denn im Osten würde die Zukunft immer irgendwie so sein wie die Gegenwart.

Wir lebten zwischen dem Nicht-mehr und dem Noch-nicht-dort. Wenn man das hier und jetzt nicht ignorierte, so versuchte man sich doch von ihm abzusetzen, sich zu distanzieren, aus dem vorgegebenen Ja/Nein auszusteigen und die Fühler in die Welt zu strecken. Jedes Ereignis, so erscheint es mir nachträglich, bestand mehr aus der Beschwörung der Vergangenheit und der Beschwörung eines Anderswo als aus der bewussten Zuwendung zur eigenen Gegenwart.

Man ignorierte das scheinbar unveränderliche Jetzt und Hier und richtete alles Streben auf die Tradition und zugleich in die Zukunft, die, wie gesagt, räumlich bestimmt wurde, nämlich jenseits der Mauer.

Das Sinnbild dafür waren die ästhetisch heruntergekommenen Räume (mit ihren riesigen verwelkten Blumensträußen) der Galerie Kühl, der letzten Privatgalerie der DDR. Die Tradition der Brücke-Künstler, Dix, Kokoschka, war dort ebenso gegenwärtig wie die wahre DDR-Kunst, also jene, die kaum auf einer Kunstausstellung erschien, dafür aber im Westen die eigentliche öffentliche Würdigung und Kenntnisnahme und ihre eigentlichen Käufer fand. Und waren nicht »unsere Besten« schon längst im Westen? Und wer nicht in den Westen ging, zog zumindest nach Berlin.

Man saß im Café oder Gartenlokal, studierte die Expressionisten und sehnte sich nach Paris oder New York.

Und vielleicht war auch deshalb das Bürgerliche in Dresden auf so merkwürdige Weise altmodisch und präsent: Ob im Flanieren vor dem Sinfoniekonzert oder auf der Brühlschen Terrasse, ob im bewussten Festhalten an Umgangsformen, am Sie der Anrede und am Titel, an der freundlich-selbstbewussten Distanz zum Offiziellen. Ich empfand es immer als ein Dagegenhalten, als ein Bestehen auf Unterschieden gegen die grassierende Gleichmacherei.

Die offizielle Propaganda, die vorgab, die Städte schöner denn je wieder aufzubauen, klang in Dresden einfach nur zynisch.

Merkwürdigerweise aber, so meine Vermutung, war es gerade das Ungenügen an der eigenen Gegenwart, die Glanz und Zerstörung Dresdens einen mythischen Aspekt verliehen. Denn das Schicksal der Stadt schien besiegelt. Die Nachkriegsbauten hatten nichts mehr mit Dresden zu tun, das war einfach nur sozialistische Bezirkshauptstadt. Der Aufbau der Semperoper änderte daran nichts, ja er schien es nur zu bestätigen: Denn bis heute ist das Gebäude immer noch wichtiger als das, was darin geschieht.

Kulissen

Letzten Herbst fuhr ich mit der Bahn von Berlin nach Prag. Ich genoss die Annäherung an Dresden: in der Ferne Meißen, dann Weinböhla und Radebeul mit den Weinbergen, Schlösschen und Villen. Als der Zug die Hansastraße überquerte, an der jede Tramptour begonnen hatte, und die Mitreisenden zur Tür gingen, wurde ich unruhig: Zum ersten Mal war ich ein Durchreisender.

Ich starrte aus den Fenstern, als dürfte mir nichts entgehen: Der Neustädter Bahnhof, auf dem wir die Großeltern von ihrem Besuch aus dem Westen erwartet hatten und von dem ich mit dem Sammeltransport zur Armee aufgebrochen war, die vielen Fahrten als Student und Besucher, immer erwartet und abgeholt, immer zum Zug gebracht. Und dann, schon auf der Marienbrücke, der Canalettoblick! Da war sie also. Wirklich-unwirklich stand die helle Frauenkirche im schwärzlichen Panorama der Altstadt. Ich sah sie gern. Ich freute mich über diese neue Kuppel, die, wie sonst nur die Hofkirche, die Silhouette Dresdens bestimmte. War dieser Anblick nicht ein wahr gewordener Traum? An seiner Verwirklichung hatte ich keinerlei Anteil. Nicht eine müde D-Mark habe ich gespendet, weil ich mir nicht vorstellen konnte, dass etwas Neues der schrecklichen Schönheit der Frauenkirchen-Ruine hätte ebenbürtig werden können.

Aus dem rechten Fenster sah ich das Ostra-Gehege und die Tabakfabrik als Moschee, links das verwandelte Lagerhaus mit einem großen Glasbau davor. Es waren immer nur Augenblicke, in denen ich etwas erhaschte und manchmal wohl mehr ahnte als sah. Das »Haus der Presse«, rechts die Friedrichstraße, mit den Sandsteinlöwen vor dem »Friedrichstädter Krankenhaus«, an dessen Rückseite sich der große Neptunbrunnen versteckte und auf dessen Friedhof Pöppelmann beerdigt lag. Ich sah die Reste des Heizkraftwerks, schließlich das so genannte World-Trade-Center und dann die Prager Straße, die, wie der Hauptbahnhof, eine Baustelle war. Während der Ausfahrt durch Reick und Prohlis entstand ein merkwürdiger Verdacht: War nicht gerade das, wovon man sich früher hatte distanzieren, was man hatte ignorieren wollen, war es nicht gerade das, was einen geprägt hat, was zu einem gehört, was das eigene Dresden ausmacht? Die Startrampe für die Träume, die einen aus der Gegenwart DDR hatte katapultieren sollen, war die nicht längst mit dem Traum verbunden und nolens volens dazugehörig? Und ist es nicht gerade das, wofür man sich heute offiziell schämt, was man am liebsten ungeschehen machen und abreißen will?

Ich ärgerte mich selbst über meine Melancholie, für die ich keine haltbare Begründung fand. Was ist natürlicher, als in einer Stadt, in der man schon über zwanzig Jahre nicht mehr lebt, ein Fremder zu werden, dem all die neuen Straßennamen nichts mehr sagen?

Als ich im Januar dieses Jahres durch die Prager Straße in Richtung Frauenkirche lief, war für mich alles neu. Denn wer Freunde in einer Stadt hat, dem bleibt oft keine Zeit mehr für Spaziergänge durch die Stadt. Viel hatte ich von den Ereignissen im Oktober 1989 gehört und gelesen, in denen die Prager Straße zum zentralen Ort des Geschehens geworden war. Die DDR-Prager-Straße ist noch gut zu erkennen, nur an ihren Enden wird sie länger und schmaler. Ich dachte an den 13. Februar 1983, als mehrere hundert Jugendliche aus der Kreuzkirche zur Ruine der Frauenkirche gegangen waren, um dort Kerzen aufzustellen. Ich hatte davon bei der Armee erfahren und jene dankbar bewundert, die den Mut für diese erste große Demonstration gefunden hatten. Und ich sah die Bilder vor mir, als Kohl an der Ruine der Frauenkirche sprach, der Jubel, der um ihn toste, weil nirgendwo der Westen goldener geglänzt hatte als im »Tal der Ahnungslosen«.

In der fremd-vertrauten Umgebung, in der ich auf die Frauenkirche zuging, genoss ich das laute Sächsisch, als hörte ich es in nie gekannter Lebendigkeit.

Je näher ich der Frauenkirche kam, umso mehr schien sie sich zu verwandeln, um dann, vom Neumarkt aus betrachtet, zu ihrer eigenen Wachsfigur zu erstarren. Was war geschehen? Ich weiß es nicht. Wie ein Bergsteiger fand der Blick dankbar an jedem alten Stein halt – und glitt an der hellen Fassade wieder ab.

Aber ist es nicht einzigartige Architektur? Der schönste protestantische Dom? Und zutiefst bewegend, auf welche Art und Weise der Wiederaufbau bewerkstelligt wurde? Ja! Ja! Ja! Aber sollte das hier das Herz von Dresden sein?

Ich umrundete die Kirche, sah ins Coselsche Palais hinein, dem zwischen 1998 und 2000 entstandenen ersten »Leitbau« an der Frauenkirche, wo Gänsebraten mit Marzipan überbacken angeboten wird und die Kellnerinnen und Kellner in historisch angehauchter Tracht bedienen. Wieder im Freien, sah ich nur noch Kulissen! Kulissen, die alte Häuser aus vergangenen Jahrhunderten vorstellen sollen. Wohin ich auch blickte, überall flatterten die mit den zukünftigen Fassaden bemalten Planen. Wo man die Häuser schon errichtet hatte, war es am schauerlichsten. Hier fällt man aus der Zeit, und verliert somit auch den Ort. Ja ich wunderte mich, dass die Leute auf dem Platz nicht in historischen Kostümen herumliefen.

Vielleicht gibt es für die neue Frauenkirche doch noch die Möglichkeit zu altern, die Hoffnung, dass ihr Odem eingehaucht wird, ihr Antlitz Lebendigkeit gewinnt. Aber diese Attrappen um sie herum, »die ohne einen alten Stein uns den Fortbestand des Alten heucheln? … Diese Attrappen sind ein grauenvoller

Spiegel unseres Mangels an Eigensein.« Diese Worte Fühmanns, die er angesichts des historisierenden DDR-Bauherrengeistes Ende der Siebziger formulierte, erscheinen mir heute geradezu prophetisch.

Plötzlich blickte ich dankbar auf den Kulturpalast und auf die Rückfront des klobigen, unschönen Häuserriegels der früheren Thälmann-Straße, nun wieder Wilsdruffer Straße, weil aus ihnen noch ein historisch fassbarer Bezug, eine konkrete Zeit sprach.

Zwischen der Seelenlosigkeit des Bau-Surrogats, das um den Neubau der Frauenkirche herum errichtet wird wie ein ewig währender Weihnachtsmarkt, und der neuen Verkaufsarchitektur, die von Stadt zu Stadt so austauschbar und allgegenwärtig ist wie die Marken der Firmen, die sie beherbergt, gewinnen plötzlich die geschmähten Bauten der DDR-Zeit ein markantes, ja geradezu menschliches Gesicht. Die Häuserfront des Dresdner Altmarkts, diese Melange aus Stalinismus und Barock, erscheint mir im Vergleich zu dem neuen Potemkinschen Dorf geradezu souverän, so wie die naiven Reliefs von Bäuerinnen und Bauern, die sich nun zwischen der Filiale von Douglas und der zurückgekehrten Firma Kreutzkamm befinden, mich plötzlich anrührten.

Was ist das für ein Geist, der aus Dresden ein Märchen machen will, und es damit der Geschichts- und Gesichtslosigkeit preisgibt?

Als ich mich noch einmal umdrehte, sah ich alte Bekannte! Der Herr Konrektor Paulmann und der Herr Registrator Heerbrand laufen durch die Stadt. Und für das Fräulein Veronika kann sich nun auch ihr Traum erfüllen: Sie sitzt als Frau Hofrätin Heerbrand im Erker und schaut lächelnd auf die Elegants hinab, die vorübergehend und hinauflorgnettierend sagen: »Es ist doch eine göttliche Frau die Hofrätin Heerbrand!« Ort der Handlung – das kann man bei Hoffmann nachlesen – ist der Neumarkt. Anselmus ist nach Atlantis verschwunden. An seinem Sächsisch wird man ihn dort vielleicht erkennen.

Schneekugel, 2005

»DIONYSISCHES DRESDEN«

Dresden war bis zur Regierungszeit Augusts des Starken (1694–1733) eine mittelalterlich geprägte Stadt. Er erst formte sie zu einer Metropole von europäischem Rang. Als sächsischer Kurfürst Friedrich August I. erwirbt er 1697 die polnische Königskrone und nennt sich fortan August II. Der kosmopolitische Herrscher ist ganz auf die Ausweitung und Festigung seiner Macht orientiert. Wesentliche Mittel dabei sind ihm Repräsentation und eine hochentwickelte Festkultur. Planmäßig fördert August der Starke die Künste, aber auch Wissenschaft und Wirtschaft. Während des augusteischen Zeitalters entstehen die Bauten, die Dresden bis heute prägen: Der Zwinger, die Hofkirche, die Frauenkirche, die Augustusbrücke oder die Brühlsche Terrasse. Auch seine Neuorganisation der königlichen Kunstsammlungen wirkt bis heute. Unter August dem Starken werden also viele der Bilder und Motive produziert, ohne die der Mythos Dresden nicht denkbar ist: Barocke Pracht, verfeinerter Kunstgenuss und ungehemmte Lebensfreude.

Thronsessel
lederbezogen und mit Lackmalereien verziert, 1719

Nachdem der sächsische Kurfürst 1697 auch die polnische Königskrone erwerben konnte, zogen ihn seine Regierungsgeschäfte immer mehr in östliche Gefilde. Dies ist auch den Insignien des Thronsessels zu entnehmen. Die Vorderseite der Lehne zeigt die meissnisch-wettinischen Schilde mit dem Kurhut, während der geschnitzte Aufsatz mit dem bekrönenden polnisch-litauischen Allianzwappen eine etwas spätere Zugabe ist, als der Sessel seinen Weg nach Polen gefunden hatte. Wo genau dieses Prunkstück sächsischer Lackmöbelkunst August dem Starken als Thron diente, ist allerdings unbekannt. *rf*

»August der Starke – Sein Glanz, Sein Erbe!«
Kurt Wanski, 2001

Von August dem Starken gibt es zahllose Porträts, und noch heute fordert er Künstler zur Auseinandersetzung mit seiner Persönlichkeit heraus. Ob ihm das Bild des Berliners Kurt Wanski gefallen hätte, darf bezweifelt werden. Aber ein Beispiel für einen lebendigen »Mythos August« ist es allemal.

rf

»Pokal mit dem Bildnis Augusts des Starken und einer Ansicht von Schloss Pillnitz, von vorn (Porträt)«
Glas aus der Königlichen Glashütte Dresden, Johann Friedrich Meyer (Emailmalerei), Georg Friedrich Dinglinger (Bildnis), 1721–1722

Bereits 1699 war auf Betreiben des Gelehrten Ehrenfried Walter von Tschirnhaus die Glashütte zu Dresden eingerichtet worden. Das Dresdner Kristallglas war von höchster Qualität und reizte andere Künstler zur weiteren Veredelung – wie hier durch feinste Malereien.

rf

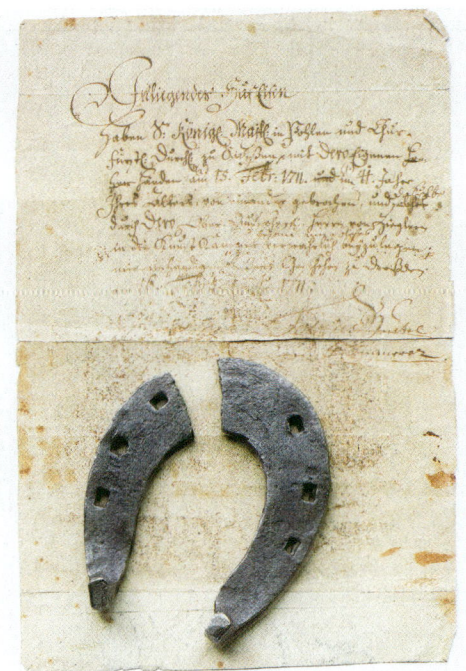

**Hufeisen, von August dem Starken zerbrochen,
mit Urkunde vom 16. Februar 1711**

Im Jahre 1697 ließ der damalige sächsische Kurfürst Friedrich August I. politisch die Muskeln
spielen: Er erwarb die polnischen Königskrone und
begründete damit seine Machtstellung in Europa.
August der Starke wurde aber auch bei alltäglichen
Gelegenheiten seinem Namen gerecht – so legen es
jedenfalls die zahllosen Anekdoten um den Herrscher nahe. Im Februar 1711 zerbrach er ein Hufeisen und versäumte es nicht, diesen Kraftakt der
Nachwelt urkundlich überliefern zu lassen. Mit
Erfolg: Die Geschichte ist noch heute bekannt und
das Hufeisen in der Dresdner Rüstkammer zu
bestaunen. *rf*

August der Starke und die Gräfin Cosel
Marionetten aus Ritschers Künstler-Marionettentheater, um 1935–1955

Unter den zahlreichen Liebschaften Augusts des
Starken ist die Affäre mit der Gräfin Cosel wohl die
bekannteste – nicht zuletzt, weil die schöne Gräfin
von ihm auf die Burg Stolpen verbannt wurde.
1873 schrieb der polnische Schriftsteller Józef
Ignacy Kraszewski den erfolgreichen Roman
»Gräfin Cosel«. Fünfzig Jahre später verarbeitete
Heinrich Apel jun. die Geschichte zu einem popu-
lären Stück für seine und andere Marionetten-
bühnen. *rf*

»Dragonervasen – Fünfteiliger Aufsatz«
Porzellan aus China, Quing-Zeit (1644–1722),
Ära Kangxi (1662–1722)

Im Jahre 1717 tauschte August der Starke mit
Friedrich Wilhelm I. von Preußen 600 sächsische
Soldaten gegen 151 asiatische Porzellangefäße.
Da der Preußenkönig aus den sächsischen Reitern
ein Dragonerregiment formierte, werden die
großen Porzellanvasen auch »Dragonervasen«
genannt. *rf*

**»Dresden vom rechten Elbufer unterhalb
der Augustusbrücke«**
Gemälde von Bernardo Bellotto, gen. Canaletto,
1748

Unter Bellottos zahlreichen Dresdner Veduten ist
diese die berühmteste. Das Motiv prägte das Bild
von der Stadt wie kein anderes und wurde bis heute
von vielen anderen Künstlern aufgegriffen.   *rf*

Skizzen Augusts des Starken für das Schloss Moritzburg

Aufriss und Schnitt, um 1710

August der Starke holte sich für seine Bauprojekte nicht nur bedeutende Architekten an seinen Hof, sondern beschäftigte sich auch selbst intensiv mit deren Plänen. Bisweilen brachte er auch eigene Entwürfe zu Papier – wie hier für das Jagdschloss Moritzburg. *rf*

»Prospect des Königl. Pohln. und Churfürstl. Sächss. schönen Jagd und Lust Schlosses Moritzburg«

Kupferstich von Johann August Corvinus, 1733

Zwischen 1722 und 1730 ließ August der Starke die unweit Dresden gelegene Moritzburg zu einem Jagd- und Lustschloss umbauen. Die prächtige Anlage in einer weitläufigen Park- und Teichlandschaft bot eine Kulisse, die höchsten Ansprüchen barocker Festkultur genügen konnte. *rf*

35

»Kurprinzessin Maria Josepha«
Gemälde von Louis de Silvestre, nach 1719

»König August III. als Kurprinz«
Gemälde von Louis de Silvestre

Im Sommer 1719 heiratete der Thronfolger Friedrich August II. die österreichische Erzherzogin Maria Josepha, die Tochter des Kaisers Joseph I. August der Starke erhoffte sich von dieser Verbindung eine engere Bindung an das Kaiserhaus und damit eine Stärkung der Stellung Sachsens. Die Trauung fand am 20. August in Wien statt.

Anschließend wurde in Dresden mit gewaltigem Aufwand ein Festmonat organisiert, dessen Kosten auf sechs Millionen Taler geschätzt werden und der auf politischer Ebene den Machtanspruch Sachsens symbolisieren sollte. An verschiedenen Orten der Stadt wurden Opern, Feuerwerke, Festtafeln, Bälle, Turniere und Jagden ausgerichtet. *ugh*

**Chormantel, Teil eines Messgewandes,
umgearbeitet aus einer der Hochzeitsroben
Maria Josephas**
Damast, Seide; um 1720

Während der Feiern trug Maria Josepha verschiedene prunkvolle Gewänder. Einen Teil dieser Kleider ließ sie später zu Messgewändern umarbeiten und schenkte sie dem Domkapitel St. Petri in Bautzen. *ugh*

Feu d'Artifice, tiré vis à vis du Palais de Hollande, representant le Combat naval d'Acié et de Iason, avec l'Enlevement de la Toison d'or. Par où se termine la fête, a laquelle presida le Soleil.

**Feuerwerk am Holländischen Palais am
10. September 1719**
Kupferstich von Johann August Corvinus nach
Matthäus Daniel Pöppelmann, vor 1728

Am 10. September 1719 begann ein Zyklus von
Festen zu Ehren der sieben Planetengötter. Das
erste Fest stand unter dem Zeichen des Apoll und
fand um das Holländische Palais (heute: Japanisches Palais) herum statt. Nach der Aufführung
eines Singspiels und dem Essen wurde auf der Elbe
und am gegenüberliegenden Ufer ein Feuerwerk
mit Seegefecht veranstaltet, das den Kampf Jasons
um das Goldene Vlies zeigte.   *ugh*

Partitur der Oper »Teofane«
Antonio Lotti, 1719

Den musikalischen Höhepunkt der Feiern bildete
die Uraufführung der Oper »Teofane«, die von der
Hochzeit des Kaisers Otto II. mit der byzantini-
schen Prinzessin Theophanu handelt. Zur Uraufführung reisten einige der führenden Musiker der
Zeit an, unter ihnen Georg Philipp Telemann und
Georg Friedrich Händel, der später die wichtigsten
Dresdner Sänger für sein Londoner Opernhaus
engagierte. *ugh*

**Aufführung der Oper »Teofane« im Stadttheater
St. Gallen**
Fotografie von Lukas Unseld, 2000

Axel Köhler (Ottone), Sahira, Fiala und Betreuerin
(Walter Zoo Gossau)

Nachdem die Oper fast 300 Jahre nicht mehr
aufgeführt worden war, stand sie zum ersten Mal
wieder im Jahr 2000 in St. Gallen auf dem Spiel-
plan. *ugh*

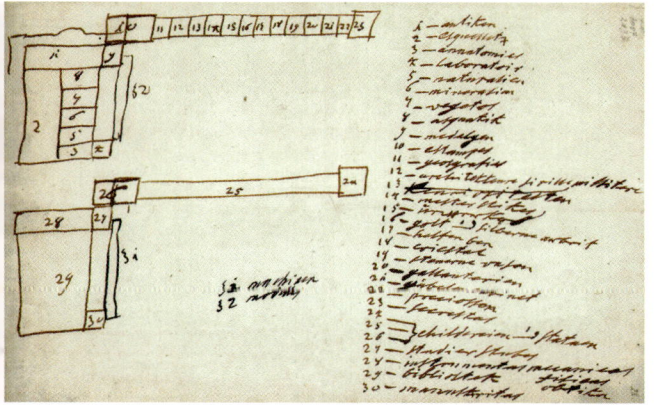

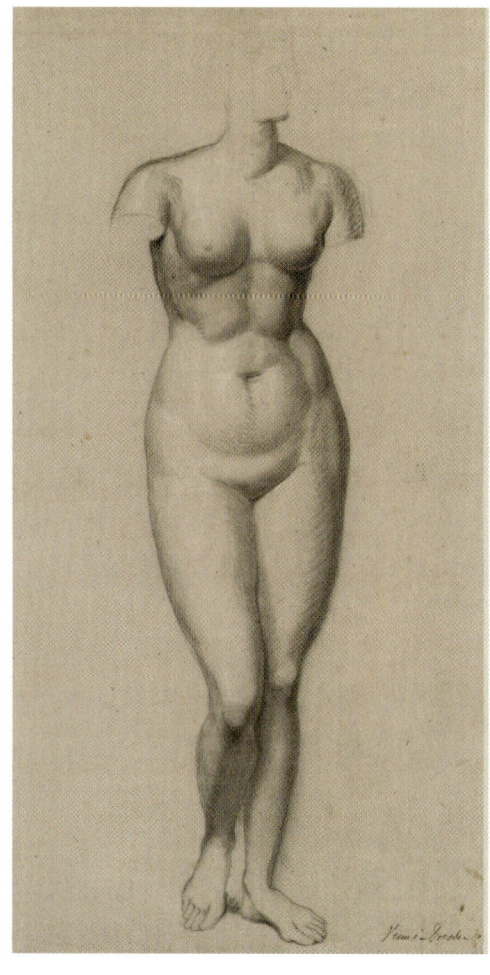

Skizze für einen idealen Museumsbau
Kurfürst Friedrich August I.,
gen. August der Starke, um 1717

Diese eigenhändige Skizze Augusts des Starken ist
der früheste Beleg für seine Absicht, die Dresdner
Sammlungen neu zu ordnen und in 30 verschiedene Abteilungen zu gliedern. Nach dem Vorbild
Ludwig XIV. schwebte ihm statt einer Kunst- und
Wunderkammer ein Universalmuseum vor, das ihn
als Herrscher über alle Wissenschaften und Künste
ausgewiesen hätte. *gl*

»Venus von Medici«
Zeichnung von Philipp Otto Runge, o. J.

August der Starke legte den Grundstock für die
Dresdner Antikensammlung. Im Frühjahr 1784
trafen aber auch mehr als 800 Gipsabgüsse nach
antiken Skulpturen in der Residenzstadt ein, die
der Maler Anton Raphael Mengs in verschiedenen
Ländern als Anschauungsmaterial für Künstler
zusammengetragen hatte. Die nicht nur bei Dresdner Künstlern beliebte Studiensammlung gewann
innerhalb weniger Jahre musealen Rang und wurde
den Kunstsammlungen angegliedert. *gl*

40

»Gemäldegalerie I«
Fotografie von Candida Höfer, 2002

Die Planungen Augusts des Starken sahen vor, die
Gemälde aus dem Verbund der Kunstkammer her-
auszulösen und sie gemeinsam mit den Skulpturen
in einer Galerie zu präsentieren. Sie wurden dort
nach ihrem materiellen Wert, nach dekorativen
Gesichtspunkten und gelegentlich auch nach Bild-
themen angeordnet.   *gl*

**»Die Heilige Nacht von Antonio Allegri, gen.
Correggio, worked through by Kurt Schwitters«**
Collage von Kurt Schwitters, 1947

Correggios »Heilige Nacht« war bereits ein gefeier-
tes Kunstwerk, als es 1746 nach Dresden gelangte.
Es war nicht nur das berühmteste Gemälde der
Galerie, sondern auch Künstlern immer wieder
Quelle der Inspiration. Durch den Ankauf der
»Sixtinischen Madonna« von Raffael im Jahre 1754
bekam es starke Konkurrenz. Die Kunstauffassung
der Frühromantiker sorgte dafür, dass um 1800 die
»Sixtina« zum beliebtesten Gemälde avancierte,
woran sich bis heute nichts geändert hat.   *gl*

 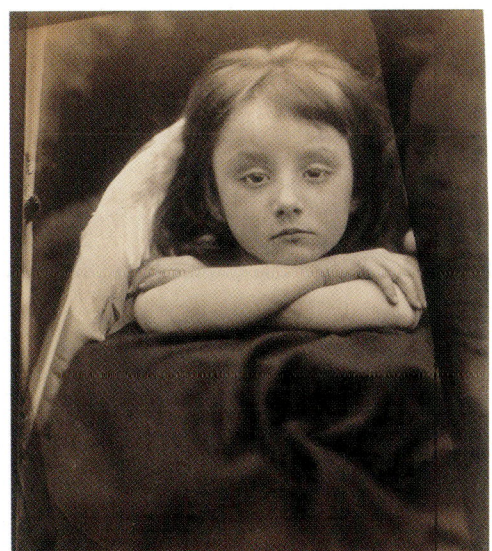

»Sixtina«
Tempera über Reproduktion von Dieter Goltzsche,
1969

Bis zum heutigen Tag hat die »Sixtina« nichts von
ihrer Popularität eingebüßt. Kopien dieses Gemäldes befanden sich in den Privatgemächern der
preußischen und sächsischen Könige sowie in
Wohnungen von Gelehrten. Auch Neuruppiner
Bilderbögen, Handarbeitsvorlagen und Patenbriefe
verwendeten das Bild als Motiv. Künstlern und
Literaten dient die »Sixtina« seit mehr als 200 Jahren als Ausgangspunkt für eigenes Schaffen.   *gl*

»I wait«
Fotografie von Julia Margaret Cameron, 1872

Zu Beginn des 19. Jahrhunderts setzten sich Teil-
kopien der »Sixtina« durch, die lediglich die Engel
zeigten. Seit der Jahrhundertmitte nutzten auch
Fotografen deren Popularität. Die englische Foto-
pionierin Julia Margaret Cameron befestigte einen
großen Schwanenflügel auf dem Rücken eines
Kindes, das sie in der Pose des Kleinen Engels
ablichtete.   *gl*

»Heilige und Tiere«
Tuschezeichnung von Ernst Hassebrauk, 1958

Seit 1956 kehrten viele der bei Kriegsende in die
Sowjetunion verbrachten Schätze der Dresdner
Kunstsammlungen zurück. Angesichts der zahl-
losen Kisten, die täglich ankamen und ausgepackt
werden mussten, ergaben sich bei der provisori-
schen Lagerung ungewöhnliche und kuriose
Objektzusammenstellungen, die der Dresdner
Künstler Ernst Hassebrauk mit Zeichenstift und
Feder festhielt.   *gl*

Andreas Beyer

Bernardo Bellotto (Canaletto) und die Skyline von Dresden

Zur Bildkarriere einer Stadt

Stadtansichten stellen naturgemäß Trugbilder vor Augen. Die Geschichte der Vedute ist eine der Repräsentanz, der Stellvertretung. In ihr nimmt das Stadtporträt den Platz der Stadt ein, weshalb kaum erlaubt ist, es für das zu nehmen, was abzubilden es vorgibt. Vielmehr will auch die Stadtansicht betrachtet und verstanden werden als das, was sie ist, nämlich ein Bild. Manipuliert, meist idealisiert erscheinen die Städte darin in ihrer Lage und Anlage; Topographie und Physiognomie stehen im Dienst des Städte- oder Herrscherlobs und entwerfen Prospekte eines realiter oft weniger geglückten kommunalen Lebensentwurfs. Entstanden ist die Vedute, als eine Sonderform der Landschaftsmalerei, auch aus dem Bedürfnis, historische Monumente oder Kultbauten, wie sie in den Mirabilienführern des ausgehenden Mittelalters und der frühen Neuzeit registriert waren, anschaulich zu verorten. Früh schon stand sie so im Dienst der Pilger und Kunstreisenden, weshalb ihr zugleich eine eminente erinnerungsstiftende Funktion zukam – die Stadtansicht ist oft genug vor allem ein Souvenir.

In kaum einer anderen Stadt hat diese besondere Gattung zu virtuoserer Interpretation gefunden als in Venedig, wo sie Giovanni Antonio Canal, gen. Canaletto, oder Francesco Guardi gleichsam zum Surrogat der Lagunenstadt selbst erhoben haben. In endlosen Variationen haben diese ein Stadtbild – vom Panorama bis zum städtischen Interieur – entstehen lassen, das sich noch heute dem Besucher konstant vor die eigene Wahrnehmung zu schieben und den ohnehin dominierenden Kulissencharakter der Stadt als Replik pittoresker Phantasien erscheinen zu lassen droht. Als Reiseandenken – keine verlässlichen Kunsttopographien, sondern konstruierte nostalgische Versicherungen – haben diese Visionen in alle Welt gefunden. Sie haben zugleich andernorts Begehrlichkeiten geweckt, die eigene Stadt und Residenz solchermaßen in die höhere Wirklichkeit malerpoetischer Chorologie einzuschreiben.

Das ist der Hintergrund, vor dem die Berufung des Bernardo Bellotto (1722–1780) nach Dresden verstehbar wird. Der sächsische Hof, dessen Kunstpolitik ohnehin durch eine ausgeprägte Neigung zu Italien, und zu Venedig im Besonderen, bestimmt war, versicherte sich mit ihm des verlässlichsten Interpreten der von Canaletto zu fragloser Meisterschaft erhobenen Bildaufgabe. Als dessen Neffe arbeitete Bellotto seit 1736 in Canalettos Werkstatt und übte sich in der Nachahmung von dessen so überaus erfolgreicher Manier – später sollte er den Namen des Onkels als Zunamen tragen.

Königliche Dimensionen

Gleichwohl scheint sich Bellotto relativ früh der Fron der Souvenirproduktion entzogen zu haben; nach 1744 sind keine venezianischen Veduten mehr von ihm entstanden. Der Ruf nach Dresden, wo er im Jahre 1747 eintraf, versprach die höfische Lizenz zu souveräner Tätigkeit und eröffnete die Chance, seine Veduten in majestätisches Format zu vergrößern. Bis an sein Lebensende sollte Bellotto in höfischen Diensten arbeiten – in München ebenso wie in Wien oder zuletzt in Warschau –, mit keiner anderen Stadt aber sind sein Name und Werk wirkungsvoller verbunden geblieben als mit dem unter August III. zur rührigen Kunstmetropole aufgestiegenen Dresden. Dass diese gelegentlich als »Elbflorenz« apostrophiert wird, verdankt sich ihrer Lage am Fluss und der Ambition, was Dichte von Monumenten und Kunstsammlungen betrifft, sich mit italienischen Kunstzentren vergleichen zu lassen. Auf Geheiß des Königs schuf Bellotto Ansichten der Residenzstadt, zudem Pirnas' und der Festung Königstein, die gemeinhin als untrügliche Zeugnisse eines goldenen, von mediterranem Licht durchfluteten Zeitalters an der Elbe gelten. Es sind weitläufige Prospekte einer feinmalerisch argumentierenden Staatspropaganda: In der Stadt und in dem sie umgebenden Territorium entfaltet sich das weise und gerechte Regiment des Königs, das sich in grandiosen Monumenten ebenso manifestiert wie in blühenden Landschaften oder Genremotiven einer befriedeten Gesellschaft.

Bellottos Tätigkeit in Dresden teilt sich in zwei längere Phasen; von der Ankunft im Jahre 1747 bis zu der durch den Siebenjährigen Krieg und sinkende Auftragslage erzwungenen Abreise nach Wien 1758 und einen Epilog, der sich von 1762 bis 1767 hinzog. Der Hauptzyklus der von ihm geschaffenen Ansichten Dresdens, die darüber hinaus in Repliken für den Premierminister Heinrich Graf Brühl und in Radierungen rasch populär wurden, entstand in der fruchtbareren ersten Periode und besteht aus vierzehn Bildern.

Diese Veduten freilich transportieren nicht das atmosphärische *sfumato* der venezianischen Lagune in den Norden; die auffallend verhaltene, nüchterne Farbigkeit von Bellottos Dresdner Gemälden korrespondiert durchaus mit dem vom Künstler selbst durchlebten Temperatursturz. Das aber ist vielleicht schon der einzige Tribut an die Wirklichkeit, den der Maler Bellotto zu zollen bereit war. Der monumentale Stil seiner landschaftlich weit ausufernden, zugleich aber wie mit mathematischer Präzision gearbeiteten Panoramen hat dazu verführt, in ihnen gleichsam geodätische Protokolle zu erkennen – und nicht selten sind es diese Gemälde, die, in Dresden wie in Warschau, als Kronzeugen historischer Rekonstruktionen aufgerufen werden.

Sie sind aber zuallererst das Ergebnis einer auf sich selbst bezogenen, sich in sich selbst verständigenden Bildtradition. Die Konjunktur der Vedute in Italien verdankt sich der holländischen Malerei – namentlich Gaspar van Wittel, der in der ersten Hälfte des achtzehnten Jahrhunderts als Gaspare Vanvitelli römische Karriere macht –, die überhaupt erst den Grund gelegt hat für deren Technik und Anordnungsprinzipien. Bellotto hat zudem in den Kunstsammlungen des Nordens seine Kenntnis der holländischen Bildpraxis beständig vertiefen können. Die Arbeiten Job und Gerrit Berckheydes, Nicolaes Berchems oder Abraham Begeyns haben als unverzichtbare Referenzwerke identifiziert werden können.

Dunkelkammer des Erschauten

Vor allem war es die schon von Vermeer und seinen Zeitgenossen, dann von Vanvitelli, später auch von Canaletto oder Guardi verwendete *Camera obscura*, mit der das Stadt- oder Landschaftsbild zunächst einem Abklatsch gleich hat aufgenommen werden können: Das durch ein kleines Loch der Dunkelkammer, durch eine optische Linse einfallende Licht ließ auf der gegenüberliegenden Seite ein spiegelverkehrtes oder auf dem Kopf stehendes Abbild des angestrahlten oder beleuchteten Gegenstands entstehen, das es nachzuzeichnen galt. Diese freihändig gezogene Umrisszeichnung blieb zunächst ganz schematisch, verzichtete auf jede Perspektivkonstruktion und markierte allenfalls die Hauptlinien der Komposition. Die Unterteilung des Blattes in schmale Streifen, Teilansichten also, diente dann der separaten Aufnahme dieser Segmente, wiederum mit Hilfe einer *Camera* – und zwar in der ihnen jeweils adäquaten, daher notwendig stets verschiedenen Perspektivierung. Die anschließende Zusammenfügung der Teilskizzen nach Maßgabe des ersten groben Umrisses erzwang dann wieder die Anpassung an ein harmonisches Ganzes. Nicht aufgrund wirklicher Beschaffenheit versteht sich, sondern gemäß der inneren Notwendigkeiten einer kohärenten Bildkonstruktion.

Diese auch von Bellotto geübte Praxis kennt also keinen einheitlichen Betrachterstandpunkt. Gewiss haben seine Gemälde, anders als die stürzenden Linien der oft zudem schräg zu ihrem Gegenstand stehenden Fotografie, in ihrer orthogonalen Darstellung die größere Überredungskraft. Sie sind aber nicht mehr als kombinierte Ensembles, das Resultat kaleidoskopartiger Blickwechsel und deren willkürlicher Bündelung. Was Goethe über die Landschaftsbilder des Claude Lorrain bemerkt hat – dass diese die höchste Wahrheit, aber keine Spur von Wirklichkeit besäßen – lässt sich kurzerhand, nicht was ihre Gegenstände, wohl aber was ihre Zusammenschau angeht, auch den Stadtlandschaften des Bellotto attestieren.

Dass dieser weit mehr als nur ein vermeintlicher Realist war, belegt schon die Tatsache, dass er etwa die Hofkirche in seinen Ansichten oft als vollendeten Bau wiedergibt, obwohl dessen Abschluss sich verschleppte und Bellotto Bauzeichnungen oder Modelle zugrunde zu legen gezwungen war. Sicher wird man in der so vorerst nur im Bild glückenden Parallelisierung von Hofkirche und Frauenkirche, Katholizismus und Protestantismus also, auch das anschauliche Exempel einer geschickten Religionspolitik erkennen dürfen; sie fungieren als senkrechte Pfeiler eines sich so auch im Stadtbild abbildenden Koordinatensystems gesellschaftlichen Ausgleichs. Dass Bellotto aber die Türme von Kirchen oder Rathäusern meist über ihr wahres Maß erhöht hat, geschah weniger, um sie solcherart politisch auszuzeichnen. Vielmehr gehorcht auch die Dimensionierung dem bildimmanenten Konstruktionsprinzip und so der Korrektur der Wirklichkeit, die überhaupt erst die besondere und anhaltende Wirkkraft dieser Bilder hervorbringt.

Oft ist auch über die Motivauswahl gerätselt worden; warum etwa keine Ansicht des Großen Gartens oder eines der durch den König errichteten Paläste in Auftrag gegeben wurde, warum Pirna und Königstein, nicht aber die Lieblingsresidenzen des Königs, Moritzburg oder Pillnitz im Bild festgehalten worden sind? Es handelt sich bei den Dresdner Ansichten um Pendantstücke. Erst das erklärt die Auswahl, die motivische Korrespondenzen einklagte; es erklärt auch, warum nicht nur jedes Gemälde selbst eigenen formalen Anordnungsnotwendigkeiten unterzogen ist, sondern auch, warum die Stücke eine Abstimmung untereinander erforderten, die Serie als Ganzes ihr Recht einklagte.

Das Auge als Flaneur

Unter den vierzehn Ansichten Dresdens zeichnen sich zwölf durch ein gleiches, querformatiges Standardformat (135 x 235 cm) aus; zwei Gemälde entstanden im Hochformat, sind aber ebenfalls als Pendantstücke konzipiert. Die Aufteilung in Paare wird durch die Sujets selbst nahe gelegt; sie addieren sich zu einer virtuellen Ortsbegehung. Gregor J. M. Weber (»Die Veduten Dresdens von Bernardo Bellotto. Anmerkungen zu ihrer frühen Geschichte und Konzeption«, in *Kunst für Könige*, Ausstellungskatalog, Köln Wallraf Richartz Museum – Fondation Carboud, Köln 2003, S. 59–71) hat jüngst das von Bellotto solcherart angelegte Itinerar durch die Residenzstadt rekonstruiert: Die ersten zwei Ansichten zeigen die Silhouette Dresdens von Norden, jeweils von der gegenüberliegenden Elbseite aus. Die nächsten zwei Veduten blicken zurück auf die Neustädter Seite. Das folgende Paar zeigt die Festungsgräben. Einmal den Stadtkern

»betreten«, empfangen den Betrachter Ansichten des Alt- und des Neumarktes oder des Neustädter Markts und des Zwingerhofs.

Die weitgehend aus gespiegelt aufeinander bezogenen Diagonalen komponierten Bilderpaare reagieren also topographisch und motivisch aufeinander. Das zweite Gemälde hat in der Regel als Antwort auf das erste zu gelten, da es aus einer gewissen räumlichen Distanz den Blick zurückwendet. Auf diese Weise kreuzen sich die Blickrichtungen – auch Jakob Philipp Hackert, der bald danach vom Golf von Neapel aus die europäische Landschaftsmalerei dominieren sollte, hat dieses Prinzip des nach vorne und zurück gewendeten Blicks in seinen Pendantstücken exerziert. Es sichert Maler und Betrachter gleichermaßen die beherrschende, kontrollierende Sicht auf das sie umgebende Weltstück und lässt dieses sich zugleich in räumliche Dimensionen ausdehnen. Hackerts Bilder laden zu Spaziergängen ein. Bei Bellotto sind freilich die perspektivischen Fluchtpunkte jeweils aus der herkömmlichen Mitte heraus an den Bildrand rechts oder links verlegt, wodurch sich der ideale Betrachterstandpunkt mittig, also zwischen dem jeweiligen Bilderpaar bestimmen lässt. Diese Panoramen gewähren einen fiktiven Ausblick und sanktionieren zugleich Distanz – der Betrachter gelangt hier nie ins Bild.

Bellotto hat sein Selbstporträt mit einem Zitat aus der *Ars Poetica* des Horaz versehen: »Pictoribus atque poetis quidlibet audendi sempre fuit aeque potestas« (»Maler und Dichter hatten stets die ihnen zurecht verliehene Freiheit, mutig zu schaffen, was ihnen gefiel«). Es ist diese Freiheit, die auch seine Stadtansichten von jeder Verpflichtung auf Wirklichkeitstreue entbindet. Einige seiner Gemälde hat er mit »Bernardo Bellotto de Canaletto« signiert. Das ist gerne als täuschender Versuch einer Selbstnobilitierung gewertet worden, die im fernen Norden offenbar nicht in Frage gestellt worden sei; was auch erkläre, weshalb Bellotto, anders als andere für den König tätigen Ausländer, nicht auch in den Adelsstand erhoben worden ist. Bellotto aber wird bei dieser Namenskombination kaum hochstaplerischer Absichten verdächtigt werden dürfen. Vielmehr signalisiert er damit die eigene künstlerisch-dynastische Herleitung, die Einschreibung in eine Aristokratie der Kunst, auf die allein verpflichtet zu bleiben er beharrt.

Gegenwelt im Bild

Bellottos Dresdner Ansichten sind, trotz aller vordergründigen Wirklichkeitsnähe, ein virtuoser Gegenentwurf – auch zum Stadtbild seiner eigenen Zeit. Er verfolgt die Einschreibung von dessen Silhouette in ein Regelwerk der Kunst. Kaum also wird sich davon sprechen lassen, es sei etwa mit der Wiedererrichtung der Frauenkirche jenes »Elbflorenz« wieder so entstanden, wie dieser es gemalt habe, seien der Stadt Kontur und Blickachsen von einst restituiert worden – wie allenthalben zu lesen war? Die Außenwände der Bähr'schen Kirche erscheinen wieder im hellen sächsischen Sandstein und ganz so, wie sie aus Bellottos Veduten strahlen. Das Paradox will, dass das Neue der Fassade damit als das Alte wahrgenommen wird und umgekehrt: Die in die Wände verbauten originalen, dunklen Ruinenteile dagegen ragen, aus dem Lot gebracht, aus der Jetztzeit in diese historische Phantasmagorie zurück. Es mag durch die Rekonstruktion der Frauenkirche der Himmel über Dresden wieder Form und Linie gewonnen haben – nur zur Bellotto'schen Vedute wird man sich diese neue städtische Physiognomie nicht zurechtreden dürfen. Gehorchte man tatsächlich deren Gesetzen, dann stünde man bald in der Pflicht, das gesamte Spektrum dieses sehr eigenen Genres zu berücksichtigen.

Bellotto – dessen Haus in der Pirnaischen Vorstadt mitsamt einem Großteil seines Besitzes, darunter wohl auch die Mehrzahl seiner Zeichnungen, 1760 durch preußische Truppen vernichtet worden ist – hat von der Widerruflichkeit irdischen Glücks gewusst. Und auch von der tatsächlichen Gefährdung der von ihm so souverän ins Bild verwandelten Wirklichkeit. Während seines zweiten Dresdner Aufenthalts, als der Tod des Königs und der seines Gönners Brühl die einstigen Privilegien und Aufträge bald haben schwinden lassen und als an der von dem strengen Klassizisten Christian Ludwig Hagedorn neu gegründeten Akademie der Kunst für ihn nur das Amt eines Perspektivlehrers für die unteren Klassen übrig blieb, hat Bellotto sich verstärkt auf das *Capriccio* verlegt, das reine Phantasiestück aus Landschaft und Architektur. Das erscheint wie ein Eskapismus und korrespondiert doch durchaus mit jenen schon zuvor in den Veduten sich selbst zugestandenen Freiheiten und zugleich mit einer unwirtlicheren Gegenwart. Sein letztes von Dresden angefertigtes städtisches Interieur scheint der Wirklichkeit ganz nahe. Das Gemälde zeigt *Die Trümmer der ehem. Kreuzkirche zu Dresden*. Zum Gegenstand hat es die Phase der Enttrümmerung der 1760 durch den Krieg weitgehend beschädigten Kreuzkirche. Nach deren Beschießung war zunächst allein der neunzig Meter hohe Turm stehen geblieben, der aber durch Unterspülung aufgrund heftiger Regengüsse 1765 einstürzte. Bellotto schildert die schon von den Zeitgenossen als technische Meisterleistung gefeierte, durch den Maurergesellen Künzelmann geleitete Abtragung der Ruine von Hand. Damit auch zeigt er Steinmetze und andere Handwerker, die im Begriff sind, die Steine für den Wiederaufbau zu sortieren und zu bearbeiten. Damit huldigt das Bild, das die romantische Ruinenromantik mit großer Geste präludiert, dem Motiv der Erhabenheit. Der aus der Steinpyramide sich erhebende, geborstene Turm gerät aber weniger zur Chiffre der Zerstörung oder gar zum melancholischen Selbstverweis. Er dient Bellotto vielmehr zur ultimativen Entfaltung seiner Vedutenkunst, die noch im Fragment nach kompositionellen Gesetzen sucht, die Schönheit der Entsprechung der Teile untereinander zelebriert und lehrt, dass Harmonie und Schönheit eine Frage der Gewichtung, nicht der Unversehrtheit sind. Eine zur Bellotto'schen Vedute verwandelte Stadt stünde heute, wie vor zweihundert Jahren, im Widerspruch zu Kunst und Wirklichkeit gleichermaßen. Die Ruinen der Frauenkirche dagegen hätten Bellotto als besonders herausforderndes Motiv gelten müssen.

»Robotron«
Handoffset in
vier Farben
von Eberhard
Havekost,
2001

»MUSENORT«

Dresden war immer wieder Zentrum international bedeutender Kunstströmungen. Caspar David Friedrich entwickelte hier das romantische Landschaftbild, Carl Maria von Weber komponierte mit dem »Freischütz« die deutsche Nationaloper. Hier formierte sich die expressionistische Künstlergruppe »Die Brücke« und Richard Strauss ließ neun seiner Opern uraufführen. In Hellerau entstand die erste deutsche Gartenstadt mit den Deutschen Werkstätten und dem Festspielhaus mit der »Rhythmischen Bildungsanstalt Jaques-Dalcroze«. Hier wurde die Grundlage für den modernen Tanz gelegt. Mary Wigman und Gret Palucca entwickelten ihn in den zwanziger Jahren in Dresden weiter. An dieses Erbe knüpft heute der amerikanische Choreograf William Forsythe an.

»Basteibrücke in der Sächsischen Schweiz«
Gemälde von Anton Schiffer, 1849

Anton Schiffer gehörte zu den besten österreichischen Landschaftsmalern seiner Zeit und wurde
1848 Mitglied der Wiener Akademie. Auf der
Suche nach landschaftlich reizvollen Motiven be-
reiste er die Alpen, kam aber auch in die Sächsische
Schweiz, um dort die Felsen an der Bastei in mehreren Gemälden festzuhalten. Seine stimmungsvol-
len Landschaften, oft durch genrehaft anmutende
Szenen ergänzt, zeichnen sich durch Liebe zum
Detail aus und vermitteln interessante kulturhistorische Informationen über ihre Entstehungszeit. *gl*

»Ansicht von Pillnitz durch ein Fenster«
Gemälde von Johan Christian Clausen Dahl, 1823

Der ursprünglich aus Norwegen stammende Johan
Christian Clausen Dahl freundete sich in Dresden
mit Caspar David Friedrich an. Der Blick aus dem
Fenster ist ein beliebtes Motiv beider Maler. Dass
es sich bei Dahls Gemälde um eine fiktive Ansicht
handelt – es existierte kein Gebäude in der Nähe
des Schlosses, das einen derartigen Ausblick ermöglicht hätte – zeigt, dass er seine Landschaften
nach einzelnen Naturstudien »von innen heraus«
komponierte.   *gl*

»Ludwig Tieck, von David d'Angers porträtiert«
Gemälde von Carl Christian Vogel von Vogelstein,
1834

Als der französische Bildhauer David d'Angers
Dresden besuchte, um dort die Büste des Dichters
Ludwig Tieck auszuführen, war dies ein gesell-
schaftliches Ereignis, an dem neben Maler, Modell
und Bildhauer auch Tiecks Tochter Dorothea, der
Maler, Arzt und Naturwissenschaftler Carl Gustav
Carus, Wolf Heinrich Graf Baudissin, der Archäo-
loge Otto Magnus Freiherr von Stackelberg und
der siebenjährige Sohn des Malers teilnahmen.
Repliken des Gemäldes, die Carl Christian Vogel
von Vogelstein 1835 und 1836 anfertigte, erweiterten bzw. zeigten eine andere Konstellation des
Dresdner Freundeskreises des Dichters.   *gl*

**Plakat für die Ausstellung der KG Brücke
im Kunstsalon Emil Richter, Dresden**
Holzschnitt von Max Pechstein, 1909

Um gemeinsam zu arbeiten und auszustellen, gründeten Ernst Ludwig Kirchner, Erich Heckel, Karl Schmidt-Rottluff und Fritz Bleyl 1905 die Künstlergemeinschaft »Die Brücke«. Die Plakate für die ersten Ausstellungen entwarfen sie reihum und verzichteten erstmals in der Geschichte der Malerei darauf, mit Namen genannt zu werden. Max Pechstein zeigte statt dessen die »Köpfe« bzw. die »Gesichter« der Gruppe auf seinem Plakat.   *gl*

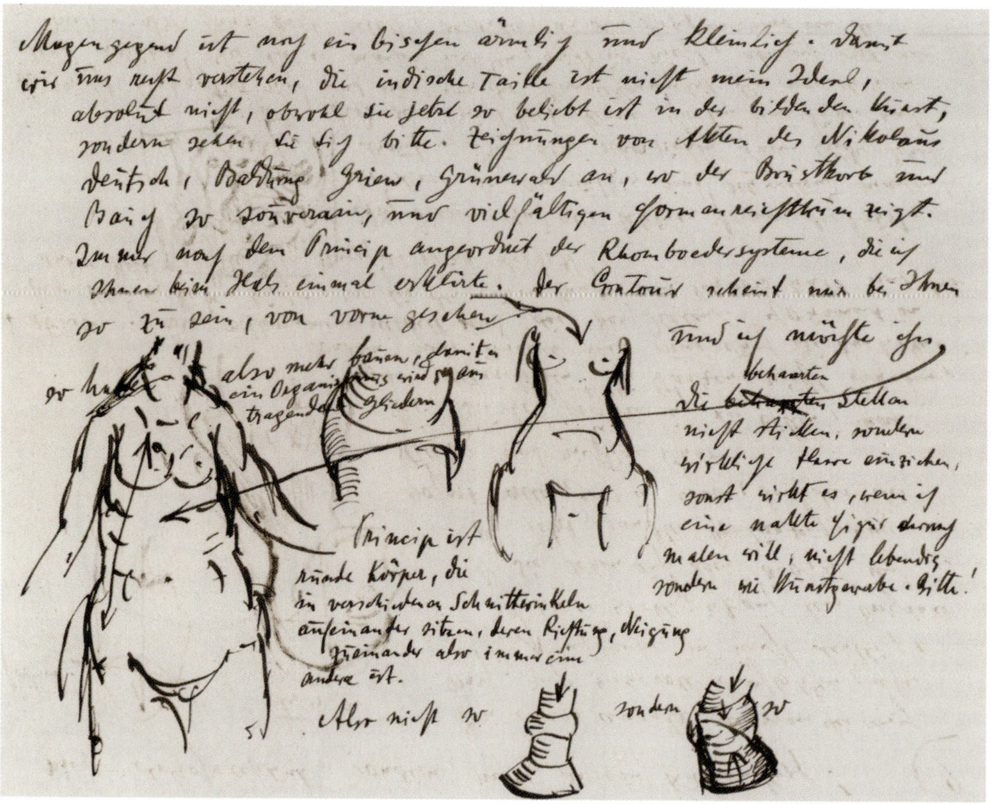
Magengegend ist noch ein bisschen ärmlich und kleinlich. Damit wir uns recht verstehen, die indische Taille ist nicht mein Ideal, absolut nicht, obwohl sie jetzt so beliebt ist in der bildenden Kunst, sondern sehen Sie sich bitte Zeichnungen von Akten des Nikolaus Deutsch, Baldung Grien, Grünewald an, wo der Brustkorb und Bauch so souverain und vielfältigen Formenreichtum zeigt. Immer noch dem Princip angeordnet der Rhomboedersysteme, die ich Ihnen beim Hals einmal erklärte. Der Contour scheint mir bei Ihnen so zu sein, von vorne gesehen

und ich möchte ihn so haben

also mehr Flächen, damit ein Organismus wird aus tragenden Gliedern

Die behaarten Stellen nicht sticken, sondern wirkliche Haare einziehen, sonst wirkt es, wenn ich eine nackte Figur darnach malen will, nicht lebendig sondern wie Kunstgewerbe. Bitte!

Princip ist runde Körper, die in verschiedenen Schnittwinkeln aufeinander sitzen, deren Richtung, Neigung zueinander also immer eine andere ist.

Also nicht so … sondern so

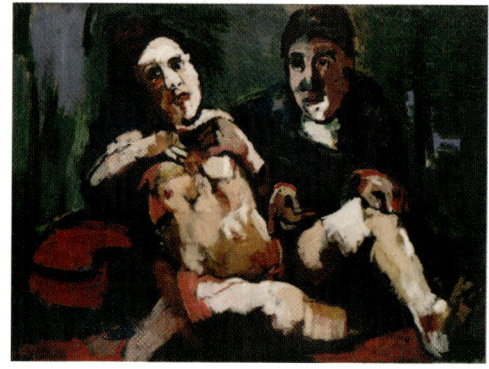

Handschriftlicher Brief an Hermine Moos
Oskar Kokoschka, 10. Dezember 1918

»Selbstbildnis mit Puppe«
Gemälde von Oskar Kokoschka, 1920/21

Oskar Kokoschka kam 1915 nach schweren Kriegsverletzungen zur Genesung nach Dresden. Auch wenn ihn Alma Mahler, die Witwe des Komponisten Gustav Mahler, längst verlassen hatte, war er immer noch von der einstigen Geliebten besessen. Er verfiel der Idee, »eine lebensgroße weibliche Puppe« nach Almas Zügen zu besitzen. Diese »idée fixe« sollte die Puppenmacherin Hermine Moos realisieren. In Briefen, teilweise durch Zeichnungen ergänzt, teilte er ihr seine Vorstellungen mit. Obwohl ihn das »Phantom« mit den »toten Augen« schließlich schwer enttäuschte, diente ihm die Puppe 1920 als Motiv für ein Selbstbildnis. *gl*

Uraufführung »Mörder, Hoffnung der Frauen. Hiob. Der brennende Dornbusch« von Oskar Kokoschka im Dresdner Albert-Theater am 3. Juni 1917

Fotografie von Hugo Erfurth mit handschriftlichen Widmungen, 1917

Oskar Kokoschka war nicht nur als bildender Künstler ein wichtiger Vertreter des Expressionismus, er gilt auch als Begründer des expressionistischen Dramas. Gemeinsam mit den Schauspielern Käthe Richter und Ernst Deutsch, die hier in einer Szene des Dramas »Der brennende Dornbusch« gezeigt werden, widmete er dem Dichter Walter Hasenclever das oben gezeigte Foto. Hasenclever hatte sich für die Uraufführung von Kokoschkas Dramen in Dresden stark gemacht. Kokoschkas Besessenheit von Alma Mahler hinderte ihn nicht daran, sich in Dresden einem neuen Freundeskreis anzuschließen. Insbesondere die Schauspielerin Käthe Richter, die in seinen Stücken in Dresden stets die Hauptrolle spielte, wurde ihm eine enge Freundin. *gl*

**Karton zum Wandbild »Der Neubau des
Deutschen Hygiene-Museums« 1930**
Zeichnung mit Kohle, Bleistift und farbigen Kreiden
von Otto Dix, 1930

Für die Museumsgaststätte hatte der Architekt
Wilhelm Kreis ein dreiteiliges Wandbild vorgesehen
und seinen Freund Otto Dix, der seit 1926 als
Professor für Wandmalerei an der Dresdner Kunstakademie lehrte, damit beauftragt. Der Mittelteil
zeigte Szenen mit Bauarbeiten, bei denen sich Otto
Dix im Vordergrund mit einem Selbstbildnis ver-
ewigt hatte. Auf den Seitenteilen waren links die
Porträts von Wilhelm Kreis sowie des Direktors
Georg Seiring zu sehen, rechts der wissenschaftliche
Leiter des Museums Martin Vogel sowie der
Medizinhistoriker Karl Sudhoff. Das Fresko wurde
gleich 1933 von den Nationalsozialisten abgeschla-
gen und ist für immer verloren. Erhalten hat sich
der Karton, der als direkte Vorzeichnung für das
Wandgemälde diente. *gl*

»Ohne Titel (Freundesgruppe)«
Gemälde von A. R. Penck (Ralf Winkler),
1964–1965

Auf A. R. Pencks großem, in Dresden entstandenen Freundschaftsbild erscheinen vor einem Hintergrund aus Sonne, Mond, Tag und Nacht von links nach rechts: der Filmemacher Jürgen Böttcher, dessen Film über die Dresdner Freunde der Zensur zum Opfer fiel, neben ihm der mit grünem Gesicht und Gitarre dargestellte Dichter Wolf Biermann, gefolgt vom Maler selbst, der sich als Kind vor strahlender Sonne darstellte. Den Abschluss der Gruppe bildet Georg Baselitz, den Penck als Nachtgespenst mit großen Augen und Wanderstab wiedergab. *gl*

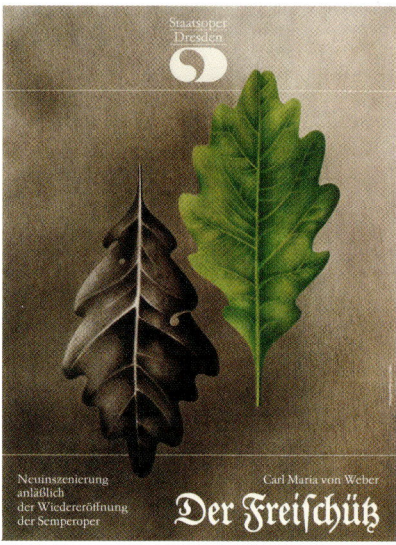

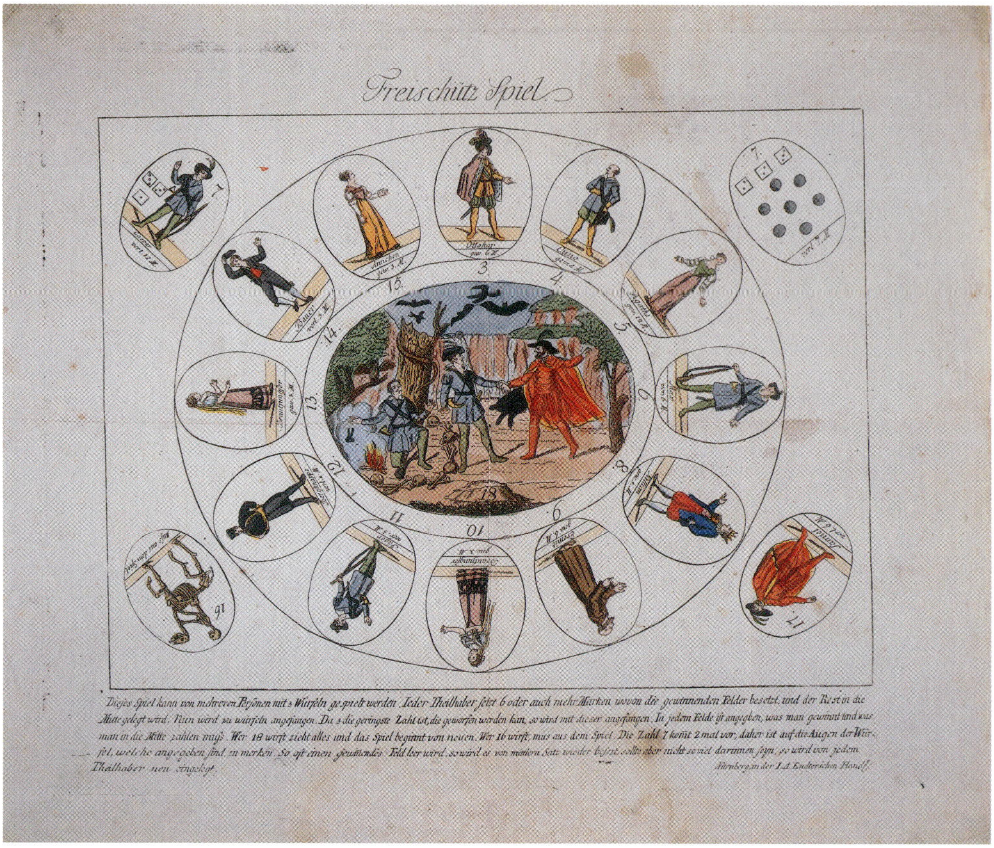
Freischütz Spiel
Dieses Spiel kann von mehreren Personen mit 3 Würfeln gespielt werden. Jeder Theilhaber setzt 6 oder auch mehr Marken wovon die gewinnenden Felder besetzt, und der Rest in die Mitte gelegt wird. Nun wird zu würfeln angefangen. Da 3 die geringste Zahl ist, die geworfen werden kan, so wird mit dieser angefangen. In jedem Felde ist angegeben, was man gewinnt und was man in die Mitte zahlen muß. Wer 18 wirft zieht alles und das Spiel beginnt von neuen, Wer 16 wirft, mus aus dem Spiel. Die Zahl 7 komt 2 mal vor; daher ist auf die Augen der Würfel, welche angegeben sind zu merken. So oft einen gewinnendes Feld leer wird, so wird es von mittlern Satz wieder besetzt, sollte aber nicht so viel darinnen seyn, so wird von jedem Theilhaber neu eingelegt.
Nürnberg in der J. A. Endterschen Handl.

Staatsoper Dresden
Neuinszenierung anläßlich der Wiedereröffnung der Semperoper
Carl Maria von Weber
Der Freischütz

Spielbrett »Freischützspiel«
Johann Andreas Endter (Verleger), um 1825

Carl Maria von Weber. Der Freischütz
Neuinszenierung anlässlich der Wiedereröffnung der Semperoper, 1985

Mit der deutschen Volksoper »Der Freischütz« eroberte sich der Dresdner Hofkapellmeister Carl Maria von Weber schnell einen festen Platz auf den Spielplänen. Bereits im 19. Jahrhundert war die Oper so populär, dass sie auch für Kindertheater und Laufspiele adaptiert wurde. Als am 13. Februar 1985 die im Krieg zerstörte Semperoper mit dem »Freischütz« glanzvoll wieder eröffnet wurde, erwies er sich einmal mehr als wahre Volksoper: Die Fernseh-Live-Übertragung verfolgten Millionen Zuschauer in Ost und West. *gl*

Ernst Edler von Schuch dirigiert
»Der Rosenkavalier« von Richard Strauss
Gemälde von Robert Hermann Sterl, 1912

Ernst Edler von Schuch setzte sich in besonderem Maße für die Musik der Gegenwart ein. In der Zeit von 1878-1914 leitete er als Generalmusikdirektor der Königlichen Oper in Dresden 51 Uraufführungen, darunter »Salome« (1905), »Elektra« (1909) und »Der Rosenkavalier« (1911). Der Dresdner Maler Robert Hermann Sterl war fasziniert von der Person des Dirigenten und porträtierte ihn in mehr als hundert Werken.   *gl*

Figurine für »Der Rosenkavalier«
von Richard Strauss
Farblithografie von Alfred Roller, 1910

Wie bei vorangegangenen Werken von Richard Strauss fiel auch beim »Rosenkavalier« (1911) der Hofoper in Dresden die Ehre der Uraufführung zu. Sowohl Strauss als auch der Librettist Hugo von Hofmannsthal maßen der Inszenierung große Bedeutung bei. Sie gewannen Max Reinhardt als Regisseur und den österreichischen Sezessionisten Alfred Roller als Bühnen- und Kostümgestalter. Roller setzte durch, dass Bühnenbild und Ausstattung für alle weiteren Aufführungen verbindlich wurden. Es war dies das erste Mal, dass eine Inszenierung urheberrechtlich geschützt wurde. Die Premiere, die Ernst Edler von Schuch dirigierte, war ein Riesenerfolg. Bis heute ist der »Rosenkavalier« das beliebteste und meist gespielte Bühnenwerk des Komponisten.   *gl*

**Entwurf für Titelzeichnung zu Karl Mays
(1842–1912) »Old Surehand«**
Sascha Schneider (1870–1927)
Zeichnung mit Tusche, Tinte, Kreide, Goldbronze
von Sascha Schneider, 1904

Karl May wurde 1903 auf der »Sächsischen Kunstausstellung« in Dresden auf die Werke Sascha
Schneiders aufmerksam. Er besuchte ihn in seinem
Atelier, wenig später entstanden Schneiders Titel-
zeichnungen für eine Sonderausgabe der Karl-May-
Reiseerzählungen. May wurde nicht müde
zu erwähnen, für wie wichtig er die neue Edition
halte. Kunstsinnige nahmen sie begeistert auf,
doch der geschäftliche Erfolg blieb ihr versagt. Die
Mehrheit der Leser konnte sich mit Schneiders
philosophischen Ausdeutungen nicht anfreunden.

gl

»Festspiele Hellerau«
Plakat von Lucian Bernhard, 1913

Von 1911 bis 1912 erbaute der Architekt Heinrich
Tessenow das Festspielhaus Hellerau für die
»Rhythmische Bildungsanstalt Jaques-Dalcroze«.
Weltweit bekannt wurde es durch die Schulfeste,
die dort im Sommer 1912 und 1913 stattfan-
den. Der Höhepunkt waren die Aufführungen
»Orpheus und Eurydike« von Christoph Willibald
Gluck sowie »Mariä Verkündigung« von Paul Clau-
del. Sie zogen 1913 die geistige Elite nach Hellerau,
darunter George Bernard Shaw, Max Reinhardt,
Upton Sinclair und Rainer Maria Rilke.   *ugh*

Bühnenbildentwurf »Escalier« (Treppe) aus der
Folge »Espace rythmique« (Rhythmischer Raum)
Zeichnung von Adolphe Appia, 1909–1910

Der Schweizer Musikpädagoge Emile Jaques-Dalcroze lernte 1906 den Bühnenbildner Adolphe
Appia kennen. Zwischen den beiden kam es zu
einem regen Gedankenaustausch über die rhythmische Gymnastik. Appia entwarf für Jaques-
Dalcroze Bühnenbilder unter dem Titel »Espace
rythmique«. Er wurde dabei angeregt von griechischen Landschaften, Tempel- und Theateranlagen.
Realisiert wurden seine Entwürfe im Festspielhaus
Hellerau.   *ugh*

»Gymnastische Gesamt-Übung« im Großen
Saal des Festspielhauses Hellerau
Fotografie, um 1913

Emile Jaques-Dalcroze entwickelte um 1900 zunächst für Musiker, später auch für Laien eine
Lehrmethode, die sich aus rhythmischer Gymnastik, Improvisation und Gehörbildung zusammen-
setzte. Mit ihrer Hilfe wollte er innerlich gelöste,
musikalisch empfindende Menschen erziehen. Seit
1910 war er in Hellerau ansässig und zeigte das
Können seiner Schüler bei Schulfesten im Festspielhaus.   *ugh*

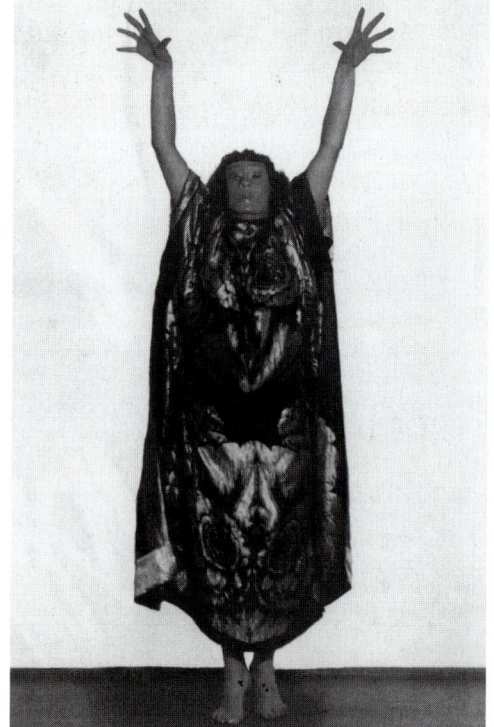

Mary Wigman in »Hexentanz II«
Drei Fotografien von Charlotte Rudolph, 1926,

Mary Wigman begründete 1914 mit ihrem ersten
»Hexentanz«, den sie in Ascona am Lago Maggiore
erschuf, den deutschen Ausdruckstanz. Häufig
benutzte sie für ihre Tänze Masken, um die Grenze
zwischen Darstellerin und Dargestelltem aufzuhe-
ben: »Die Maske löscht den Menschen als Person
aus und gibt dem zur Gestaltung drängenden Tanz-
geschöpf Raum.« Ihr berühmtester Maskentanz ist
der zweite »Hexentanz« von 1926. *ugh*

**Klangrhythmisches Orchester der Wigman
Schule Dresden**
Fotografie, um 1925

1920 gründete Mary Wigman in Dresden ihre
Schule. Eine ihrer ersten Schülerinnen war Gret
Palucca. Bei ihren Tänzen verzichtete Mary Wigman oft auf eine musikalische Begleitung im herkömmlichen Sinn. Sie war der Meinung, der Tänzer solle sich von musikalischer Führung befreien,
sich nicht der Musik unterwerfen. Stattdessen verwendete sie Rhythmusinstrumente wie Gongs und
Trommeln, die von Tänzern gespielt wurden.
Damit wollte Wigman die Grenze zwischen Musi-
kern und Tänzern aufheben. *ugh*

67

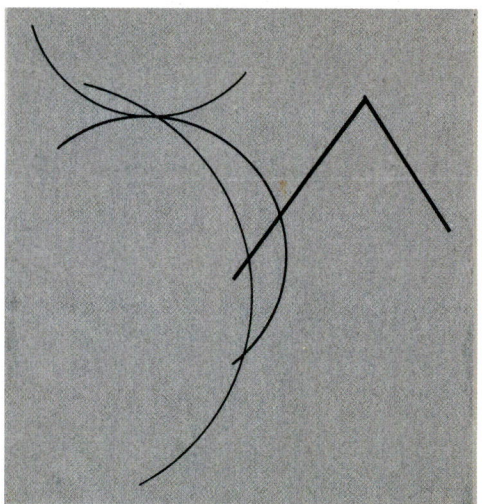
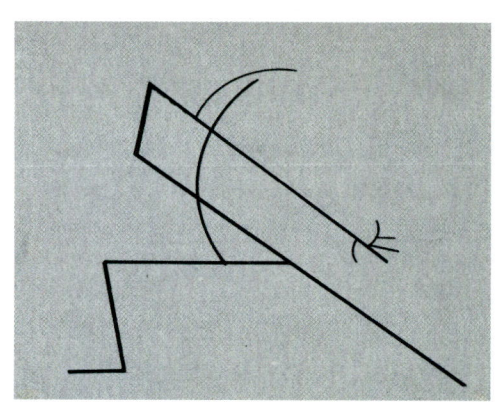

»Palucca-Tanzbild mit doppeltem Schatten«
Fotografie von Charlotte Rudolph, 1925

**»Zeichnung zum Tanz der Palucca:
Drei Gebogene, die sich in einem Punkt treffen«**
Wassily Kandinsky, o. J.

»Tanzbild Gret Palucca: Ausfallschritt nach links«
Fotografie von Charlotte Rudolph, 1925

**»Tanzbild Gret Palucca:
Zwei große parallellaufende Linien«**
Zeichnung von Wassily Kandinsky, o. J.

Gret Palucca war neben Mary Wigman die bedeutendste deutsche Ausdruckstänzerin. Sie gründete 1925 die Palucca Schule Dresden, an der noch heute Tänzerinnen und Tänzer ausgebildet werden. Paluccas kraftvolle und neuartige Bewegungen inspirierten die Fotografin Charlotte Rudolph zu experimentellen Aufnahmen, die Wassily Kandinsky als Vorlage für seine Zeichnungen nahm. Oft war Palucca bei den Bauhauskünstlern Kandinsky und Paul Klee zu Gast, tanzte für sie und erhielt von ihnen Anregungen für ihren Tanz. *ugh*

Durs Grünbein

Madonna und Venus

*»Ich hatte mich darauf gefreut, Dresden mit einer
klareren Haltung Giorgione gegenüber zu verlassen…«*
Samuel Beckett, Brief an Mc Greevy, 16.2.1937

Wenn ich die Augen schließe, sehe ich diese Aufnahmen aus den siebziger Jahren. Die Bilderfolge ist immer dieselbe, vielleicht etwas überbelichtet. Eine Gruppe von Schülern, versammelt zum Klassenausflug, zieht durch das Zentrum der Elbestadt. Zielstrebig steuert sie auf deren Wahrzeichen zu, den possierlichen Zwinger, schlüpft im Gänsemarsch durch das Tor in Form einer steinernen Krone oder kommt, laut schnatternd, von der anderen Seite herbeigelaufen, an Sempers Oper vorbei, den Theaterplatz überquerend. So oder so, vor dem Museumseingang machen sie Halt, lesen wie jedesmal brav und beeindruckt die russische Inschrift, die ein Soldat am Ende des letzten Krieges dort an die Mauer gekritzelt hat, zum Zeichen dafür, dass die Gegend von Minen geräumt worden war. Dabei entgehen ihnen, hoch über ihren Köpfen in einer Nische des Triumphbogens, die Statuen zweier Männer. Dann drängeln sie alle den steilen Treppenaufgang hinauf, in einen Strudel aus Marmorböden, Gobelins und goldenen Rahmen, schieben geschwind durch die Säle der Niederländer und Italiener, ohne Blick für Tizians *Zinsgroschen*, die vielsagende Szene, und ohne an den Brombeerranken in Jan Wildens Winterlandschaft mit dem Hasenjäger und seinen Hunden hängenzubleiben. Nicht einmal Rembrandts Ganymedknabe in den Fängen des Adlers, weinerlich strampelnd und vor Angst Wasser lassend, kann sie aufhalten. Bis sie am Ziel ihrer Expedition angelangt sind, an jenem Punkt, auf den dort im östlichen Hauptgeschoß alles hinausläuft. Und da erscheint sie, die liebliche Jungfrau, strahlend in ihrer schlichten Glorie, leichten Fußes auf Quellwolken einherschreitend, in den Armen das zornige Kind.

Andächtig steht die Klasse vor Raffaels *Sixtinischer Madonna*. Die Lehrerin murmelt etwas von Renaissance, absolutem Meisterwerk und vom Höhepunkt italienischer Tafelbildmalerei. Weil aber das Fach Kunsterziehung hieß und das Land, in dem die Szene sich abspielte, sich als Arbeiter-und-Bauern Staat verstand, mündet ihre Schwärmerei alsbald in eiserne Pädagogik. Nun ist die Rede von feudaler Herrschaft, Malerei im Auftrag der Kirche, dieser furchtbaren Krake, Religion als Opium des Volkes. Folgt die Erwähnung der Sowjetunion, des selbstlosen Brudervolkes, dass die Madonna neben vielen anderen Kunstschätzen am Ende des Krieges gesichert und restauriert, sprich für Jahre beiseite geschafft hatte. Die Rote Armee unterhielt bekanntlich eine eigene Trophäenbrigade, auch wenn sich das damals anders anhörte. Ich weiß noch, wie ich nichts dabei fand, mir die sanfte Jungfrau als russische Kriegsgefangene vorzustellen. In gewisser Weise erhöhte das sogar ihren Reiz, es machte sie anziehender wie im Märchen die Prinzessin, wenn sie das Abenteuer in der Höhle des Drachen bestand. Die zwei, drei echten Christen unter uns senken indessen die Augen, wer kann, stellt die Ohren auf Durchzug. Mancher blickt verstohlen zur Leinwand hinauf, irritiert von soviel Geschichtsunterricht anlässlich eines bloßen Gemäldes. Der Rest der Klasse langweilt sich und versucht die Wartezeit mit Spielchen zu überbrücken. Frappierend ist die Ähnlichkeit der meisten mit den beiden Engeln, die unten am Bildrand warten und gleichfalls gelangweilt über die Brüstung schauen. Was keiner weiß: dass diese Brüstung ein Sargdeckel ist und das Gemälde ein Trauerbild für einen verstorbenen Papst. Dabei liegt über allem ein eigenartiger Zauber, der die halbwüchsigen Banausen (so struppig und ungekämmt wie die auf dem Bild) zum Flüstern zwingt, zu gedämpftem Gekicher.

Was sie, bei aller Gottlosigkeit, doch in Schach hielt, war weniger Pietät. Es war der Effekt mehrfacher Spiegelung von den umliegenden Leinwänden her, und dass sie allesamt hier zur Ruhe kamen. Denn soviel war klar: in diesem einen hatten sich all die anderen Bilder zusammengetan, und auf ihr Eigentliches konzentriert. Rein oberflächlich erschien uns glotzäugigen Betrachtern, was wir da sahen, als Summe aus all den Figurengruppen ringsum. Womit wir nicht einmal falsch lagen, denn schließlich war es der Kern der Geschichte, um die es auf allen übrigen Bildern ging, auch wenn unser Häuflein zumeist Ungläubiger davon keine Ahnung hatte. Es lag auch nicht am Format, dazu gab es zuviele Rubens' und Tintorettos gleich nebenan, auch nicht am altarmäßigen Aufbau des Prachtgemäldes, der wie von selbst die Atmosphäre des fehlenden Kirchenraums schuf. Denn was Räume betraf, waren wir Dresdner Eingeborenen, trotz aller Abstriche am einstigen Canaletto-Prospekt, noch immer ziemlich verwöhnt. In jedem von uns dämmerte zumindest eine rudimentäre Vorstellung von festlicher, die Schwerkraft galant überspielender Architektur, auch wenn diese stark dahingeschrumpft war, verdunkelt und pockennarbig, und uns vor allem der Himmel über ihr weiterhelfen mußte als Anschauungsmittel.

Woher aber dann das Gespür für die Übermacht dieses einen Bildes? Man könnte sagen, es hatte mit der ihm angedichteten Autorität zu tun und mit der Autoritätshörigkeit von uns Jungen. Die räumliche Position, seine unterschwellige Inszenierung wiesen klar darauf hin, dass hier die heimliche Mitte lag, das Allerheiligste dieser Stadt. Und außerdem gab es die vielen Legenden, die sich darum gesponnen hatten, und die vielfaltigen Reproduktionen, die schon damals etwas Aufdringliches hatten und heute, im Zeichen des Tourismus und der Produktwerbung, allgegenwärtig sind. Ich meine, unser diffuses Ergriffensein hatte zu-allererst mit uns selber zu tun. Wenn man bedenkt, wie jungfräulich wir damals waren. Noch hatte die Welt, die allzu irdische, und der Normalbetrieb Leben von uns nicht Besitz ergriffen. Noch war das kindliche Gehirn nicht doppelt und drei-fach belichtet, wie das jedes durchschnittlichen Erwachsenen, um- und umgepflügt von Fernsehen, Film und den Bildern der Tagespresse. Nur so erklärt sich, warum wir die Frau da oben nicht mit einer attraktiven Schauspielerin verwechselten, Gina Lollobrigida oder Sophia Loren, flimmernd im Weichzeichnerlicht, warum sie uns, trotz ihres Alters von fünfhundert Jahren, in ihrer ganzen Frische und überirdischen Schönheit erschien.

Und doch war nicht sie es, die den Dresdner Jungen damals beschäftigte. Es wäre übertrieben zu behaupten, Raffaels große Schwebende hätte ihn bis in die Träume verfolgt. Wirklich irritiert hat ihn eine andere Dame, die ihre Nachbarin war, Gior-giones *Schlummernde Venus*. Es mag an der allgemeinen Prüderie gelegen haben eines Landes, das weder Peepshows noch Herrenmagazine kannte und für das Por-nographie ein Schimpfwort war zur Beschreibung der anderen Seite, jener schau-rigen, kapitalistischen Welt. Aber eine schlafende Nackte, noch dazu in so mon-umentaler Größe, das war schon etwas. Die geschlossenen Augen dieser Venus regten die Phantasie jedenfalls mehr an als die weit geöffneten der Maria. Gegen ihre Verschwiegenheit, gegen dies unergründliche Gesicht einer Träumenden, den makellosen, aprikosenfarbenen, dem Betrachterblick absichtslos dargebotenen Körper hatte das barfüßige Landmädchen auf seinem hohen Wolkensockel keine Chance. Es war derselbe Kopf einer Italienerin, der gleiche strenge Mittelscheitel, und doch trennten Welten die beiden, wie man an ihrem Gesichtsausdruck sah. Tief bekümmert die eine, am Betrachter vorbeischauend in einen Abgrund von Elend, die andere mehr als entspannt, mit einer Miene, die so unnahbar aristo-kratisch war, dass kein Voyeur hier, ob groß oder klein, auf dumme Gedanken gekommen wäre. Da lag sie, vor einer Landschaft, die wie ein grüner Schamhügel anstieg, hingebreitet, die Entrückte, unter dem Firnis Verschlossene, in einem Schwebezustand von Traum und Erwartung. Und der Fluss ihrer Glieder hatte *natürlich* mit jenem anderen Fluss da draußen hinter den Museumsmauern zu tun, doch davon wußte ich damals noch nichts.

Viel später erst dämmerte mir, worin ihre Affinität zu dem Ort lag, an den es sie, dank der Sammelleidenschaft eines Königs, verschlagen hatte. Affinität ist ein anzügliches Wort; in diesem Fall meint es die Anziehungskraft, die gewisse Dinge und Menschen, auch Kulturen, aufeinander ausüben, aufgrund ihrer Wesensver-wandtschaft. August der Starke, dieser Frauenverehrer und Barockkavalier, hatte, befeuert von seinem Venedig-Erlebnis, die unbedingte Idee, in seinem sächsischen Herrschaftsbereich italienische Verhältnisse zu schaffen. Darum die ausschweifende Bildersucht, dieser ganze amouröse Luxus bei Hofe, für den eine Venus aus der Werkstatt des rätselhaftesten Venezianers das passende Sinnbild war. Und weil Gleiches sich anzieht, kam die Schlummernde schließlich nirgends so gut zur Geltung wie hier im Dresdner Tal, in Rufweite der Elbe und ihrer Hänge. Ihre Erscheinung fügte sich harmonisch in das Bild einer alten Flusslandschaft, die selber von ihren weiblichen Kurven und Hügelkonturen lebte. Erst heute begreife ich sie, und mit ihr den Frieden, der über die Landschaft gekommen war in ihrer sinnlichen Gegenwart. Damals sah ich vor lauter Einzelheiten kaum den Zusammenhang. Das Auge klebte nur an den Details: da in der Ferne die blauen Tafelberge (die an das Vorgelände zum Elbsandsteingebirge erinnerten), das menschenleere Gehöft hinter Festungsmauern zur Rechten, den Baumstumpf auf dem Grashügel über der Hüfte, in Höhe ihrer geschlossenen Schenkel. Das heißt, er sah, und sah doch nicht wirklich, der kleine Dresdner Junge. Er dachte, wie für sein Alter üblich, an das verborgene Geschlecht, auf dem schützend die Hand lag (wie schade), und überging ahnungslos das delikate, weinrote Samtkissen mit der gefütterten Öffnung am linken Bildrand. Es brauchte Jahre, bis die verbotene Frucht dieser Anspielung ihm aufging.

Madonna und Venus, was für ein ungleiches Paar. Kann sein, mein Gedächtnis trügt (assistiert vom Unbewussten), aber ich hätte schwören können, damals hingen sie noch im selben Saal. In meiner Erinnerung schaut die eine im Hochformat auf die andere herab, die ihr als Querformat nichtsahnend zu Füßen liegt. Wahr ist, dass sie sich nie eines Blickes gewürdigt haben, und wahr ist auch: sie hätten sich nicht viel zu sagen gehabt. Dabei sind sie, fast aufs Datum genau, zur selben Zeit entstanden, am Beginn des sechzehnten Jahrhunderts; in Venedig die eine, im Atelier des Exzentrikers Giorgione, eines riskanten Alchemisten der Leinwand, die andere in Rom, unterm Pinsel des begnadeten Raffael, der schon früh ein erfolgreicher Auftragsmaler war. Jede von ihnen ist das Werk eines Dreißigjährigen, mit manchen Ähnlichkeiten in der Manier, das Resultat äußerster malerischer Raffinesse. Man hat von Giorgiones weichem Stil gesprochen, der als lyrisch galt, von Raffaels belebendem Kolorit; und das berühmte *sfumato* beider hat ganze Generationen von Malern in helle Aufregung versetzt. Phänomenal ist die traumwandlerische Sicherheit, mit der sie ihre Visionen auf die Leinwand übertrugen. Auf der Suche nach Anmut, die so schwer fassbar ist, hatten sie sich bis an die Ränder des Immateriellen vorgearbeitet, waren unter die Oberflächen gedrungen. Flimmernde Körpergrenzen, dunstiger Umriss: beide beherrschten sie, jeder auf seine Weise, perfekt das Instrumentarium malerischen Minnesangs. Die Anbetung des Weiblichen in Gestalt der *donna*, der hohen und höchsten Dame, war der Mittelpunkt ihrer besten Werke. Hier wie da hieß die Zauberformel *bella figura*, und es fällt auf, wie ihre Frauen mit der Zeit an räumlicher Präsenz gewinnen, indem sie als Figur still in sich ruhen, ein Kunstgriff, den ihre Schöpfer antiken Skulpturen abgeschaut haben. Und doch konnten sie unterschiedlicher nicht sein.

Wie Tag und Nacht verhielten in dieser Venus, dieser Madonna die Bilder der Weiblichkeit und ihrer Attribute sich zueinander. Raffaels keusche Maria war eine

Erzählung aus Schleiern und Vorhangfalten, Wolken und frommen Symbolen; das einzige, was sie dem interessierten Betrachter enthüllte, war ein Stück Religionsgeschichte. Es geschah nach dem Konzil von Trient, im Zuge der Gegenreformation, dass im gesamten päpstlichen Einflussbereich der Muttergotteskult wieder verstärkt gepflegt wurde. Für viele Künstler ist er mehr als nur Pflichtübung gewesen, eine dankbare Mode, oder zumindest ein einträgliches Geschäft. Raffaels Schöne war ein Stück Kirchenpropaganda. Verführung zum Dogma mit den Mitteln der Sinnestäuschung. Entstanden im Auftrag von Papst Julius II., gemalt für die Klosterkirche San Sisto in Piacenza, sollte sie, nach dem Willen des Künstlers, wie eine Erscheinung über den Betrachter kommen, als natürliches Geschöpf zwar, aber doch überirdisch entrückt. Ihre ersten Besitzer und Anbeter waren Mönche, das heißt unverheiratete, zumeist ältere Männer in schwarzen Kutten und mit Tonsur. Man kann sich denken, welchen Gebrauch sie von diesem gemalten Marienhymnus machten. Man riecht noch die Weihrauchdämpfe, die vor ihr aufstiegen.

Dagegen war Giorgiones Venus (mit der artigen Hand auf der Scham) ganz einfach ein verführerischer Frauenakt. Ihr Inkarnat, dieses so irdische, matt strahlend wie in der Dunkelheit eine Wärmequelle, diente nur einem Zweck: der Anbetung des Fleisches. Es heißt. sie sei als Hochzeitsbild in Auftrag gegeben worden, von einem reichen Venezianer, ihre Bestimmung war demnach eindeutig die eines Fruchtbarkeitszaubers und Aphrodisiakums. Darauf deutete schon der kleine Cupido, der ursprünglich dazu gehörte und später einem Retuscheur zum Opfer fiel. (Gottseidank blieb wenigstens sie dabei unversehrt.) In einer großartigen Konzentration auf das Wesentliche erinnerte sie an alle schlafenden Nymphen Griechenlands gleichzeitig. Ihre Nacktheit war so direkt und konkret, dass auch der stumpfsinnigste Laie die Absicht verstand. Giorgione hatte als einer der ersten. kurzen Prozess gemacht mit jeder christlichen Heimlichtuerei. Es war seine Bildidee gewesen: liegender Akt in arkadischer Landschaft, und es war ein gefährliches Sujet. Mit ihm zog ein Hauch von Neuheidentum durch die europäische Kunst. Noch heute spürt man die befreiende Wirkung, die von dieser Venus ausgeht, das Ultramoderne in der Wiederkehr heidnischer Mythologie. Er hatte sie alle herbeigerufen mit seiner kühnen Tat, Velazquez *Venus mit dem Spiegel* und Goyas *Nackte Maja*, die *Olympia* Manets usw. Sein Enthüllungsakt hatte sie alle ermuntert zu ihren nudistischen Vexierspielen, die Rubens und Ingres bis zum letzten photographierenden Surrealisten. Von ihm stammt auch das Betriebsgeheimnis, dieses gewisse Etwas, das keiner recht deuten kann: die Prise Magie bei der Darstellung weiblicher Nacktheit. Der wahre Angriff aber ging vom Format seiner Venus aus; darin, dass sie uns in fast echter Lebensgröße vorgeführt wird, liegt das eigentlich Skandalöse ihrer Präsenz. Es scheint, als könnte sie schon im nächsten Moment die Augen aufschlagen, erschrocken das weiße Laken (eine Arbeit Tizians) um sich schlingen und sich erheben. Der Betrachter stünde dann wie ein begossener Pudel da, als Spanner entlarvt und gar nicht mehr so harmloser Museumsbesucher.

Weshalb diese Eloge, und was hat das alles mit Dresden zu tun? Ich weiß nicht, wie es kommt, aber wenn ich heute die Augen schließe und an die Schätze der Heimatstadt denke (aus der ich vor zwanzig Jahren aufgebrochen bin), sehe ich ziemlich bald eine der beiden Frauen. Und da sich Nacktheit einfach tiefer einprägt, ist es immer zuerst die Venus. Das geht so weit, dass bei der Erwähnung des gleichnamigen Himmelsgestirns nicht irgendeine abstrakte Planetenoberfläche vor mir auftaucht (rotglühende Aschenmeere, mondgesteinähnliche Geröllhalden), sondern in aller Unschuld sie, das Meisterstück des Giorgione. Vor einigen Jahren war das spektakulärste Himmelsereignis ein sogenannter Venus-Transit am hellichten Tag, besonders gut sichtbar in der nördlichen Erdhemisphäre, und beim Anblick des schwarzen Stecknadelköpfchens, das vor der Sonne vorbeizog, fiel mir sogleich wieder sie ein, die verflossene Schöne aus Jugendtagen. Da erst begriff ich, wie allgegenwärtig sie war. In einem Koordinatensystem, das mittlerweile die Planetenbahnen im All genauso umfasst wie die Spielplätze der Kindheit in jener traurigberühmten Stadt an der Elbe (oder was von ihr übrigblieb), ist sie einer der heißesten Erinnerungspunkte. Das klingt etwas wunderlich, aber so tickt es nun einmal, dieses Erwachsenenhirn. Wie es scheint, hat der kleine Junge nie aufgehört, meine Phantasievorstellungen zu beflügeln.

Übrigens habe ich nie herausgefunden, warum sie in allen Katalogen und auf dem Museumsschild immer die *Schlummernde* genannt wird. Es hat sich eingebürgert, wie so manche Vertraulichkeit im Umgang mit Kunstwerken. Froh bin ich, dass ihr erspart blieb, was man im Falle der anderen nur noch als sächsische Raffael-Idolatrie (oder -Ideologie) bezeichnen kann. Die Literatur über sie hält sich vergleichsweise in Grenzen. Ein wenig gleicht ihr Ruf dem ihres frühverstorbenen, enigmatischen Schöpfers. Vasari überliefert uns außer seinem ausgeprägten Geschmackssinn, seiner Musikalität (Giorgione sang gern und spielte die Laute) auch eine gewisse Leichtlebigkeit, einen Hang zu Liebesabenteuern, von denen eines dann tödlich endete. Er steckte sich, während einer schlimmen Pestepidemie in Venedig bei seiner Geliebten an, von der er nicht lassen konnte.

Anders ausgedrückt: der Meister der Dresdner Venus war ein hoffnungsloser Erotomane und Troubadour, der es vorzog, lieber in Schönheit zu sterben, als vor Enthaltsamkeit zu versauern. All das sind aber auch Eigenschaften, die zum historischen Bild der Barockresidenz passen, zu den Legenden, die man sich hier von ihrem kraftstrotzenden Musenfürsten erzählt. Auch wenn der Umkehrschluss vom Werk auf den Künstler nur eine der beliebteren Illusionen ist (in Raffaels Biographie fallen allzu oft Worte wie Tugend und Demut), so sind die Signale im Falle Giorgiones eindeutig. Dass sie in Dresden empfangen wurden, spricht für eine Hofhaltung, die von Versailles inspiriert war, mit allem Mätressenwesen, allem Boudoirzauber, der damals dazugehörte. Es sagt mehr aus, als viele der Anekdoten von Maskenbällen und versteckten Tapetentüren, wenn man hört, dass ihr Ankauf in die Regierungszeit Augusts des Starken fiel. 1699 erwarb dieser das gute Stück von dem französischen Kunsthändler Le Roy; zwei Jahre zuvor war er zum Katholizismus übergetreten, mit der Aussicht auf den polnischen Thron. Ein halbes Jahrhundert später erst folgt ihr das sittenstrengere Andachtsbild, und dies auf Betreiben des Sohnes, König Augusts III., der sicher der gewissenhafte Sammler war, schon darum, weil er auf Vollständigkeit setzte. Madonna und Venus: ihr Verhältnis scheint vor allem das von Vergebung und Sünde zu sein. Wer solange geschwelgt hat, will eines Tages Abbitte leisten, und dazu bedarf es der großen Geste. War nicht, fragt man sich, bei allem Kunstsinn und jenseits sächsischer Schaukel-Diplomatie, beim Erwerb der Sixtina auch ein wenig Ablasshandel im Spiel? Nicht sofort freilich – den größeren Zulauf hatte damals noch die *Heilige Nacht* des Correggio; doch bald schon schwenkten die Anbeter um, und schließlich gab es kein Halten mehr. Es war der unermüdliche Winckelmann, der seinem König die Augen öffnete für die Strahlen der Gottheit. Wenn es so etwas wie persönliche Haftung bei kollektiven Autosuggestionen überhaupt gibt, dann trägt er die Hauptschuld am späteren Raffael-Kult. Ihm haben wir den verklärten Blick zu verdanken und die beredte Empfindsamkeit, die reflexhaft einsetzt vor dieser Madonna. Seither war in den Berichten immer wieder von der plötzlichen Läuterung die Rede, die viele bei ihrem Anblick überkam. In den Beschreibungen werden alle Register der Offenbarungs-Rhetorik gezogen. Wortreich geht es von der stammelnden Innerlichkeits-Ekstase zum großen Umkehrerlebnis mit Damaskus-Vergleich. Kunstkenner, Krämer wie Konkubinen, sie alle fühlten sich wie vom Blitz getroffen und seelisch verwandelt; aufschauend zu ihr wetteiferten sie in Erweckung und Hellseherei. Noch der übelste Machiavellist, der schweinischste Epikuräer wurde, für Augenblicke, zum besseren Menschen in ihrer Umgebung.

Rührt vielleicht daher der unablässige Strom von Besuchern (viele von ihnen Banausen wie damals wir Jungen), der bis heute durch Dresden und seinen Zwinger zieht und sich regelmäßig in einem ganz bestimmten Saal staut? Immerhin kommt er, wie nebenbei, auch der schönen Schläferin zugute, die auf dem Wege dahin ausgestreckt liegt Mit einer Mischung aus Schadenfreude und Eifersucht, lenke ich in Gedanken die Masse an ihr vorbei, auf ihr touristisches Hauptziel zu, weg von der Splitternackten, hin zum Altar der züchtig Verhüllten. Da überkommt die Milde auch mich, und ich sage mir: welche Gefahren und Abenteuer die beiden auch hinter sich haben, die Endstation ihrer Reise heißt allemal Dresden. Was sie verbindet, ist ihr gemeinsames Exil im Norden, jenseits der Alpen, in einer Stadt, die wie keine zweite in Deutschland (mit Ausnahme Münchens vielleicht) eine beinahe mediterrane Kulturblüte hervorbrachte, in deren Sonnenstrahlen sie immerhin nie zu frieren brauchten. Und da thronen sie nun und erhalten der Stadt, der so vieles genommen wurde, den Ruf eines Wallfahrtsortes. Hier wurden sie gewaschen und kosmetisch aufgefrischt, auseinandergenommen und beinah zu Tode restauriert; hier ist man ihnen mit Alkohol und Röntgenstrahlen zu Leibe gerückt. Von hier aus traten sie ihren Siegeszug in die Weltöffentlichkeit an.

Keine Frage: beim großen Publikum hat die *Sixtinische Madonna* das Rennen gemacht. Sie ist es, die einem heute in der Blickachse der Hauptsäle entgegenkommt wie das sprichwörtliche Licht am Ende des Tunnels. Ihre Prominenz und die subtile Unterordnung aller anderen Bilder unter dies eine machen die Dresdner Gemäldegalerie zu einem Tabernakel. Für den Ausstellungsbetrieb gilt sie als dankbares Phänomen, übertroffen in ihrem Sonderstatus nur noch von einer gewissen Mona Lisa im Pariser Louvre. Phänomenen aber kommt man am besten mit Statistik bei. Ich nehme an, die Besucherzahlen haben das meiste mit ihr zu tun, der Vielversprechenden, Vielreproduzierten. Es sind Markenartikel wie diese, die im Betrachter wohlige Déjà-vu-Schauer hervorrufen, den prickelnden Kurzschluß vom Fremdenverkehrsplakat zur erhabensten Urlaubsimpression, und die dafür sorgen, dass sich Tourismus auf Tautologie reimt.

Vor kurzem habe ich sie noch einmal besucht. Und siehe da, auch dieses Prunkstück hatte stark an Glanz eingebüßt. Als ich es das letzte Mal sah (an einem regnerischen Dezembertag mit Schneematsch in den Straßen), war ich erstaunt, wie stumpf und ausgetrocknet die Farben wirkten, mehr als sonst üblich nachgedunkelt. Oder waren nur meine Augen schlechter geworden? Die arme Madonna unter ihren schweren Firnisschichten sah aus, als habe sie längere Zeit in einem Rauchfang gehangen, neben anderen Schinken. Sie war im Gesicht ganz grau geworden vor Kummer. Mag sein, dass sie einfach herausgefallen war aus dem Goldrahmen der frühen Jugendtage. Ich hatte sie anders in Erinnerung. Mehr denn je war ihr brauner Schleier, gebauscht in Form einer Muschel, ein Trauerschleier. Die schemenhaften Engelsköpfchen im Hintergrund sahen aus wie die Totenschädel, aufgestapelt im Beinhaus. Der Samtvorhang in verwaschenem Grün, der schmutzigweiße Trockeneisnebel, auf dem sie dahinschritt: all das war bedrückend. »Eine liebende Mutter mit ihrem Ersten, Einzigen« (so Goethe) – von wegen. In ihren Armen der Kleine wirkte verstört, als habe sie ihn eben aus dem Schlaf gerissen. Ich sah einen seltsam ergrauten Säugling und wunderte mich über sein breites Kreuz, die athletischen Oberarme und diesen strengen Blick, der etwas Irres hatte. Vielleicht lag es an der Beleuchtung, die alles in eine trübe Gruftatmosphäre tauchte. Dieser Madonna konnte keine Schwärmerei mehr etwas anhaben, kein verbaler Säureanschlag wie der des unverschämten Leon Bloy (»Turnerin im Bademantel«), auch kein realer; und erst recht keine Museumsshop-Industrie mit ihren albernen Sixtina-Souvenirs. Sie hatte es hinter sich, den Ruhm, die Verklärung und die Jahrhunderte. Und fast wär mir das Lied vom Tod der Kunst in den Sinn gekommen (der alte Ohrwurm), wären da nicht ihre Füße gewesen, und diese wohlgestalteten Knöchel. Sie brachten mich wieder auf andere Gedanken, hinüber zu ihr, die bereits auf mich wartete. Was wohl Nietzsche gemeint hatte mit seiner Bemerkung von der physiologischen Falschheit auf den Bildern Raffaels? Kaum stand ich vor Giorgiones Venus, wußte ich es; und alle Trübsal war wie fortgeblasen. Vor ihr, der friedlich Schlummernden in der lässigen Pose (*Venus pudica*: frisch der Auster entstiegen), gab es keinen Grund mehr, vom Altem der Bilder auf das eigene Altem zu schließen oder umgekehrt. Wie erhaben ihr Schlaf, kein Liderzucken verriet etwas von dem Schreckensruf, der ihm vorausgegangen war: »Pan ist tot. Pan ist tot.« Das Bild einer Schlafenden lenkt die Aufmerksamkeit immer auf etwas Verborgenes, es zieht den Blick von der Bildoberfläche in seine Tiefen. Man will wissen, was hinter der Stirn vorgeht dieses schlafenden Menschen, erst recht wenn er nackt ist und eine Frau. Und schon ist man woanders und hat die Zeit vergessen. Solches geschieht hin und wieder in Dresden.

»Ein Bild geht um die Welt«.
Großreproduktion des Gemäldes »Zwei Kerzen«, 1982,
von Gerhard Richter auf der Brühlschen Terrasse

Eine Aktion des Neuen Sächsischen Kunstvereins
anlässlich des 50. Jahrestages der Zerstörung Dresdens,
1995. Fotografie von Dieter Krull, Dresden.

»APOKALYPSE«

Die Bombardierung Dresdens am 13. und 14. Februar 1945 markiert eine Etappe auf dem Sieg der Alliierten über Nazi-Deutschland. Der Luftangriff brachte mit rund 30.000 Toten unermessliches Leid über die Dresdner Bevölkerung. Er zerstörte weite Teile der Altstadt und der sie umgebenden Viertel. Die barocke Kunststadt Dresden schien für immer ausgelöscht. Wie kein anderes Datum prägt der 13. Februar 1945 bis heute die Identität und Erinnerungskultur der Dresdner. Seit 1982 wurde aus dem stillen Gedenken vor der Ruine der Frauenkirche ein Forum der unabhängigen Friedensbewegung in der DDR.

Kundgebung auf dem Adolf-Hitler-Platz (Theaterplatz) am 1. Mai 1933
Fotografie von Walter Hahn, Dresden

Kurze Zeit nach der Machtergreifung der Nationalsozialisten am 30. Januar 1933 benannten viele deutsche Städte ihre schönsten und bedeutendsten Plätze in »Adolf-Hitler-Platz« um. In Dresden konnte die Großkundgebung zum 1. Mai vor dem Opernhaus bereits auf einem Platz gleichen Namens stattfinden. *rf*

Die Schloßstraße zur Reichstheaterwoche 1934
Abb. aus »Sachsen umjubelt den Führer«, 1934

Wenn der Führer zu Besuch kam, wie hier bei der Reichstheaterwoche 1934, ließen die Dresdner keinen Zweifel daran aufkommen, dass sie das neue Regime in Deutschland freudig begrüßten. *rf*

**Treuekundgebung für den Führer am Finanz-
ministerium am 21. Juli 1944**
Fotografie von Presse-Foto Koch, Dresden

Nach dem misslungenen Attentat auf Hitler am
20. Juli 1944 versammelten sich die »Volksge-
nossen« in vielen Städten des Reiches zu Treue-
kundgebungen für ihren Führer. In Dresden
kamen Tausende auf den Elbwiesen am Finanzministerium zusammen.   *rf*

Still aus dem Filmdokument zur Ausstellung »Entartete Kunst« in Dresden, 1933

Vor allem expressionistische Kunstwerke wurden von nationalsozialistischen Kulturbeauftragten aus städtischen und staatlichen Sammlungen entfernt und in Ausstellungen als »entartet« verhöhnt. Die Dresdner Ausstellung »Entartete Kunst« fand bereits 1933 im Lichthof des Rathauses statt und nahm damit die große, 1937 in München gezeigte Propagandaschau vorweg. *rf*

Bücherverbrennung vor dem Gebäude der Dresdner Volkszeitung am 8. März 1933

In fast allen deutschen Universitätsstädten sorgten nationalsozialistisch gesonnene Studenten dafür, dass im Mai 1933 die Schriften von Thomas Mann, Erich Kästner, Lion Feuchtwanger und anderen unbequemen oder jüdischen Autoren verbrannt wurden. In Dresden war man auch dabei einen Schritt schneller: Hier landeten die ersten Bücher schon zwei Monate früher im Feuer. *rf*

Bergung des Davidsterns von der Kuppel der Synagoge im November 1938

Am 9. November 1938 fand reichsweit ein von den Nationalsozialisten organisiertes Pogrom gegen die jüdische Bevölkerung statt. Auch in Dresden stand die Synagoge in Flammen. Doch schon seit 1933 wurden jüdische Bürger ausgegrenzt, verfolgt und in Konzentrationslager deportiert. Mehr als 2.500 Dresdner, rund die Hälfte der jüdischen Gemeinde, wurden dort bis 1945 ermordet. Wie durch ein Wunder blieb der Davidstern erhalten und schmückt heute den Eingang der neuen Synagoge in Dresden. *rf*

**Luftaufnahme der Royal Air Force
von Dresden mit eingezeichnetem Zielsektor
vom November 1943**

Dresden wurde von den Alliierten nicht erst im
Februar 1945 als Ziel entdeckt. Die Luftaufnahme
der Briten stammt aus dem Jahre 1943, und der
Angriff auf Dresden erfolgte im Rahmen einer
großen Luftkriegsoffensive auf sächsische Städte.
Wie der eingezeichnete Zielsektor zeigt, galten
die Bomben dem Stadtzentrum und sollten mög-
lichst viele Menschen treffen. Vor allem die Moral
der Deutschen sollte gebrochen werden – ihre
Bahnhöfe und Rüstungsbetriebe waren weniger
wichtig. *rf*

**Blick vom ca. zehn km entfernten Possendorf
auf die Leuchtbomben über Dresden am
13. Februar 1945**
Gemeindechronik Possendorf

Damit die britischen Bomber im Dunkel der Nacht
auch ihr Ziel finden konnten, musste es markiert
werden. Einzelne Maschinen flogen der Staffel
voraus und setzten über dem Zielgebiet Leuchtbomben ab, die sich in der Luft entfalteten und
langsam zu Boden schwebten. Dieser Anblick war
schön und gespenstisch zugleich: Der Volksmund
nannte diese Leuchtbomben »Christbäume«. *rf*

**Blick vom Rathausturm nach Nordosten auf
den Pirnaischen Platz mit Kaiserpalast und
Marschallstraße am 23. August 1949**

Die Zerstörungen waren so gewaltig, dass noch
Jahre nach dem Krieg große Teile der Innenstadt
einer Trümmerwüste glichen. *rf*

**Verbrennung von Toten auf dem Dresdner
Altmarkt am 23. Februar 1945**
Fotografie von Walter Hahn, Dresden

Dem verheerenden Angriff auf Dresden fielen
zwischen 25.000 und 35.000 Menschen zum
Opfer. Die Toten der Innenstadt wurden auf dem
Altmarkt verbrannt. Noch Jahre später fand man
verbrannte oder erstickte Menschen in verschütte-
ten Kellerräumen. *rf*

**Kalendereintrag der Dresdnerin Gisela Scheibe
am 13. und 14. Februar 1945**

Für die meisten Überlebenden war der Angriff auf
Dresden ein traumatisches Ereignis, für das Viele
erst später Worte fanden. Die unmittelbaren Zeit-
zeugnisse sind häufig lapidar und knapp, aber
darum oft um so anrührender.   *rf*

Der Freiheitskampf

AMTLICHE ZEITUNG DER NSDAP. · AMTLICHES BLATT DER BEHÖRDEN

DRESDNER ZEITUNG

Nr. 39 15. Jahrgang — Freitag, 16. Februar 1945 — Kostenlos

Trotz Terror: Wir bleiben hart

Britische Luftgangster vernichteten in 3 Terrorangriffen unersetzliche Bau- und Kulturdenkmäler sowie Wohnviertel Dresdens – Auch die Stadt Chemnitz angegriffen – Unser Kampfeswille bleibt unerschüttert

Titelseite der Dresdner Zeitung
»Der Freiheitskampf« vom 16. Februar 1945

Bereits zwei Tage nach dem Angriff sprach die Nazipresse von »britischen Luftgangstern« und »Terrorbombern«. Sie prägte damit einen Sprachgebrauch, der später von der DDR-Propaganda aufgegriffen und in ähnlicher Weise weitergeführt wurde.   *rf*

Aufmarsch der Dresdner KPD
über die Augustusbrücke am 28. Juli 1945
Fotografie von Kurt Schaarschuch, Dresden

Unmittelbar nach dem Krieg kam es zu einer radikal anderen Schuldzuweisung für die Zerstörung Dresdens: Jetzt waren nicht mehr die Alliierten, sondern die Nazis für die Katastrophe verantwortlich.   *rf*

87

**Plakat für das Buch von Richard Peter
»Dresden – eine Kamera klagt an«
aus dem Jahre 1950**

Mit dem Bildband »Dresden – eine Kamera klagt an« mahnt der Fotograf Richard Peter vor den Schrecken des Krieges. Mit seinen eindrucksvollen Fotos schuf er eines der bekanntesten Dresden-Bücher, dessen erste Auflage von 50.000 Exemplaren schnell vergriffen war. Beworben mit dem Plakat »Jedem Deutschen dieses Buch« wurde Peters Werk aber auch für propagandistische Zwecke benutzt. *rf*

**»Dresden ruft: Nie wieder Ami-Bomben
auf unsere Städte!«**
Plakat aus dem Jahre 1952

Mit Beginn des Kalten Krieges nutzte das SED-Regime das Gedenken an die Zerstörung Dresdens zu propagandistischen Angriffen gegen die Westmächte. Die Parolen richteten sich vor allem gegen die Großmacht USA, den neuen Klassenfeind. *rf*

Sächsische Zeitung

HEUTE *Sport* SZ

ORGAN DER BEZI...UNG DRESDEN DER SOZIALISTISCHEN EINHEITSPARTEI DEUTSCHLANDS

Dresden   Montag, 14. Februar 1955   10. Jahrgang   Nr. 37   Preis 15 Pf

Sport am Sonntag

Von den III. DDR-Eisschnellauf-
meisterschaften in Geising

Erbitterte Abstiegskämpfe in der
Oberliga

DDR-Leichtathleten in West-
deutschland erfolgreich

Das Vermächtnis der Toten von Dresden:

Volkskampf gegen die Pariser Todespakte

Kundgebung der 250 000 – Dresden am 10. Jahrestag seiner Zerstörung

**Titelseite der Sächsischen Zeitung
vom 14. Februar 1955**

Als 1955 die Bundeswehr gegründet und der Eintritt der Bundesrepublik in die NATO mit den Pariser Verträgen besiegelt werden sollte, zielten die Attacken der DDR-Propaganda auch zunehmend auf den »Militarismus westdeutscher Kriegstreiber« ab.   *rf*

**Kerzen vor der beleuchteten Ruine der
Frauenkirche am 13. Februar 1983**
Fotografie von Matthias Neutzner, Dresden

Seit Beginn der achtziger Jahre überzeugten die staatlich gelenkten Erinnerungsrituale immer weniger Menschen. Am 13. Februar 1982 zogen erstmals Dresdner nach einem Gedenkgottesdienst in der Kreuzkirche schweigend zur Ruine der Frauenkirche und stellten dort Kerzen ab. Die jährlich wiederkehrende Aktion wurde zum Forum der jungen DDR-Friedensbewegung und von den Sicherheitsorganen mit großem Misstrauen verfolgt.   *rf*

Weiße Rose des Dresdner Oberbürgermeisters vom 13. Februar 2005
Ingolf Roßberg, Dresden

Nach der Wende versuchten auch rechtsradikale politische Gruppierungen den 13. Februar für ihre Ziele zu vereinnahmen. Aus Protest gegen diese Instrumentalisierung und als Zeichen für ein stilles und friedliches Erinnern trugen im Jahr 2005 an diesem Tag viele Dresdner eine weiße Rose. *rf*

**10.000 Kerzen für Dresden –
Gedenkveranstaltung am 13. Februar 2005**
Fotografie von Matthias Hiekel

Nach der Wende versuchten unterschiedliche politische Gruppierungen den 13. Februar für ihre Ziele zu vereinnahmen. Um einem weiteren Missbrauch dieses Datums zu begegnen, formulierten engagierte Bürger für den 60. Jahrestag der Zerstörung Dresdens einen »Rahmen für das Erinnern«. Im Mittelpunkt dieses Positionspapiers steht die Überzeugung, dass das Erinnern an die Opfer der Luftangriffe nicht ohne ein Erinnern an die nationalsozialistische Gewaltherrschaft und den von Deutschland ausgehenden Zweiten Weltkrieg erfolgen dürfe; das Gedenken an den 13. Februar solle zum Ausgangspunkt eines Engagements für Frieden und Menschlichkeit werden. Diese Grundsätze sollten für die zahlreichen Aktivitäten an diesem Gedenktag verbindlich sein. Die zentrale Veranstaltung »10.000 Kerzen für Dresden« fand auf dem Theaterplatz statt und fand weltweite Beachtung. *rf*

Olaf B. Rader

»…als liefe man im Traum durch Sodom und Gomorrha«

Die Bombardierung Dresdens
im kulturellen Gedächtnis

Literarische Blicke

»Das, was man früher unter Dresden verstand, existiert nicht mehr. Man geht hindurch, als liefe man im Traum durch Sodom und Gomorrha. … Fünfzehn Quadratkilometer Stadt sind abgemäht und fortgeweht … Wie von einem Zyklon an Land geschleuderte Wracks riesenhafter Dampfer liegen zerborstene Kirchen umher. … Die steinernen Wanten und Planken der gestrandeten Kolosse sind im Gluthauch des Orkans wie Blei geschmolzen und gefrittet. Was sonst ein geologisches Zeitalter braucht, nämlich Gestein zu verwandeln – das hat eine einzige Nacht zuwege gebracht.« Schiffsmetaphern, Erdgeschichte – weitgreifende Assoziationen hat der Schriftsteller und Journalist Erich Kästner (1899–1974) bemüht, um das Ergebnis der Bomberschläge vom Februar 1945, unter denen das alte Dresden, seine Heimatstadt, untergegangen war, in Worte zu fassen. Aber lässt sich das Geschehene überhaupt beschreiben? Lässt es sich einem Leser auch nur in Ansätzen vermitteln? Und wenn ja, eher in kräftigen Strichen oder fein ziselierten Linien?

Martin Walser schilderte in seinem Buch *Verteidigung der Kindheit* das Unfassbare in einer kleinen Episode von kurzer, ergreifender Bedrückung. Die Szene aus der Bombennacht mit dem entlaufenen Löwen, der die Nähe des Überlebenden sucht, reiht sich ein in die vielen literarischen Belege für das Beschreibenwollen des Erlebten im Detail. Victor Klemperer (1881–1960) notierte in seinen *Tagebüchern* die Eindrücke über die Bombardierung und die Auslöschung der Elbmetropole vermischt mit einer gänzlich anderen Erfahrung. Der prominente Augenzeuge des Dramas war einer der wenigen im Februar 1945 noch nicht deportierten Dresdner Juden und ganz unmittelbar von dieser Gefahr bedroht. Er schrieb: »Wir setzten uns am Dienstag abend gegen halb zehn zum Kaffee, sehr abgekämpft und bedrückt, denn tagsüber war ich ja als Hiobsbote herumgelaufen, und abends hatte mir Waldmann aufs bestimmteste versichert, … dass die am Freitag zu Deportierenden in den Tod geschickt … würden, und dass wir Zurückbleibenden acht Tage später ebenso beseitigt werden würden – da kam Vollalarm. ›Wenn sie doch nur alles zerschmissen!‹ sagte erbittert Frau Stühler«. So kam es. Es wurde alles zerschmissen. Doch für Klemperer – später Schöpfer der berühmten philologischen Analyse *LTI – Lingua Tertii Imperii* – bedeutete die materielle Zerstörung der Stadt und auch seiner persönlichen Habe zugleich die Zerstörung von Herrschaftsstrukturen. Die Lähmung der Nazibürokratie ermöglichte ihm unterzutauchen und sein Leben zu retten.

Über Dresdens Untergang wurde, wie die zitierten Beispiele zeigen, literarisch vielfältig und in unterschiedlichen Formen reflektiert. Des Themas der Zerstörung Dresdens haben sich auch Ruth Kraft in ihrem Buch *Insel ohne Leuchtfeuer*, Horst Bienek in seiner *Gleiwitzer Tetralogie*, Bruno E. Werner in *Die Galeere*, Axel Rodenberger in *Der Tod von Dresden. Ein Bericht über das Sterben einer Stadt*, Wolfgang Paul in *... zum Beispiel Dresden. Schicksal einer Stadt* ganz besonders angenommen. Die Autoren, die heute fast schon wieder unbekannt sind, erreichten in den Nachkriegsjahrzehnten zum Teil sehr hohe Auflagen und haben sehr stark zur Verbreitung einer Erinnerung an die Bomberangriffe beigetragen. Ihre Texte dürfen als Versuche gelten, das Unerzählbare erzählen zu wollen. Man ist versucht, dabei auch von einer Art Abarbeiten eines Traumas zu sprechen. Angesichts der Ausdrucksschwierigkeiten blieb den Dichtern als stärkste Metapher nur die Assoziation des Angriffs mit dem Jüngsten Gericht, der Apokalypse, dem Inferno: ein Reden in geliehener Sprache. Eine Schulddiskussion jedoch vermochten sie nicht oder nur in Ansätzen zu führen. Eine Reflexion des inszenierten Willens zum Totalen Krieg einerseits und der Bomberstrategien andererseits kam nicht vor. So musste die Zerstörung als Schicksalsschlag erscheinen. Kaum anders der Blick von Außen: Harry Mulischs *Steinernes Brautbett* und Kurt Vonneguts *Schlachthaus 5* entwarfen die Perspektive aus der Sicht der vermeintlichen Sieger, die dennoch angesichts des Grauens an der felsigen Küste des Geschichtsnihilismus scheiterten.

Der Erinnerungsort Dresden – ein Geschichtszeichen?

Der 13. und 14. Februar 1945 sind als die Tage des Untergangs des alten Dresden in das Gedächtnis der immer weniger werdenden Augenzeugen buchstäblich eingebrannt. Aber auch jene, die die Details der Katastrophe nur aus Büchern, Filmen und Erzählungen kennen, haben im Gedenken an die Katastrophe sowohl eine regionale Erinnerungsgemeinschaft ausgeprägt, als auch die Zerstörung zu einem zentralen Eintrag in das nationale kulturelle Gedächtnis geformt. Darüber hinaus gibt es eine europäische, stellenweise sogar eine weltweite Dimension des Erinnerungseintrags Dresden. Denn der Erinnerungshorizont hat einerseits durch die Radikalität und die Ausmaße der Ereignisse, andererseits durch die bewusste Konstruktion von Memorialeinträgen und Memorialtechniken besondere Konturen bekommen. Dresden ist zu einer Chiffre der Zerstörung geworden, zu einem Symbol und Gedächtnisort, wie etwa

Guernica, Coventry oder Rotterdam. Aber nahm es, so ließe sich vielleicht weiter fragen, zugleich auch die Kontur eines Geschichtszeichens im kantischen Sinne an, wie etwa Stalingrad oder Hiroshima?

Geschichtszeichen, so hatte Immanuel Kant im *Streit der Fakultäten* ausgeführt, sind zu Signa erhobene historische Ereignisse, die Handlungsanleitungen – mithin Orientierungen – auf ein künftiges Geschehen bieten können. Dabei vermögen sich die Geschichtszeichen nur an diejenigen Ereignisse anzuheften, deren historische Horizonte mit Deutungsrahmen gefasst worden sind, die das Geschehene zwar rückwirkend konstruieren, es aber dadurch historischen Zukunftsentwürfen dienstbar machen. Ein Geschichtszeichen ist ein *»signum rememorativum, demonstrativum, prognostikon«* – also ein Zeichen des Erinnerns, des Erklärens und des Erwartens. Und genau das könnte mit Dresden und den Erinnerungen an die Bombardierung geschehen sein. Doch Kant hatte das Geschichtszeichen auch mit der moralischen Tendenz des »menschlichen Geschlechts im Ganzen« verknüpft, so dass sich andersherum berechtigt fragen ließe: Sind die Menschen nach der Erfahrung Dresden »im Ganzen« besser geworden?

Ausgangspunkt dieses Erinnerungs- und Zuweisungsprozesses war die Aktion *Donnerschlag*, einer der schwersten Bombenangriffe, der überhaupt je gegen eine deutsche Stadt im Zweiten Weltkrieg geflogen worden ist. Selten wurden mehr Bomber auf ein Ziel angesetzt, als auf jenes. Schon seit November 1944 hatte der britische Luftmarschall Sir Arthur Harris (1892–1984) die systematische Zertrümmerung der letzten unversehrten großen deutschen urbanen Zentren gefordert. Die *Operation Thunderclap*, ein gleichzeitiger Schlag aller britischen und amerikanischen Bomber gegen eine bislang fast unzerstörte Großstadt, sollte den deutschen Widerstandswillen bedeutend schwächen, die Bevölkerung irgendwie zur Einsicht bomben. Man glaubte unter den britischen und amerikanischen Generalstäblern daran, dass das Dritte Reich durch den Schock, den der Angriff auslösen würde, zusammenbräche. Der Angriff auf Dresden markierte zudem – bevor ein halbes Jahr später mit Hiroshima und Nagasaki das Atomzeitalter begann – den Höhepunkt konventioneller Flächenbombardements, an deren Effektivierung die Luftstrategen lange getüftelt hatten und die man gleichsam wie im Selbstlauf immer und immer wieder anwandte. Diese Bemühungen illustriert sehr gut eine kanadische Truppenzeitung, die Mitte Februar 1945 titelte: »10.000 Flugzeuge schlagen Tag und Nacht auf das Reich ein.«

Der geplante gemeinsame Großangriff britischer und amerikanischer Luftwaffenverbände richtete sich gegen Dresden und zerstörte in kürzester Zeit eine große Innenstadtfläche, darunter die gesamte historische Altstadt, total. Lancasterbomber der Royal Air Force warfen in der Nacht des 13. Februar 1945 in zwei Angriffswellen knapp 3000 Tonnen Bomben ab. Die Brandbomben entfachten einen Feuersturm, der mit bis zu 1000 Grad Celsius durch die Straßen jagte, Schienen wie Halme verbog und den Asphalt ganzer Straßenzüge zu glühender Lava aufschmolz. Am Tag darauf bombardierte die US-Luftwaffe in einem dritten Schlag die noch immer brennende Stadt. Da Dresden zum Zeitpunkt des Angriffs mit Flüchtlingen überfüllt war, ist die Zahl der Opfer statistisch nie genau ermittelt worden. Seriöse Schätzungen belaufen sich auf bis zu 35.000 Tote.

Das Grauen der völlig zerstörten, mehrere Tage lang weiter brennenden Stadt, übertraf alle bis dahin bekannten Schrecken des Luftkrieges. Selbst amerikanische Experten, die kurz nach Kriegsende die Trümmerwüste besuchten, waren erstaunt über die Ausmaße der Schäden. Und obwohl dutzende deutscher Städte im Lauf des Krieges ebenso schwer bombardiert worden waren – allen voran Hamburg, Köln und Berlin – gilt dennoch Dresden als das Symbol für eine radikale Auslöschung durch einen konzentrierten Bomberschlag. Für das militärstrategische Ergebnis der totalen Zerstörung wurde Köln zweihundertmal mit einem Bombenteppich belegt, Dresden eben »nur« einmal. Noch Jahre und Jahrzehnte nach der Bombennacht sind aus dem inneren Kreis der Hölle von vielen Augenzeugen schockierende Eindrücke beschrieben worden, die durch Erzählungen und Veröffentlichungen dann in das kollektive Gedächtnis Eingang gefunden haben. Zwei Berichte aus der hervorragenden Dokumentation von Matthias Neutzner, *Martha Heinrich Acht. Dresden 1944/45,* mögen hier für die Vielfältigkeit des Grauens und der Schicksale stehen. Horst P. war in der Bombennacht einunddreißig Jahre alt und floh mit seiner Frau Ilse und seiner drei Monate alten Tochter Gisela: „Wir erreichten durch den Hausflur die Straße; der Sturm trieb uns förmlich zum Großen Garten. … Vorm Eckhaus an der Hugo-Göpfert-Straße fiel ein Ziergiebel vom Dachsims krachend neben uns herab; Ilse erschrak derartig, dass ihr Gisela aus den Händen fiel. Der orkanartige Sturm rollte das Bündel sofort davon. … Ich sprang schnell hinterher und bekam Gisela noch am Wickeltuch zu fassen, das schon etwas am Asphalt haftete. Das Federbettchen trug der Sturm unerreichbar schnell davon.«

Im Jahr 1975 fand man bei der Aushebung eines Urnengrabes in einer anderen Urne einen verwitterten Bericht, den ein Mann einen Monat nach der Bombardierung geschrieben und dann einer Urne beigelegt hatte: »Sechs Tage später ging ich selbst zur Schadenstelle. Die Schuttmassen waren noch so heiß, dass man nicht stehen konnte, ohne sich die Schuhsohlen zu verbrennen. … Eine furchtbare Hitze kam uns aus dem Keller entgegen und erlaubte nur einen Aufenthalt von wenigen Minuten. Trotz der schlechten Lampe bot sich mir der schmerzlichste Anblick meines Lebens: Am Eingang kauerten mehrere Menschen, die anderen an der Kellertreppe, und weiter hinten im Luftschutzkeller waren die vielen anderen. Die Leichen waren in der Form als Menschen erkennbar: Sie zeigten noch genau den Körperbau, die Schädelform, waren aber ohne Bekleidung,

Augen und Haare, also verkohlt und nicht zusammengeschrumpft. Bei Berührung fielen sie zu Asche zusammen, und zwar restlos, ohne Skelett oder irgendwelche einzelnen Knochen. Eine männliche Leiche erkannte ich als meinen Schwiegervater. Sein Arm war von zwei Steinen etwas eingeklemmt. Dort waren Reste seines graumelierten Anzugs erhalten geblieben. Nicht weit daneben saß unzweideutig die liebe Mutter. Die schlanke schmächtige Form und auch die Kopfform ließen keine Täuschung zu. Ich fand eine Blechschachtel und barg Asche der lieben Toten darin. Noch nie war ich so traurig, so verzweifelt und allein.«

Schicksale solcher Art gab es viele und so bedeutet die Bombardierung Dresdens kurz vor Ende des Zweiten Weltkrieges bis heute einen so starken Eintrag in individuelle und kommunikative Gedächtnisse, dass es andere, frühere Einträge zu überformen und mitunter sogar auszulöschen schien. Lange verbanden sich mit dem Namen Dresdens seit jenen zwei Februartagen mitunter stärker die Stichworte vom grauenhaften, tausendfachen Tod und vollständiger Destruktion, als jene von barockem Glanz und höfischer Raffinesse, die in Jahrhunderten zuvor gewachsen waren und die Dresdens einstigen Ruf ausgemacht hatten. Dennoch bleibt die Frage, wieso Dresdens zerschlagenes Stadtbild so eine herausgehobene Stellung einnehmen konnte, ja eine geradezu mythische Funktion im Sinne der Gemeinschaftsstiftung ausprägte?

Der Dichter Durs Grünbein, geboren in Dresden, gab in einem Text mit dem Titel *Chimäre Dresden* aus dem Jahr 1995 darauf eine Antwort: »Man muß nicht hier aufgewachsen sein, um zu bgreifen, was diese Stadt zum Sonderfall macht. Prachtvoll waren viele, einen tragischen Untergang hatten andere auch, aber keine kultivierte die Erinnerung an die Zeit vor der Zerstörung mit soviel schmerzvoller Nostalgie, keine lebte so sehr vom Phantombild ihrer einstigen weltstädtischen Silhouette. Es war die Chimäre des Alten Dresden, die überall umging, wie das Heimweh nach einer besseren Zeit.« Die Erlebnisse von Tod und Zerstörung hatten zudem die Ausprägung eines kollektiven Traumas zur Folge, das in weiten Teilen der Beteiligten durch Gefühlsstau und Verdrängung nicht kompensiert worden ist. Wobei außer Frage steht, dass Verdrängungen als Mechanismen zur Abwehr von Bedrohungen und Gefahren, die dem Organismus die Weiterexistenz unmöglich machen, mit eben jenen unbegreifbaren Erfahrungen der Bombennacht geradezu zwangsläufig entstehen.

Bedingt durch die vielfältigen Erinnerungen an die Schrecken bildete sich ein spezielles Erzählschema vom Untergang heraus, das eine Reihe von Motiven enthält, die in Varianten immer wieder auftauchen und kombiniert werden. Dazu gehören als feste Bestandteile die Vorstellungen von der Einzigartigkeit der Stadt als auch die der Zerstörung, der Unschuld, der Plötzlichkeit sowie der Sinnlosigkeit des Untergangs. Alle diese Aspekte erhitzen bis heute die Gemüter, weil

der Fall Dresden in einem langen Konstruktions- und Umformungsprozess überhaupt erst zu jenem überragenden Symbol der schlagartigen Zerstörung stilisiert
wurde. Dieser Konstruktionsprozess, dessen Etappen man in dem Buch *Das rote
Leuchten. Dresden und der Bombenkrieg* von Matthias Neutzner, Oliver Reinhard
und Wolfgang Hesse genau nachlesen kann, begann sofort, gleichsam als die
Trümmer noch rauchten, unmittelbar nach der Zerstörung der Stadt. Mit dem
Zusammensinken der Stadtlandschaft erhob sich im Gegenzug der Erinne-
rungsort des Alten Dresden empor und wurde zum politischen Argument.

Die Bombardierung als politisches Instrument

Gleich nach den Angriffen starteten das Propagandaministerium und das
Auswärtige Amt eine der letzten Propagandaaktionen vor dem Zusammenbruch
des Dritten Reichs. Dabei wurden Begriffe verwendet, die später auch im DDR-
Vokabular wieder auftauchten, wie »Bomber-Harris« und »anglo-amerikanischer
Luftterror«. Einer der zentralen Aspekte dabei war die Darstellung der Gegner
als kulturlose Barbaren, als »kulturelles Untermenschentum«, die sich mit der
Bombardierung am »Kulturbesitz der Welt versündigt« hätten. Höhe- und
Schlusspunkt der Dresden-Kampagne des Goebbelschen Propagandaministeri-
ums war die Veröffentlichung einer Klage des greisen Gerhard Hauptmann
(1862–1946), der vom Dresdner Stadtteil Weißer Hirsch die Bombardierung
beobachtet und notiert hatte: »Wer das Weinen verlernt hat, der lernt es wieder
beim Untergang Dresdens. … Ich stehe am Ausgangstor des Lebens und beneide
alle meine toten Geisteskameraden, denen dieses Erlebnis erspart geblieben ist«.
Am 29. März 1945 wurde der Text im Deutschen Rundfunk verlesen und
wenige Tage später in Stockholm vom Deutschen Pressedienst an die neutrale
Presse geleitet. So gerieten die zweifellos beeindruckenden Worte des Dramati-
kers über die Zerstörung der Elbmetropole auch in den Dienst der nationalsozi-
alistischer Propaganda.

Die britische und amerikanische Presse hingegen hob anfänglich auf die Stärke
und Effizienz sowie auf die strategische Bedeutung ihrer Bomberschläge ab.
»Eisenbahn-Stadt hinweggefegt« titelte die *New York Times* unmittelbar nach den
Angriffen, die zudem als große alliierte Luftoffensive zur Unterstützung der rus-
sischen Front verstanden wurde. Doch schon bald begann Dresden als Argument
in generellen Überlegungen über Sinn und Moral des alliierten Bombenkrieges
eine zentrale Rolle zu spielen. Zudem zog der ungeheure politische Zündstoff
spätestens seit den 1950er Jahren die Chiffre Dresden in die politischen Ost-
West-Auseinandersetzungen hinein.

In Großbritannien schlugen die Wogen über das Für und Wider der Städte-
bombardements besonders hoch. John Colville (1915–1987) erinnerte sich in

seinen *Downing Street Diaries* zum 23. Februar 1945: »Ich fragte Sir Arthur Harris, was die Auswirkungen des Angriffs auf Dresden gewesen sind: ›Dresden?‹ sagte er, ›einen solchen Ort gibt es nicht.‹« Die strategische Bomberoffensive galt weithin für lange Zeit als legitimes Kriegsmittel in Großbritannien. Dagegen hatte Robert Boothby (1900–1986) in einem Brief an den *Sunday Express* 1967 die Zerstörung Dresdens als den »heimtückischsten Akt der ganzen britischen Geschichte« bezeichnet. Andere Militärschriftsteller hielten den Luftkrieg gegen Städte für die »unzivilisierteste Methode der Kriegführung seit den Mongolenstürmen«. Mit der Debatte eng verwoben war der Streit um die tatsächlichen Opfer, besonders nachdem 1963 David Irving (geb. 1938) sein tendenziöses Buch *Der Untergang Dresdens* publiziert hatte. In dem in hohen Auflagen weltweit verbreiteten Buch ging der Autor von über 100.000 Toten aus. Auch noch höhere Opferzahlen wurden vermutet. Die Diskussionen um die Anzahl der Toten waren deshalb von so großer Brisanz, weil man daran die Frage gekoppelt glaubte, ob Luftschläge mit konventionellen Waffen höhere Opfer fordern können, als die Atombombenabwürfe auf Hiroshima und Nagasaki. Allmählich ging man in Großbritannien auf Distanz zu den Luftschlagstrategien und Sir Arthur Harris wurde immer mehr als eine Art Alleinverantwortlicher der britischen Luftkriegspolitik stilisiert und ist bis heute die umstrittenste Figur in den Diskussionen geblieben.

In der antiwestlichen Propaganda der Sowjetunion und der DDR ist die Bombardierung Dresdens in der Zeit des Kalten Krieges und besonders seit Gründung der NATO 1950 ein gewichtiges Argument geworden. Kurz nach dem Krieg hatte man die Schuld, durch die das alte Dresden untergegangen war, noch allein den »Nazikriegstreibern« zugewiesen und den Neuaufbau der Stadt daher zu einer Sache des Antifaschismus deklariert. Doch schon wenige Jahre später trat in der Schuldfrage die Anklage gegen die sinnlose Bombardierung durch die westlichen Alliierten hinzu. Starke Worte wurden fortan über Jahrzehnte formuliert: Von »Anglo-amerikanischen Luftgangstern« war die Rede, die mit dem Dresdner Feuerschein »die räuberische Fratze des amerikanischen Imperialismus, des ärgsten Feindes der Menschheit«, aufleuchten ließen.

Lothar Bolz (1903–1986), stellvertretender DDR-Ministerpräsident, stellte 1953 gar eine »Verwandtschaft zwischen Hakenkreuz und Dollarzeichen« her. Zum zehnten Jahrestag der Angriffe 1955 sprach DDR-Ministerpräsident Otto Grotewohl (1894–1964) davon, dass die Bombardements dem Zweck dienten »eine Trümmerzone zu schaffen, die den siegreichen Sowjetarmeen das weitere Vordringen unmöglich machen sollte.« Immer wieder bemühte man die gleichen Argumentationsschemata. Im Jahr 1969 wurde zum 13. Februar erklärt: »An diesem Tage gedenken die Dresdner der vielen unschuldigen Opfer, die sterben mussten, weil einige Politiker und Generale die untaugliche Idee hatten, den Vormarsch des Sozialismus mit Bomben und Tränen aufzuhalten.« In militär-

geschichtlichen Werken der 1970er und 1980er Jahre sowie in den Schul-
geschichtsbüchern der DDR charakterisierten die Autoren die Bombardements
als »Terrorangriffe«, die der »UdSSR und den deutschen Antifaschisten unüber-
windbare Schwierigkeiten für den Neuaufbau« bereiten und mit denen die »anti-
faschistisch-demokratischen Umwälzungen verhindert werden« sollten.

In den 1980er Jahren hatten sich in Dresden selbst am 13. Februar zwei Arten
des öffentlichen Gedenkens an die Bombennacht ausgeprägt. Es gab eine staatliche, parteigelenkte Demonstration mit Musik und Ansprachen vor der Ruine
der Frauenkirche, dem stärksten Symbol der zerstörten Stadt. Und es gab eine
kirchliche Gedenkveranstaltung mit Konzerten und Predigten in der Kreuzkirche. Beide einte neben dem gesungenen und gesprochenen Wort zum Gedenken
an die Zerstörung Dresdens auch die nervöse Präsenz der Staatssicherheit. Mit
dem Raketenbeschluß der NATO von 1983 wurden die Veranstaltungen erneut
tagespolitisch aufgeladen. Am 13. Februar 1985 – an diesem Tag wurde auch die
Semperoper wiedereröffnet – kam es zu Massenverhaftungen von Teilnehmern
der Kreuzkirchenveranstaltung, die angesichts der vier Jahrzehnte zurückliegen-
den Ereignisse gefordert hatten: »Schwerter zu Pflugscharen!«.

Die Zerstörung Dresdens wurde in die Argumente der Zeit des Kalten Krieges
einbezogen. Das macht es auch heute noch, nach über einem halben Jahrhundert, schwer, zu einer sachlicheren Diskussion über die Ereignisse zu finden, wie
aktuelle Fernsehproduktionen zeigen. Auch die neueren Bücher über den Krieg
aus der Luft, wie das von Jörg Friedrich, *Der Brand – Deutschland im Bombenkrieg* und Frederick Taylor *Dresden, Dienstag, 13. Februar 1945. Militärische
Logik oder blanker Terror?,* belegen das deutlich. Einig ist man sich darüber, dass
Kriege immer Ursprünge haben. Das Schicksal, das Dresden traf, hatten die
Initiatoren des Zweiten Weltkrieges zuvor anderen Städten zugedacht, und auch
brutal praktiziert. Der Untergang Dresdens gehört untrennbar zum Krieg selbst,
seit die technischen Entwicklungen des letzten Jahrhunderts solcherart Ver-
nichtungspotential bereithalten. Nicht die Bombardierung einer Stadt ist das
Verbrechen, der Krieg selbst ist das Verbrechen. »Auch Dresden ist ein Werk des
Malerlehrlings / Mit dem in Wien verstümperten Talent / Der halb Europa seinen
Stilbruch aufzwang. / In diesem Fall ergab sich wie von selbst / Die Technik
flächendeckender Radierung / Durch fremde Bomber, Meister ihres Fachs / In
einer schwarzen Nacht mit schwarzem Schnee im Februar«, schreibt Durs Grünbein in einem Gedicht. Dresden war nicht zufällig untergegangen.

Neuere Forschungen zu Erinnerungstechniken und Einträgen in kulturelle
Gedächtnisse haben die mitunter starken identifikationsstiftenden Wirkungen
von Stadtzerstörung für die jeweils betroffenen Gemeinden aufdecken können.
Nur das, was als Katastrophe erlebt und vor allem im Gedächtnis gespeichert
wurde, ist auch erst im Sinne der Erinnerungen eine Katastrophe. Städte können

allerdings unabhängig von der Höhe der Schäden gestärkt aus Katastrophen hervorgehen, wenn Gemeinden über einen gemeinsamen Werte- und Traditionshorizont verfügen und daher Visionen eines Neuaufbaus besitzen, der von allen geteilt und als Teil eines kommunalen Leitbildes verstanden wird. Das alles kann man am Beispiel Dresdens gut beobachten. Daher erscheint die Chiffre Dresden einerseits als die durch die Operation Donnerschlag zerstörte alte Stadt, die ein halbes Jahrhundert bis heute sowohl als positiv besetztes Leitbild, als virtueller Fluchtort der Bewohner in der Fremde als auch an der Elbe selbst sowie als politisches Argument im Kalten Krieg benutzt worden ist. Andererseits könnte man die Bombardierung Dresdens tatsächlich als ein Geschichtszeichen im kantischen Sinne weiterdeuten, weniger weil der Mensch nun besser zu werden begann, sondern weil die Erinnerungen an das Inferno bei den Dresdnern einen historisch gewachsenen, gemeinsamen Wertehorizont in eine prospektiv ausgerichtete Vision zu verwandeln vermochte. Die Wiedererrichtung der Frauenkirche hat neben früheren Wiederaufbauleistungen nun einem ausschließlich dunklen Deutungshorizont signifikant helle Streifen verliehen.

Da Einträge in kulturelle Gedächtnisse jedoch permanenten Umformungsprozessen unterliegen, können sich die Bedeutungen eines Erinnerungsortes wie die eines Geschichtszeichens ebenfalls wandeln, können selbst historisiert werden. Ein Geschichtszeichen kann sogar vollständig aus dem Kanon der Erinnerungsorte ausscheiden, wenn es nicht mehr zur Orientierung in der Vergangenheit, Gegenwart und Zukunft taugt. Das ist für Dresden als Stadtgemeinde nicht zu erwarten, da die Zerstörung weiter als einmalig empfunden wird und die Katastrophe die Gemeinschaft der Bürger in ihrer Identifikation als Kommune immer weiter stärkt. Doch außerhalb der Stadt scheint der Schrecken, der vom Stichwort Dresden ausgeht – wenn man moralische Läuterungen der Menschheit insgesamt durch ein »Geschichtszeichen Dresden« in Erwägung zieht – zu verblassen, da sich um die jüngste Jahrtausendwende eine neue Ethik des »sauberen« Luftkriegs herauszubilden begann. Im Gesamtkomplex vom »Mythos Dresden« hat die Erinnerung an die Bombennacht eine besondere gemeinschaftsstiftende Wirkung zu entfalten vermocht, da sie zudem gleich einem »Urschema der Enttängstigung des Menschen vor allen ihm unbegreiflichen Gewalten« wirkte, wie es Hans Blumenberg als eine »Grundformel« bei der »Arbeit am Mythos« einmal gefasst hatte. Noch immer läuten alljährlich zum Jahrestag der Zerstörung Dresdens alle Glocken der Stadt: rufen, mahnen, drohen: Ein beklemmender Augenblick im feuchten Frösteln des Februars.

Demonstration in Dresden
Fotografie von Steffen Giersch, Herbst 1989

»METAMORPHOSEN –
HEISSER HERBST 1989«

Die friedliche Revolution 1989/90 ebnete den
Weg für die Etablierung freiheitlich-demokra-
tischer Verhältnisse im Osten Deutschlands
und mündete binnen weniger Monate in
einen weltpolitischen Epochenwechsel ein.
Dresden war eine der ersten Städte, in der im
Herbst 1989 die Verständigung zwischen der
Bevölkerung und Vertretern der Staatsmacht
möglich wurde: Die Gruppe der 20, die sich
aus den Reihen der Demonstranten bildete,
trat in den direkten Dialog mit der Staatsmacht. Das diktatorische System konnte von
innen heraus demokratisiert und schließlich
überwunden werden. Auf diese Weise wurde
hier der Übergang in die Parteiendemokratie
und der Weg zur deutschen Einheit gestaltet.
Der Aufbruch aus den verkrusteten Strukturen des SED-Staates begann jedoch lange
vor dem Herbst 1989.

Verfall der Inneren Neustadt in Dresden
Fotografie von Jürgen Kossatz, Herbst 1984

Feste Straßen entstehen in den Neubaugebieten wie hier in Dresden-Gorbitz oft erst, nachdem die Mieter längst eingezogen sind.
Fotografie von Volker Santrucek, 1983

Wie überall in der DDR ist auch die Lebenssituation der meisten Dresdner lange vor dem Herbst 1989 gekennzeichnet von Unzufriedenheit und Frustration. Die Umweltzerstörung und eine zunehmende Militarisierung aller gesellschaftlichen Bereiche, ökonomische Engpässe und die zum Teil katastrophalen Wohnverhältnisse stehen im Gegensatz zur Schönfärberei der SED und ihrer offiziellen Propaganda. Nicht zuletzt die Abkoppelung der SED von den reformorientierten Entwicklungen in anderen Staaten des Ostblocks – in der Sowjetunion, in Polen oder in Ungarn – verschärfen die Krise in der DDR. *ka*

Vor den Geschäften bilden sich aufgrund der
Warenknappheit oft lange Kundenschlangen
wie hier vor einer Dresdner Fleischerei.
Fotografie von Steffen Giersch, 1980er Jahre

Vormilitärische Ausbildung in der DDR
Fotografie von Steffen Giersch, Mitte der 1980er
Jahre

Einleiten von Industrieabwässern in die Elbe
bei Heidenau
Fotografie von Franz Zadnicek, 1988

Symbol der Friedensbewegung:
»Schwerter zu Pflugscharen«
Fotografie von Steffen Giersch, 1987

Viele Menschen ziehen sich ins Private zurück oder suchen ein sinnerfülltes Leben in Nischen der Gesellschaft. Doch unter der scheinbar ruhigen Oberfläche beginnt es zu brodeln: Insbesondere unter dem Dach der Kirche können – auch nicht konfessionell gebundene – Menschen, die dem DDR-System kritisch gegenüber stehen, in gegenseitigen Austausch treten. Für die Friedensdekaden

Anfang der 1980er Jahre entwirft der damalige Landesjugendpfarrer Harald Bretschneider Lesezeichen und Aufnäher mit der biblischen Losung »Schwerter zu Pflugscharen«. Das Emblem ist gestaltet nach einem Standbild, das die Sowjetunion der UNO in New York geschenkt hatte. Dieses Motiv wird zum Symbol der unabhängigen Friedensbewegung der DDR. *ka*

**Der 13. Februar als Gedenktag an die
Zerstörung Dresdens: Neue Gestaltungsformen
und Rituale**
Fotografie von Steffen Giersch, 1980er Jahre

Das Gedenken an den 13. Februar 1945 bietet
in den 1980er Jahren unter dem Dach der Kirche
die Verbindung von Gebet und politischem Enga-
gement unter den Stichworten »Gerechtigkeit,
Frieden, Bewahrung der Schöpfung«.   *ka*

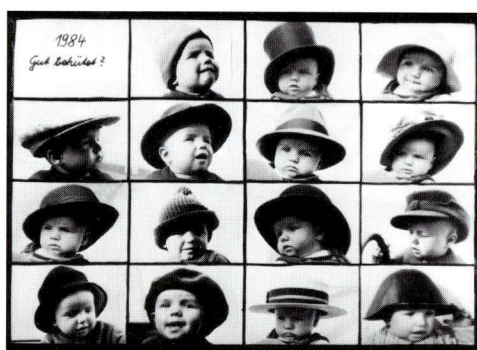

»Ich bin gegen Berufsverbot«
Mail Art des Dresdner Grafikdruckers
Jürgen Gottschalk, 1983

»1984. Gut behütet?«
Mail Art des Dresdner Fotografen
Steffen Giersch gegen die zunehmende
Militarisierung der Gesellschaft, 1984

»Hell leuchtet unser Stern«
Mail Art von Steffen Giersch, 1980er Jahre

Die Kunst dient in der DDR als Ersatzöffentlich-
keit und Überlebenshilfe. Als Kunstrichtung ohne
feste Strukturen stellt die Postkartenkunst – Mail
Art – im Osten Deutschlands ein wichtiges Fenster
zur Welt dar und ermöglicht globale Kommunikation. *ka*

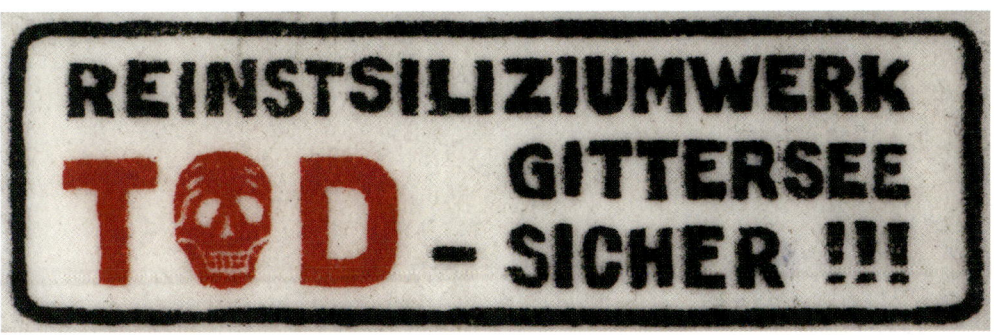

Aufnäher gegen das geplante Reinstsiliziumwerk in Dresden-Gittersee, Ende der 1980er Jahre

In Sachsen entsteht eine starke Ökologie-Bewegung. Insbesondere der Ökologische Arbeitskreis der Dresdner Kirchenbezirke wendet sich aktiv gegen die Zerstörung der Umwelt. Der Widerstand gegen den geplanten Bau eines Reinstsiliziumwerkes in Dresden-Gittersee, an dem sich auch viele Nicht-Christen beteiligen, mündet in die Herbstrevolution ein und endet siegreich mit der Entscheidung gegen das Werk.   *ka*

Buttons mit dem Großbuchstaben »A« demonstrieren in den 1980er Jahren öffentlich den Wunsch vieler Menschen, die DDR zu verlassen.

Immer mehr Menschen glauben nicht mehr an positive Veränderung, an Bewegung innerhalb der erstarrten Strukturen: Die Zahl der Ausreisewilligen nimmt stetig zu. Dabei kommt in den Monaten vor der friedlichen Revolution DDR-weit ein Viertel aller Ausreiseanträge aus dem Bezirk Dresden. Inwieweit die Lage Dresdens im »Tal der Ahnungslosen« dabei eine Rolle spielt, lässt sich nur vermuten.   *ka*

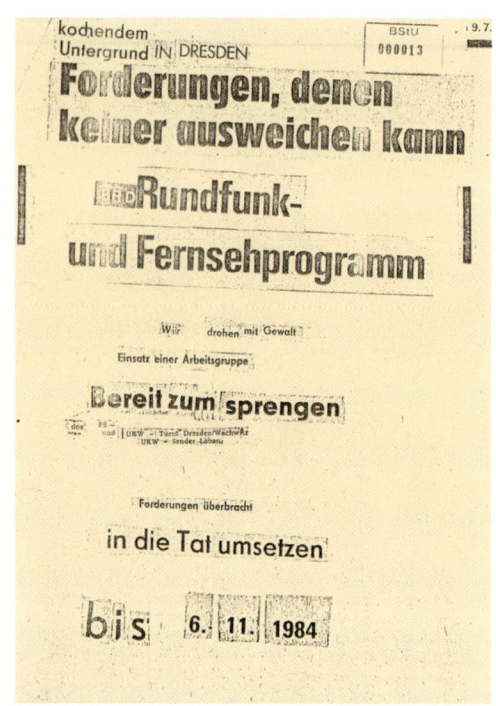

kochendem
Untergrund IN DRESDEN

BStU
000013

9.7.

Forderungen, denen keiner ausweichen kann

Rundfunk- und Fernsehprogramm

Wir drohen mit Gewalt

Einsatz einer Arbeitsgruppe

Bereit zum sprengen

in die Tat umsetzen

bis 6. 11. 1984

Im »Tal der Ahnungslosen« I:
Eigenkonstruktion eines Entstörers, auch »Russentod« genannt, zum Empfang von Westsendern, um 1960

»Tal der Ahnungslosen« ist eine satirische Bezeichnung für die Region um Dresden. Denn hier können westdeutsche Radio- und Fernsehübertragungen aufgrund der Tallage bis auf wenige Ausnahmen terrestrisch nicht empfangen werden. Die Dresdner unternehmen jedoch große Anstrengungen, um dem Informationsdefizit entgegenzuwirken.   *ka*

Im »Tal der Ahnungslosen« II:
anonymer Drohbrief aus Dresden an den Staatsrat der DDR, 19. Juli 1984

Im »Tal der Ahnungslosen« III:
Die »Schüssel« bringt den Westen ins Wohnzimmer. Fotografie 1980er Jahre

Palais Lobkovitz in Prag am
30. September 1989
Rund 6000 DDR-Bürger warten auf dem Gelände
der bundesdeutschen Botschaft auf die Ausreise.
Presse- und Informationsamt der Bundesregierung

DDR-Bürger besteigen in Prag einen Sonder-
zug in die Bundesrepublik Deutschland.
picture-alliance / dpa / CTK, 1989

Durch die seit den Sommermonaten des Jahres
1989 anhaltende Fluchtbewegung ist eine span-
nungsgeladene Atmosphäre entstanden, in der die
SED-Führung ein folgenreiche Entscheidung
trifft: Die Züge, mit denen die Prager Botschafts-
flüchtlinge in die Bundesrepublik ausreisen dürfen,
sollen über das Gebiet der DDR geleitet werden.
Gleichzeitig wird die Grenze zur ČSSR geschlossen
und die DDR damit vollständig isoliert. Daraufhin
strömen Ausreisewillige aus dem gesamten Land an
die Bahnstrecken und insbesondere nach Dresden,
um diese Züge zu erreichen. *ka*

**Polizei-Einsatz am Dresdner Hauptbahnhof
in der Nacht des 4./5. Oktober**
Fotografien von Rigo Pohl, 1989

Am Dresdner Hauptbahnhof eskalieren die gewalt-
samen Auseinandersetzungen: Es fliegen Pflaster-
steine, Polizeiautos werden umgestürzt und angezündet. Es kommt zu Verhaftungen und brutalen
Prügelszenen. In den »Zuführungspunkten« finden
Misshandlungen und regelrechte Gewaltexzesse
statt. *ka*

**Kinderzeichnung zu den Ereignissen
am Dresdner Hauptbahnhof am
4. Oktober 1989**

Diese Tuschezeichnung von Johannes Neuber, der
damals zehn Jahre alt ist, entsteht unter dem Ein-
druck der Szenen am Hauptbahnhof. *ka*

**Das Ensemble des Staatsschauspiels
nach dem Verlesen einer Resolution
am 6. Oktober 1989 im Kleinen Haus**
Fotografie von Hans Ludwig Böhme, 1989

Mit dem Verlesen der Resolution »Wir treten aus
unseren Rollen heraus« formuliert das Ensemble
des Dresdner Staatsschauspiels ersten Protest gegen
das gewaltsame Vorgehen der Staatsmacht und fordert unter anderem das Recht auf Information,
Dialog und Meinungsfreiheit. *ka*

Bildung der Gruppe der 20
auf der Prager Straße am 8. Oktober 1989
Fotografie von Rigo Pohl, 1989

Der gemeinsame Wille der demonstrierenden Bürger, die Gewalt zu beenden und neue Wege zu beschreiten, macht den Weg zum Gespräch frei. Aus der Losung »Wir wollen raus!« wird das Bekenntnis »Wir bleiben hier – Reformen wollen wir!«. Demonstranten wählen per Akklamation eine Sprechergruppe – die Gruppe der 20 – die ihre Forderungen gegenüber der Staatsmacht vertritt. Die Polizei schreitet nicht ein. Das Prinzip »Keine Gewalt« trägt seinen ersten Sieg davon.   *ka*

Einzahlungsabschnitte für die Eine-Mark-Aktion
der Gruppe der 20

Um sich demokratisch legitimieren zu lassen, fordert die Gruppe der 20 die Dresdner Bevölkerung auf, als Zeichen der Zustimmung eine Mark auf ein Postscheckkonto einzuzahlen. In dieser Aktion kommen über 100.000 Mark zusammen – und damit 100.000 Stimmen für die Bürgergruppe. *ka*

Dresdner Rathausgespräche
Fotografie von Marian Günther, 1989

Die Gespräche zwischen der Gruppe der 20 und
der Stadtverwaltung markieren den Übergang zum
friedlichen Dialog: Superintendent der Kreuzkirche Christof Ziemer, der Dresdner Oberbürgermeister Wolfgang Berghofer und Friedrich Boltz,
Mitglied des Neuen Forum. *ka*

**Hans Modrow spricht im Oktober 1989
auf dem Theaterplatz**
Fotografie von Marian Günther, 1989

Hans Modrow, Erster Sekretär der SED-Bezirksleitung in Dresden, und Oberbürgermeister Wolfgang Berghofer zeigen sich bereits vor dem Herbst
1989 in Ansätzen reformbereit und offen. Entgegen
der zentralen Parteilinie beginnen sie als Mitinitia-
toren des Dresdner Dialogs das Gespräch mit der
Bürgerbewegung, wenn auch mit der Strategie, die
eigene Position gegenüber den neuen Kräften zu verteidigen und sich als Reformer zu profilieren.   *ka*

Entmachtung des Geheimdienstes
Fotografie von Marian Günther, 1989

Die Besetzung der Stasi-Zentralen in der DDR ist
ein entscheidender Schritt zur endgültigen Entmachtung der SED und ihres Geheimdienstes.
Am 5. Dezember wird auch die Dresdner Bezirks-
verwaltung des MfS durch 5000 Demonstranten
besetzt.   *ka*

»Wir sind *ein* Volk!«
Fotos von Kostas Margitudis, 1989 und Steffen
Giersch, 1989

Zehntausende Dresdner jubeln am 19. Dezember
1989 Bundeskanzler Helmut Kohl an der Ruine
der Frauenkirche zu. Unter begeisterter Zustimmung fordert er in seiner Ansprache die »Einheit
der Nation«. Aber auch Kritiker sind anwesend: Sie
schwenken Fahnen mit DDR-Emblem. Der Kurs
zur deutschen Einheit und sozialen Marktwirtschaft setzt sich jedoch durch.   *ka*

Jens Bisky

Aufbruch im Tal der Ahnungslosen

Dresden und die ostdeutsche Revolution

Die »Gruppe der 20«

Eine Geschichte der ostdeutschen Revolution, eine Erzählung über die heißen Wochen des Wendeherbstes, könnte mit guten Gründen in Dresden beginnen und eine manchmal dramatische, farbige, Darstellung mit *happy end* werden: Es hatte sich herumgesprochen, dass am Abend des 4. Oktober 1989 sieben Züge aus Prag Dresden passieren würden, um verzweifelte Flüchtlinge in den Westen zu bringen. Am 30. September hatte ihnen Hans-Dietrich Genscher vom Balkon der Prager Botschaft aus verkündet, dass sie nach Jahren des Eingesperrtseins und Tagen des Wartens in die Freiheit reisen dürften. Als wolle sie ihren Untergang beschleunigen, hatte die SED-Führung auf ihrem Staatsverständnis beharrt und darauf bestanden, dass die Botschaftsbesetzer über DDR-Territorium fahren müssten. Der Deutschlandfunk, der das »Tal der Ahnungslosen« mit den nötigen Informationen versorgte, hatte ausführlich berichtet.

So versammelten sich Ausreisewillige, Neugierige und Demonstranten vor dem Hauptbahnhof, den die Volkspolizei umstellt und weitgehend abgeriegelt hatte. In der Menge war auch der 18jährige Lehrling Mike H. (vgl.: Hans Kromer, *Dresden. Die friedliche Revolution. Oktober 1989–März 1990.* Dokumentation der Zeitung »Die Union«. Mit einem Geleitwort von Ministerpräsident Lothar Späth, Böblingen 1990).

Er riss Polizisten die Mützen vom Kopf, andere verbrannten sie. Manche warfen mit Steinen und versuchten, eine DDR-Fahne zu verbrennen oder riefen »Stasi raus!«. In der Menge waren auch vier junge Männer, die eine Deutschlandfahne bei sich trugen. Sie hatten ein weißes Fragezeichen darauf befestigt. Ist Ausreise wirklich die Lösung? wollten sie damit sagen. Gegen 22 Uhr gelangten sie in die Kuppelhalle, wo Polizisten mit Wasserschläuchen gegen die Aufrührer vorgingen. Sie hängten ihre Fahne auf eine Balustrade, die Masse jubelte. Nun beteiligten sie sich am Kampf, warfen Steine und Papierrollen, halfen beim Barrikadenbau. Schlagstöcke und Wasserwerfer kamen zum Einsatz, ein Polizeiauto brannte.

Am folgenden Tag wiederholte sich die Szene. Viele riefen »Wir wollen raus«, andere skandierten »Wir bleiben hier«. Immer wieder kam es in der Stadt zu verbotenen, spontanen Demonstrationen. 1303 Bürgern wurden in diesen Tagen verhaftet (nach Klaus E.R. Lindemann, Margret Lütze, *Dresden von der Wende bis heute.* Frankfurt/Karlsruhe 1992).

Eskalationen solchen Ausmaßes und solcher Schärfe hatte es im »Arbeiter- und Bauernstaat« seit dem 17. Juni 1953 nicht mehr gegeben. Und selbst für den Wende-Herbst scheinen die Szenen untypisch. Zwar kam es vor dem 40. Jahrestag der DDR vielerorts zu willkürlichen Verhaftungen und Prügeleien durch Polizisten, zwar war die Stimmung am 7. Oktober in Berlin und am 9. Oktober in Leipzig aufs Äußerste gespannt. Aber an keinem anderem Ort des kleinen, immer so stillen Landes kam es zu einer vergleichbar explosiven Situation wie in Dresden zwischen dem 4. und 6. Oktober. Der Gewaltausbruch vor dem Hauptbahnhof wirkte als abschreckendes Beispiel, veranlasste Kirchenmänner, Oppositionelle und einzelne SED-Funktionäre, eine Strategie der Gewaltverhinderung zu erproben, auf »Dialog« zu setzen. Die heiße Phase der ostdeutschen Revolution, deren Hauptkennzeichen ihre Friedfertigkeit werden sollte, begann mit Randale und Polizeigewalt vor dem Dresdner Hauptbahnhof. Ohnmacht und Wut der Beherrschten sowie Ratlosigkeit und Brutalität der Regierenden zeigten sich nirgends so deutlich wie hier.

Am Abend des 8. Oktober wurde auf der Prager Straße unter der Losung »Keine Gewalt!« demonstriert. Polizisten kesselten etwa 1500 Menschen ein, standen ihnen mit heruntergelassenem Visier, Schilden und Schlagstöcken gegenüber. Die Demonstranten setzten sich auf den Boden. Andreas Leuschner und Frank Richter, zwei Kapläne, waren unter ihnen. Sie gingen auf die Polizeikette zu, und konnten schließlich erreichen, dass ihnen ein Gespräch mit einem Verantwortlichen für den Einsatz versprochen wurde. »Nun galt es, Demonstrationsvertreter zu finden, die an der geplanten Aussprache wortführend teilnehmen sollten. Durch Akklamation wurden 20 Ausgewählte bestätigt – neun Forderungen spontan per Zuruf artikuliert. In diesem Augenblick war die ›Gruppe der 20‹ geboren. Sie bildete in ihrer Zusammensetzung einen Querschnitt der Demonstranten. Es waren Studenten, Lehrlinge, Arbeiter, Ingenieure; Männer und Frauen zwischen 16 und 60 Jahren. Tags darauf begann um 9 Uhr das erste Rathausgespräch mit dem damaligen Oberbürgermeister. Die Demonstranten legten diese neun Forderungen dar: sachliche Darstellung der Ereignisse, Freilassung der Inhaftierten, objektive Berichterstattung in den Medien, umfassende Diskussion über Anliegen und Ziele des ›Neuen Forum‹, Reisefreiheit, Diskussion der Wahlproblematik, Einsatz eines Zivil-Ersatzdienstes, Gewährung von Demonstrationsfreiheit, Fortsetzung des gewaltfreien Dialogs« (vgl.: Herbert Wagner, »Die Novemberrevolution 1989 in Dresden. Ein Erlebnisbericht«, in: Klaus E. R. Lindemann, Margret Lütze, *Dresden von der Wende bis heute*). Es geht um Bürgerrechte, Beschränkung der staatlichen Macht.

Man wird wohl eine Weile suchen müssen, um ein ähnlich eindrucksvolles Beispiel für die spontane Selbstorganisation der Bürger in den Wende-Tagen zu finden, für den Aufbruch aus der Unmündigkeit und die Rückeroberung des politischen Raumes. Die Geschichte der Zwanzig hat der spätere Dresdner Oberbürgermeister Herbert Wagner, halb erzählend, halb dokumentierend dargestellt (*Zwanzig gegen die SED. Der Dresdner Weg in die Freiheit,* Stuttgart/Leipzig 2000).

Allmählich gelingt es der Gruppe, die sich durch die erfolgreiche Aufforderung an die Dresdner, eine Mark auf ein Konto einzuzahlen, eine Art demokratischer Legitimation erwirbt, der Macht der SED nicht nur zu opponieren, sondern sich als Gegenmacht zu etablieren. Die Phase der Doppelherrschaft dauert in Dresden wie überall von der Besetzung der Stasi-Zentrale (hier am 5. Dezember) bis zu den Volkskammerwahlen am 18. März. In diesen Monaten entstehen innerhalb der anfangs so einhelligen Opposition die unterschiedlichsten Gruppen und Parteien, je schwächer die Diktatur wird, desto vielfältiger die neuen Kräfte.

»Liebe Landsleute«

Auch um das Ende der Wende zu beschreiben, ihren Eintritt in die Phase der Vereinigung, bietet sich eine Dresdner Szene an. Als Helmut Kohl am 19. Dezember in Klotzsche aus dem Flugzeug steigt, um sich mit dem DDR-Ministerpräsidenten Hans Modrow zu treffen, der lange Jahre SED-Bezirkschef gewesen war und nun wenige Wochen als Hoffnungsträger galt, begrüßt ihn eine Menschenmenge mit schwarzrotgoldenen Fahnen. »Die Sache ist gelaufen«, soll der Kanzler zu seinem Kanzleramtsminister Rudolf Seiters gesagt haben. Am Abend wird er vor der Ruine der Frauenkirche Zehntausende mit »Liebe Landsleute« begrüßen. Bereits im November hatte er mit Wolfgang Schäuble diskutiert, wie schnell die Einheit kommen werde. Er, sagte er, »dürfe nicht derjenige sein, der dränge. Die Menschen in der DDR müssten die Drängenden sein; Bonn dürfe die Entwicklung nur flankieren« (vgl.: Wolfgang Schäuble, *Der Vertrag. Wie ich über die deutsche Einheit verhandelte,* Stuttgart 1991, S. 20).

Mehr noch als die Horrorzahlen der Ausreisenden, mehr als Transparente und Sprechchöre – »Kommt die D-Mark, bleiben wir, / kommt sie nicht, geh'n wir zu ihr«, stärker als Politikergespräche und Zeitungsartikel belegte der Dezemberabend vor der Frauenkirche das ostdeutsche Drängen nach Einheit. Er lieferte ein Bild, dem die Gegner der Einheit und die Vereinigungsskeptiker nichts Gleichwertiges entgegenzusetzen hatten. Über das Ziel der Revolution schien entschieden.

16 Jahre danach ist die Frauenkirche wieder aufgebaut und Dresden die Großstadt in den neuen Ländern, der es am besten geht, die zum Musterbeispiel für Erfolge der Vereinigungspolitik geworden ist.

Feierabendrevolution

Mit dem 4. Oktober, mit der »Gruppe der 20« und Kohls Auftritt am 19. Dezember gehört Dresden in jede Geschichte der ostdeutschen Revolution. Im Gedächtnis der Nation ist sie gut präsent. An Erinnerungen, Lokalgeschichten, an Fernsehchroniken, die sich auf die eindrucksvollen Ereignisse und großen Gefühle konzentrieren, besteht kein Mangel. Die Bilder von den Montagsdemonstrationen, der Maueröffnung und dem Einheitsfest am 3. Oktober sind beinahe zu oft gezeigt worden, so oft, dass viele sich skeptisch fragen, ob sie das, woran sie sich erinnern, wenn sie an den Herbst 1989 denken, selbst erlebt oder im Fernsehen gesehen haben. Und dennoch spricht vieles für die Vermutung, dass die Deutschen zu ihrer jüngsten Vergangenheit, zur Wende in der DDR und zur folgenden Vereinigung kein rechtes Verhältnis gefunden haben. So oft die einzigartigen Augenblicke beschworen, des Mutes und vieler Akte der Selbstermächtigung gedacht wird, so wenig scheinen die Erfahrungen des Jahres 1989/90 verstanden und bewahrt. Die Kultur der Abgrenzung, das deutsch-deutsche Zwiegespräch über Ost-West-Unterschiede haben bis in die jüngste Zeit vor allem die zweigeteilte Weltsicht des Kalten Krieges konserviert. Die Erinnerung an den Zivilisationsbruch des Nationalsozialismus, an Bombenkrieg, Vertreibung, Wiederaufbau und Teilung sind für das Selbstbild der Deutschen wichtiger geblieben als die Wende. So fehlt, wie Alexander Cammann vor kurzem monierte, »eine wirklich großangelegte Darstellung der Revolution von 1989« (Alexander Cammann, »1989 – die ignorierte Revolution«, in: *Ästhetik & Kommunikation*, Heft 122/123, S. 128).

Schon die Behauptung, dass es sich um eine Revolution gehandelt habe, provoziert vielfach Widerspruch. Zu wenig ähnelt der Gang der Ereignisse dem klassischen Revolutionsbild, das sich an Frankreich 1789, Deutschland 1848 und Russland 1917 orientiert. Es sind wohl vier Momente, die dazu geführt haben, dass wir noch immer ein pathetisches Unverhältnis zum Jahr 1989 unterhalten, staunend vor den Ereignissen, abwehrend gegenüber den Erfahrungen: der Feierabendcharakter der Revolution, ihre anachronistische Leidenschaftlichkeit, die gefährliche Schwäche des Gegners und die Saturiertheit der alten Bundesrepublik.

Ging es, so hört man immer wieder, während des Aufbegehrens und des Umsturzes in der DDR nicht allzu friedlich zu? Es rollten keine Köpfe, notwendige

Auseinandersetzungen wurden lange vertagt, Oppositionelle wie die nach Honecker an die Macht gekommene Führung der SED blieben strikt legalistisch.

»Man muß sich vergegenwärtigen«, hat der Bürgerrechtler und Molekularbiologe Jens Reich erinnert, »dass die revolutionäre Stimmung des Volkes und seiner Bürgervertreter auf den Feierabend konzentriert war. Tagsüber zur Arbeit, am Abend gab der Fernseher (um die November/Dezember-Wende sowohl die westlichen wie die östlichen Sender) bekannt, was am Tag wieder Revolutionäres und Konterrevolutionäres passiert war. Und rund um Leipzig fuhr man montags nach Feierabend zur Massendemonstration. Die Bürgergruppen trafen sich abends und diskutierten bis nach Mitternacht – die meisten Vertreter (wie ich zum Beispiel) gingen morgens ihrem normalen Beruf nach« (vgl.: Jens Reich, »Ich habe mich in der DDR nie zu Hause gefühlt«, in: Eckhard Jesse (Hg.), *Eine Revolution und ihre Folgen. 14 Bürgerrechtler ziehen Bilanz*, Berlin 2000).

Deutsche Demokratische Revolutionäre

Veränderungen zu erzwingen, aber Chaos zu verhindern, war das Ethos der Oppositionellen, die anfangs stillschweigende Übereinkunft der Demonstrierenden. Dazu trug die Einsicht bei, dass jede Instabilität an der Grenze zwischen NATO und Warschauer Pakt eine gefährliche Lage oder ein Eingreifen der Großmächte provozieren konnte. Die Bürgerrechtler kamen zu großen Teilen aus der Friedensbewegung, die sich mit dem NATO-Doppelbeschluss und der Stationierung von SS-20-Raketen in der DDR herausgebildet hatte. Sie beriefen sich auf die KSZE-Schlussakte (Helsinki 1975), waren politisch sozialisiert auch durch die heute gern belächelte oder vergessene Kriegsfurcht, die apokalyptische Grundstimmung der 80er Jahre. Die Verhängung des Kriegsrechts in Polen und das von der SED-Führung begrüßte Massaker auf dem Pekinger Platz des himmlischen Friedens wirkten abschreckend, bewahrten vor der Versuchung tollkühner Gesten.

Mit dem Verzicht auf Gewalt gegen Sicherheitskräfte und Funktionäre wurde praktisch eine wesentliche Forderung bekräftigt, die nach dem Ende von Willkür, nach Einhaltung der Spielregeln. Das brachte die Führung in eine argumentativ ausweglose Situation. Die KSZE-Schlussakte hatte die DDR unterzeichnet, eine Politik des Dialogs nach außen gefordert, Gorbatschows Entspannungspolitik gefeiert. Indem die Demonstranten Gorbatschow priesen und alles unternahmen, um dem ideologisch vorgezeichneten Bild des Konterrevolutionärs nicht zu entsprechen, entzogen sie Scharfmachern im Apparat die argumentative Basis. An die Stelle des sonst für Revolutionen typischen »Wir oder Sie« – eine in der sozialistischen Propaganda verbreitete Weltsicht – trat das »Wir«, die kurzfristig herrschende Illusion einer Suche nach dem richtigen, vernünftigen Weg im gemeinsamen Gespräch. In dem Augenblick, in dem die SED sich darauf einließ, hatte sie verloren, ruhte ihr Machtanspruch doch nicht zuletzt auf der Behauptung, sie verfüge über einen privilegierten Zugang zur Wahrheit.

Die deutschen demokratischen Revolutionäre bezahlten für die Tugend der Gewaltfreiheit und ihre legalistischen Überzeugungen mit programmatischer Schwäche. Auf den Moment, in dem die Macht auf der Straße liegen würde, waren sie nicht vorbereitet. Ja, sie griffen nicht nach der Macht, als wäre es ihnen genug, diese zu kontrollieren.

Das nach der Vereinigung in Ostdeutschland so verbreitete Gefühl, nun westdeutscher Deutungshoheit zu unterstehen, hat hier eine seiner Ursachen. Die Revolution blieb, wie Wolfgang Schäuble erinnert, unvollendet, bis mit der überraschenden Maueröffnung der alte Westen sich als gleichsam natürliches Ziel anbot. Dem wussten die führenden Figuren der DDR-Opposition kein ähnlich suggestives Bild entgegenzusetzen. Ihnen blieb der Weg in die westdeutsche Parteienlandschaft oder das Schicksal des von der Zeit überholten Helden.

Zu den besonderen Zügen der ostdeutschen Revolution gehört spiegelbildlich eine auffallende Schwäche des Gegners. Weder die mehr als zwei Millionen Mitglieder der SED noch die Angehörigen der sozialistischen Funktionselite unternahmen einen ernsthaften Versuch, »ihr System« zu retten. Auch in den Augen ihrer Anhänger hatte die Führung der DDR an Legitimität verloren. Mochten viele von ihnen an einen »demokratischen Sozialismus« oder einen »dritten Weg« glauben – Honeckers Land wollten sie nicht mehr verteidigen. Dass in dieser Bedrängnis ein Hasardeur das Kommando übernehmen würde, war möglich, wie die Schließung der Grenzen Ende September 1989 und das Polizeiaufgebot um den 40. Jahrestag herum zeigen. Dass es dazu nicht kam, bleibt ein Glücksfall. Zwischen dem 9. Oktober und dem 9. November ließ der attackierte Staat die Revolutionäre halb gewähren, halb versuchte er ihnen auszuweichen. Die Oberen konnten die Macht nicht mehr behaupten, die Unteren zeigten sich unentschlossen, ob und wie sie diese ergreifen sollten.

Dennoch brachte die ostdeutsche Revolution eine Wiederkehr der politischen Leidenschaft, die in der alten Bundesrepublik befremdlich wirken musste. Und dies um so mehr, als sie ihr Ziel im Nationalstaat fand. Viel ist in den 90er Jahren unternommen worden, diese Leidenschaftlichkeit zu bannen: angefangen mit den Warnungen vor einem neuen Nationalismus bis hin zum popkulturellen Umschreiben der Geschichte, das aus den 80er Jahren die Momente der Angst, die Friedens- und Umweltbewegung, die Begeisterung für Nicaragua und Gorbatschow zu tilgen versuchte. Dem linken wie dem liberalen Milieu war das ostdeutsche Pathos, das aufflackernde Reden von »Normalisierung« und »Nation« politisch gefährlich erschienen, am Ende der 90er Jahre wirkte es vor allem peinlich, uncool. Daher verkam das Bild des Bürgerrechtlers zur Karikatur: bärtig, verbissen, dem Spaß abhold. Kaum etwas erschwert das Verständnis der Wende mehr.

Hinzu kommt jene Saturiertheit des alten Westens, der sich Anfang des Jahres 1990 der Illusion hinzugeben begann, er verkörpere die beste aller möglichen Welten und ihm sei ewige Dauer garantiert. Gewiss, zur Übernahme des Grundgesetzes, zur Einführung der D-Mark wie zur raschen Vereinigung gab es keine realistische Alternative. Aber die borniert Selbstgenügsamkeit, die in dem Slogan »Keine Experimente!« gipfelte, hatte für die Ostdeutschen wie für die Westdeutschen verhängnisvolle Folgen. Die Ostdeutschen wurden zum zweiten Mal Objekte und Nutznießer eines staatlichen Beglückungsprogramms. Unter Ulbricht und Honecker hatten sie »Neue Menschen« oder wenigstens die besseren Deutschen werden sollen. Nun versprach ihnen das Programm des Aufbau Ost die schlüsselfertige Übergabe der Marktwirtschaft. Das Ergebnis ist in den neuen Ländern zu besichtigen. Herrliche Kulissen wurden errichtet, darüber aber vergessen zu klären, welches Stück da gespielt werden solle.
Der Westen aber konnte ein ganzes Jahrzehnt vertun und glauben, er stelle die Normalität dar, während der Osten die Abweichung war, die man nun rasch korrigieren könne. Dass die beispiellose Erfolgsgeschichte der alten Bundesrepublik gleichfalls an die perverse Ordnung des Kalten Krieges gebunden war, dass mit dessen Ende auch das Modell der westdeutschen Nachkriegskonsensgesellschaft an sein Ende gekommen war, ist wohl hier und da gesehen und beschrieben worden. Praktische Folgen hatte es kaum. Kulturell herrschend wurde eine nicht ganz ernste Nostalgie, im Osten unter dem Zeichen von Spreegurke und Ampelmännchen, im Westen mit der Beschwörung des »Wunders von Bern« und der »Generation Golf«.

Stoff für eine Gründungserzählung

Die politischen Entscheidungen der frühen neunziger Jahre haben verhindert, dass die ostdeutsche Revolution als gesamtdeutsches Ereignis zur Gründungserzählung des vereinigten Deutschland wurde (vgl.: Herfried Münkler, »Die Logik des Mythos. Eine kleine politische Mythengeschichte der Bundesrepublik«, in: *Ästhetik und Kommunikation*, Heft 129/130, Berlin 2005, S. 61–71). Zu stark und vor allem zu lange wurde auf die Idee einer »Stunde Null« in den neuen Ländern gesetzt, die dank D-Mark, Rechtsstaat und Verwaltung nach altbundesrepublikanischem Vorbild die Gelegenheit erhalten sollten, auf den Weg, der als der normale angesehen wurde, zurückzukehren. Die Spuren des Sozialismus sollten dabei so rasch wie möglich getilgt, seine schändliche Geschichte durch Erinnerungsarbeit vergegenwärtigt werden. Wie stark diese Politik von den Legenden des alten Westens geprägt war, ist leicht zu bemerken (dazu: Jens

Bisky, *Die deutsche Frage. Warum die Einheit unser Land gefährdet*, Berlin 2005). Übersehen hat man dabei die entscheidenden Unterschiede. Dies führte dazu, dass die Erinnerung an den Sozialismus in den Farben der DDR von der Erinnerung an die Selbstbefreiung abgekoppelt wurde. Heute existieren beide weitgehend unverbunden nebeneinander: als Ostalgie und als Wende-Gedenken. Daran ist nichts mehr zu ändern. Auch die erste Ostdeutsche, die 2005 Kanzlerin geworden ist, beruft sich lieber auf Ludwig Erhard als auf 1989. Dass dies misslich ist, dass gerade die Ereignisse des Jahres 1989 Stoff und Motive genug für eine »sinngenerierende Großerzählung« (Herfried Münkler) enthalten, haben Essayisten und Wissenschaftler mehrfach beklagt. Es ist anders gekommen und nicht mehr zu ändern. Möglich wäre es allerdings, im Kleinen zu versuchen, was auf der Ebene der »politischen Mythen« nicht gelang: Eine Erzählung, die der Revolutionserfahrung gerecht wird, die sowohl ihre Einzigartigkeit, die Unterbrechung des Alltäglichen, betont und sie dennoch in den Fluss des Geschehens einbettet. Auch diese Erzählung, die eher einem Novellenkranz als einem Epos gleichen würde, könnte in Dresden beginnen. Am Ende seiner Erinnerungen »Zwanzig gegen die SED« fragt Herbert Wagner, der erste frei gewählte Oberbürgermeister der Stadt nach 1989, was aus den »Mitgliedern der Gruppe der 20« geworden ist.

Die biographischen Angaben sind knapp, aber sie enthalten auf wenigen Zeilen die Signatur des Umbruchs, der Revolutionserfahrung. Da ist Andreas Bartzsch, der sich nach der Wende selbstständig machte, in Dresden-Gorbitz eine Fahrschule mit mehreren Angestellten gründete. Da ist Karl-Heinz Denkert, der eine Tischlerei übernahm: »Verschuldet sich dabei hoch und fällt zusätzlich noch auf eine dubiose Schweizer Firma rein. Bevor ein Entschuldungs- und Konsolidierungskonzept begonnen wird, nimmt er sich 1994 das Leben.«

Aufbruch, Scheitern, Selbstverwirklichung und Resignation liegen dicht nebeneinander, manchmal scheinen sie unauflöslich verwoben. »Uwe Glosinski. Glaubt nicht an eine positive Entwicklung in der DDR und verläßt bald nach dem Fall der Mauer die Gruppe, um sein Glück im Westen zu finden. Wird LKW-Fahrer in Koblenz.« »Sabine Linke. Schließt Ausbildung als Krankenschwester ab und wird ›Weltenbummlerin‹: 1992 Kibbuz in Israel, dann Altenpflegerin in London, schließlich 1997 eine Weltreise mit Gelegenheitsarbeiten unterwegs zur Finanzierung der nächsten Etappe.« »Henry Matthes. Brach bald das Studium ab, fuhr Bus und verzog ins Ausland.« »Olivia Schwarz. Wird arbeitslos. Fängt in einer Drückerkolonne an und verliebt sich in deren Chef. Zieht mit ihm nach Bayern. Nachdem ihr Mann als Betrüger entlarvt wird, zieht sie 1995 allein mit ihren zwei Kindern wieder in die Nähe Dresdens zurück« (in: Herbert Wagner, *Zwanzig gegen die SED. Der Dresdner Weg in die Freiheit*, Stuttgart/Leipzig 2000, S.193–197).

Man müsste diese Schicksale ostdeutscher Revolutionäre ergänzen um die Lebenserzählungen derer, die aus dem Westen in den Osten kamen, etwa Kurt Biedenkopf oder die drei Studienfreunde Thomas Heilmann, Sebastian Turner und Olaf Schumann, die Anfang 1990 in der Dresdner Wohnung von Lore Schumann einen Ableger der Werbeagentur Scholz&Friends gründeten. 15 Jahre später haben sie liebevoll an ihre Anfänge erinnert und »Lore's Law« publiziert, die »zehn Grundsätze der Dresdner Hausfrau Lore Schumann, mit denen ein Unternehmen, eine Revolution und eine gute Suppe gelingen« (Scholz&Friends, *Lore's Law. Das Gesetzbuch des gesunden Menschenverstands,* Frankfurt/M. 2005).

Die zehn sächsischen Gebote, denen das kapitalistische Musterunternehmen viel verdanken will, sind von menschenfreundlicher Schlichtheit: »Wenn etwas nicht klappt, fängt man eben noch mal an.« – »Was man nicht mit Freude macht, macht auch anderen keine Freude.« – »Wenn man etwas bekommt, sagt man Danke.« Man hat in dem schmalen Bändchen, das beinahe wie eine Mao-Bibel anmutet, so etwas wie eine Parodie der fehlenden Großerzählung vor sich. Sie zeigt immerhin eines: Wollte man nach dem Wunsch der Gedenkverwalter und Geschichtspädagogen Lehren aus dem Geschehen ziehen, käme man wohl kaum über recht allgemein Bedeutendes, oft Trivialitäten und Plattitüden, hinaus. Aber die Revolutionserzählung, so sie denn gelänge, hätte anderes zu leisten als uns mit Sinnsprüchen für die demokratische Feierstunde zu versorgen. Sie würde die millionenfache Erfahrung der Freiheit spiegeln und entfalten, würde vom beglückenden Schock berichten, wie man aus Großkollektiven entlassen wurde, unbehelligt von heilsgeschichtlichen Erwartungen und auch ohne deren orientierende Kraft den Alltag gestalten konnte. In Dresden liegt das Material für eine solche Revolutionserzählung gleichsam auf der Straße. Dass andere ostdeutsche Städte die Vorrangstellung der einen nicht akzeptieren werden, gehört zum Wesen der Sache. Der Mythos als sinnstiftende Großerzählung entwickelt seine Kraft dort, wo er Anlass zu weiteren Erzählungen wird.

Turmgebäude
Gouache des Kollektivs »Industriebau Dresden«
(Hellmut Bräuer, Helmut Köckeritz, Herbert Terpitz,
Hans Jährig) für den Wettbewerb zum Wiederauf-
bau des Altmarktes, 1953

»LUFTSCHLÖSSER«

Architektonische »Luftschlösser«, Utopien, die entweder am Geld, am Verständnis der Umwelt oder unglücklichen politischen Konstellationen scheiterten, begleiten die Geschichte Dresdens wie unsichtbare Schatten. Die spektakulären Ideen, die Architekten aller Zeiten für Dresden auf dem Papier ersannen, verhalten sich zur gebauten Architektur wie das Ideal zur Wirklichkeit. Wären sie Stein geworden, sie hätten zu markanten Veränderungen des Stadtbildes geführt. Mit einem Wort: auch der berühmte Canaletto-Blick könnte ganz anders aussehen!

**Entwurf für die Erweiterung des Dresdner
Residenzschlosses**
Aufriss der Hauptfront von
Matthäus Daniel Pöppelmann, um 1710

Matthäus Daniel Pöppelmann, der Architekt des
Zwingers, verband in seinem Erweiterungsentwurf
für das Dresdner Residenzschloss Vorhandenes, wie
die markanten Ecktürme im Innenhof, mit Visio-
närem. Seine monumentale, am Pariser Louvre
orientierte Schaufassade mit 35 Achsen, drei
Geschossen und einem Dach als Plattform wäre in
Deutschland einzigartig gewesen. Dieses Schloss
hätte die Pracht und Großzügigkeit verkörpert, die
August dem Starken für seine Residenz vor-
schwebte. *gl*

**Entwurf für einen flaschenförmigen Eckpavillon
des Bacchustempels in Pillnitz**
lavierte Zeichnung von Zacharias Longuelune,
um 1723

Im Jahr 1718 nahm August der Starke das alte
Schloss Pillnitz an der Elbe in Besitz und wünschte
auch hierfür großartige Erweiterungen. Mit den
Planungen betraute er den in Paris ausgebildeten
Maler und Architekten Zacharias Longuelune.
Dieser ersann für die Weinberge in Pillnitz einen
»Bacchustempel« mit einem überdimensionalen
Weinfass als zentralem Gebäude. Um das Fass
gruppierten sich vier Eckpavillons, die jeweils eine
Flasche, eine Melone, einen Kelch und eine Lyra
nachbildeten. Mit diesem singulären Entwurf
scheint Longuelune bereits die Pop-Art des
20. Jahrhunderts vorwegzunehmen. *gl*

**Zwingerforum mit Museum in Verlängerung des
südöstlichen Zwingerflügels**
Bleistiftzeichnung der Perspektive von
Gottfried Semper, 1842

Seit Pöppelmann seine Pläne für den Zwinger vor-
gelegt hatte, wurde fieberhaft nach einer Lösung
gesucht, das Gebäude zur Residenz und zur Elbe
hin harmonisch abzuschließen. In der Zeit von
1835 bis 1846 legte Gottfried Semper vier Entwürfe für ein bürgerlich kulturelles Forum zwischen Zwinger und Elbe vor. Er dachte daran, die
Westseite mit einem Opernhaus und einer Oran-
gerie zu versehen, während die Ostseite die Gemäldegalerie enthalten sollte. Seinen kühnen Plänen
wurde 1847 ein Ende gesetzt; Semper gegen seine
Überzeugung damit beauftragt, den Zwinger mit
der Gemäldegalerie abzuschließen.   *gl*

Zweites Modell der Kunsthalle Dresden
Frank Stella, 1992

Frank Stella griff bei seinem Entwurf für eine
Kunsthalle An der Herzogin Garten Elemente des
nah gelegenen Zwingers auf. Ihn faszinierte, dass
dort nicht nur zu ebener Erde sondern auch auf den
Dächern flaniert werden kann. Die dafür notwendigen Ein- und Ausgänge in luftiger Höhe ließen
ihn schleifenartige Rampen entwerfen, die auch
seine Kunsthalle »barock« erscheinen lassen.   *gl*

**Entwürfe für den Wettbewerb
»Deutsches Hygiene-Museum«, 1920**
»Ohne Titel. Isometrische Ansicht«;
Aquarell von Hans Scharoun, 1920, oben

»Farbversuch 3 mit Ostwalds Farborgel«,
Gouache von Hans Luckhardt, 1920, unten

Da das Deutsche Hygiene-Museum ursprünglich in unmittelbarer Nähe zum Zwinger geplant war, hätte seine Gestaltung Einfluss auf die »schönheitliche Zukunft Dresdens« genommen. Ein 1920 landesweit ausgeschriebener Wettbewerb sollte die Qualität der zu errichtenden Architektur sicherstellen. Teilnehmer waren unter anderem die Gebrüder Hans und Wassili Luckhardt und Hans Scharoun. Von ihnen wurde eine »würdige, monumentale, doch nicht zu aufwendige Gestaltung des Bauwerkes« erwartet. Die Brüder Luckhardt erfüllten die Forderung nach Monumentalität, entsprachen aber nicht den Vorstellungen der Preisrichter von Schlichtheit. *gl*

**Perspektivische Ansicht eines Bankgebäudes
für Dresden**
Kohlezeichnung auf Transparent von Hans Poelzig,
1921

Hans Poelzig bekleidete von 1916 bis 1920 das Amt
des Stadtbaurates von Dresden. Sein Entwurf für
das abgebildete Bankgebäude war für die südliche
Platzrandbebauung vor dem Neuen Rathaus vorgesehen. Das Gebäude sollte als achtstöckiger
Betonskelettbau ausgeführt werden.   *gl*

Entwurf für den Anbau »Tabakmoschee«
Axel Schultes, Charlotte Frank, 1994

Das ehemalige Fabrikgebäude der Zigarettenfabrik Yenidze gehört zu den architektonischen Wahrzeichen der Stadt. Martin Hammitzsch verwirklichte hier im Jahr 1908 den weltweit ersten Stahlbeton-Skelettbau. Als die Tabakmoschee 1991 an eine Investorengruppe verkauft wurde, planten Axel Schultes und Charlotte Frank ein vielgelobtes Erweiterungsgebäude, das durch Konkurs des Investors nie realisiert wurde. Mit ihrer klaren und einfachen Formensprache setzten sich Schultes und Frank bewusst von der illusionistischen Architektur des vorhandenen Gebäudes ab. *gl*

Sigrid Walther

»Mythos Dresden. Eine kulturhistorische Revue«

Mythen enthüllen in neuen Verhüllungen und
wirken als bleibende Gestalten.
Karl Jaspers

Zur Ausstellung

Wie nähern wir uns dem Ausstellungsthema» Mythos Dresden«? Gibt es den
einen »Mythos Dresden« überhaupt? Oder setzt er sich nicht vielmehr aus zahl-
reichen einzelnen Mythen zusammen? Welches sind die Wahrzeichen, Bilder oder
Personen, die Dresden so nachdrücklich prägten, an die wir denken, wenn der
Name Dresden fällt? Worauf gründet sich Dresdens Ruf, eine der schönsten
Städte Deutschlands, gar Europas zu sein?

Schnell wird deutlich, dass die Frage sehr unterschiedliche Antworten
heraufbeschwört, wobei eine Antwort zu allen Zeiten wiederkehrt: Ihre
Besonderheit und Einzigartigkeit verdankt die Stadt zuallererst der Schönheit der
Landschaft und der Lage mit dem Fluss, seinen lieblichen Auen und dem süd-
lich anmutenden Himmel darüber. Die Landschaft ist der natürliche Hintergrund für das, was von einem genialen Herrscher im Barock zu höchster Blüte
geführt wurde und sich über Jahrhunderte hinweg ausformen konnte. Das
barocke Zeitalter kann dabei als *die* Initiation für den Mythos gesehen werden,
der die Stadt begleitet. Barock steht für die Architektur, für die Kunstschätze und
die Musikkultur, für Sinnlichkeit und Lebensfreude. Die gestaltende Kraft dieser Epoche strahlt seit drei Jahrhunderten über allem. Und was nicht Barock ist,
wird bis heute als ein vielfach gebrochenes, überformtes und rezipiertes Bild unter
Barock subsumiert.

Dresden hat diese Zeit so stark verinnerlicht, dass sie auch durch das traumati-
sche Ereignis des 13. Februar 1945 und die fast komplette Zerstörung der historischen Altstadt im Geist der Menschen nicht zu vernichten war. Im Gegenteil:
Der Verlust hat den Mythos gefestigt. So trotzten die Dresdner der versuchten
restlosen Auslöschung der historischen Stadt durch die SED-Machthaber. Der
Stolz auf das nunmehr lediglich imaginierte Bild machte es möglich, gegenüber
den neuen sozialistischen Entwürfen resistent zu sein und umso deutlicher die
einstmalige Schönheit zu sehen.

Die Ausstellung zeigt, wie sich der Mythos Dresden über Jahrhunderte aus zahllosen Erzählungen aus Kultur und Natur, Wissenschaft und Technik, Geschichte und Alltag zusammensetzt. Er speist sich aus der anhaltenden Begeisterung über die Einzigartigkeit des Ortes und vor allem aus seinem kreativen Potential. Diese sind Anlass für die ständige Reproduktion dieses Lobgesangs. – In fünf Bildern zeichnet die Ausstellung ein facettenreiches Panorama dessen, was den Mythos Dresden bis heute ausmacht und stellt neben einer Analyse des Mythos auch die Frage nach seinem Fortschreiben im Jetzt.

Konzept und Gestaltung

Das Konzept sollte sich nicht der Chronologie der Stadtgeschichte unterordnen. Vielmehr bestand die Aufgabe darin, die Vielheit dessen, was alle bewegt, thematisch zu ordnen und Abteilungen zu bilden, die wiederum von einer systematischen Anordnung des so genannten »mythenbildenden Materials« strukturiert werden. Bei der Auswahl der Themen und Objekte sollte es neben der Ausbreitung einer Fülle schönster historischer Gegenstände, Kunstwerke, Dokumente, Pläne und Modelle sowie Fotos und Filme, die quasi die Ursprünge oder Quellen der Mythen sind, immer auch darauf ankommen, die Rezeption, das Forterzählen und Fortschreiben der Ereignisse, des Gesehenen und Interpretierten darzustellen. Erst hierin zeigt sich die Lebendigkeit des Mythos und seine Bedeutung für jeden einzelnen und das kulturelle Ganze bis in die Gegenwart.

Die Ausstellung verzichtet so auf eine zeitliche Ordnung und generiert dafür poetische Bilder mit topografischem oder Ereignis bezogenem Hintergrund. Die Mythen werden – wie im wirklichen Leben – an den Schnittstellen von Realität und Imagination entwickelt: in »Luftschlössern«, im »Dionysischen Dresden«, am »Musenort«, der »Apokalypse«, den »Metamorphosen«. Die bildhaften Titel erzeugen eine emotionale Atmosphäre und verleihen den aufeinander folgenden Räumen ihren jeweils speziellen Charakter.

Diese inhaltlich intendierten Anmutungen, die feinen Übergänge und Schwebungen auch gestalterisch umzusetzen war die Aufgabe, vor der die Architekten Wandel Hoefer Lorch + Hirsch standen. Ihre Gestaltung setzt auf klar gegeneinander abgesetzte Räume, auf Farbe und Stofflichkeit und vor allem auf Licht. Die jeweiligen Raumideen sind von den Titeln und Inhalten inspiriert.

So ist die Abteilung »Luftschlösser«, die visionäre Architekturen vorstellt, als transparenter Raum gestaltet. Die Objekte werden regelrecht schwebend gezeigt, weil sie auch in der Realität Ideen blieben, sich nie materialisierten und Bodenhaftung gewonnen haben.

An die »Luftschlösser« schließt das »Dionysische Dresden« an – ein sehr diesseitiger, prachtvoll goldener, vom Zentrum aus gedachter Raum, der verschiedene Facetten Augusts des Starken thematisiert.

Die darauf folgende Abteilung »Musenort« ist der Rolle Dresdens als künstlerischem Mittelpunkt gewidmet. Sie versteht sich als ebenso geistiger wie sinnlicher Raum, der zeigt, welche Impulse von Dresden aus gingen. In Stofflichkeit, Helligkeit und Leichtigkeit ist er wiederum den »Luftschlössern« am Anfang verwandt.

»Apokalypse« heißt der dem 13. Februar 1945 gewidmete Teil der Ausstellung. Als einziger dunkler Raum des ansonsten hell anmutenden Parcours bildet er eine wichtige Zäsur und stellt gewissermaßen den Wendepunkt der Ausstellung dar: Er markiert nicht nur den folgenschwersten Einschnitt, den Dresden in seiner Geschichte je erfahren hat. Er weist auch auf die vielfältigen Aufbrüche hin, die im letzten Abschnitt der Ausstellung behandelt werden.

So erzählen die »Metamorphosen« von tiefgreifenden gesellschaftlichen Wandlungen und Erneuerungen, von Phantasie und Erfindergeist, Mut und Überlebenswillen. Gestalterisch bildet dieser Raum gemeinsam mit den »Luftschlössern« eine Klammer, da er mit entgegen gesetzten Mitteln arbeitet. Die Objekte schweben nicht mehr zwischen Himmel und Erde, sondern sind wie in archäologischen Schaufenstern im Boden eingelassen oder haben eindeutigen Bezug zur Wand. Der Raum wirkt offen und kann als Flaniermeile wahrgenommen werden, auf der sich Menschen treffen und zu Wort kommen.

Luftschlösser

Das architektonische Erscheinungsbild Dresdens ist für das Bild der Stadt im kollektiven Bewusstsein von zentraler Bedeutung. Aus den Disputen um architektonische Planungen in der jüngsten Vergangenheit und Gegenwart wissen wir, dass Architektur meist das Ergebnis langer Filterungsprozesse ist und unter bestimmten historisch-politischen wie ästhetischen Voraussetzungen immer auch ganz anders ausfallen könnte.

Im Prolog zur Ausstellung werden deshalb spektakuläre Architekturentwürfe aus 300 Jahren vorgestellt, die niemals realisiert wurden. Dahinter steht die Frage, wie diese Planungen – wären sie Stein geworden – die Wahrnehmung der Stadt und das Leben in ihr verändert hätten. Prominente Beispiele geben Einblicke in unterschiedliche Planungsphasen nicht realisierter Bauten und zeigen, welche städtebaulichen Räume zu allen Zeiten die besondere Aufmerksamkeit von Bauherren und bedeutenden Architekten hatten. So ist vor allem das Machtzentrum

Residenzschloss und seine unmittelbare Umgebung bevorzugter Gegenstand des Interesses. Neben den barocken Planungen aus dem 18. Jahrhundert von Matthäus Daniel Pöppelmann, der den Zwinger in seine großartige Schlossanlage einbezog, oder von François de Cuvilliés, der ausgehend vom Schloss eine zentrale Gartenanlage entlang der Elbe in Richtung Ostragehege vorsah, stehen Entwürfe von Gottfried Semper aus dem 19. Jahrhundert, der den Platz vor dem Zwinger in Richtung Norden als Forum gestalten wollte.

Als prominentes Einzelprojekt aus dem Jahr 1920 ist das Hygiene-Museum mit Entwürfen von Hans Scharoun, Wassili und Hans Luckhardt sowie Hermann Finsterlin in der Ausstellung vertreten, die alle vier sehr individuelle expressionistische Ideen repräsentieren. Der geplante Standort des Projekts nördlich des Zwingers sollte einen ganzen Komplex naturwissenschaftlicher Sammlungen umfassen und den heute noch existierenden barocken Marstall mit einbeziehen.

Für die Zeit nach dem Zweiten Weltkrieg stehen monumentale Wiederaufbauvisionen für den Altmarkt von 1953 im Stile sowjet-stalinistischer Architekturen. Sie gehen einher mit Entwürfen von 1954 und 1955 zur Erweiterung des Deutschen Hygiene-Museums und befinden sich in beklemmender Nähe zu den Planungen von Wilhelm Kreis aus den dreißiger Jahren. Zu dieser Zeit konzipierte Kreis ein gigantisches architektonisches Gesamtensemble, das den Namen Adolf-Hitler-Platz tragen sollte und seinen neusachlichen Museumsbau von 1930 mit einband. Beide ideologisch begründeten Planungen werden gezeigt.

Doch auch Entwürfe aus der Gegenwart sind in der Ausstellung aufgenommen, denn Dresden fordert bis zum heutigen Tag immer wieder auch moderne Architekten zu visionären Einzelentwürfen heraus. So ist beispielsweise Frank Stella mit seinem umstrittenen Projekt für eine Kunsthalle »An der Herzogin Garten« vertreten. Er nahm Elemente des nahe gelegenen barocken Zwingers auf und fügte sie zu einer der Pop Art verpflichteten Architektur zusammen.

All diese Visionen, seien sie Ensembleplanungen von städtebaulicher Tragweite oder kühne Einzelprojekte, sind immer Ausdruck ihrer Zeit und begleiten als »Luftschlösser« Dresden und seinen Mythos wie unsichtbare Schatten. Die Ausstellung beginnt demnach bewusst nicht mit einem Klischee dessen, was Besucher an großartigen Dresden-Bildern erwarten würden. Sie bemüht auch nicht den relativierenden Vergleich mit anderen mythisch besetzten Städten oder eine didaktische Erörterung dessen, was etwa unter Mythos zu verstehen wäre und in welch schillernden Facetten uns der Mythosbegriff heute entgegentritt. Sie wirft anfangs vielmehr die Frage nach dem »Was wäre wenn« auf.

Dionysisches Dresden

Noch Ende des 17. Jahrhunderts war Dresden eine mittelalterlich geprägte Stadt. Mit der Machtübernahme Augusts des Starken (1694–1733), der 1697 König von Polen wurde, begann auch für die Residenz eine neue Epoche: Das augusteische Zeitalter.

Seit langem ranken sich Legenden um den starken Kurfürsten. Wie nur wenige deutsche Fürsten des 17. und 18. Jahrhunderts vermochte er es, seinen politischen Machtanspruch und sein Selbstverständnis von barockem Herrschertum auszudrücken. Unter seiner Regierung und fortgesetzt durch seinen Sohn Friedrich August II., als August III. König von Polen, wuchs Dresden zu einer Metropole von europäischem Rang. So produzierte das augusteische Zeitalter viele der Bilder, ohne die der Mythos Dresden nicht zu denken ist: barocke Prachtentfaltung steht neben verfeinertem Kunstgenuss und ungehemmter Lebensfreude. Dresden, eingebettet in eine Landschaft von südlichem Flair, entwickelte sich zu einem einzigartigen Gesamtkunstwerk, in dem der Kurfürst selbst die zentrale Figur war. Um dieses Zentrum ordnet die Ausstellung drei Wirkungsschwerpunkte: die Architektur, die Festkultur und die königlichen Sammlungen.

Der Architektur sind zwei Aspekte gewidmet: Zum einen werden an Hand von Stichen von Bernardo Bellotto ausgewählte baukünstlerische Einzelbeispiele vorgestellt, die Stadtbild und Landschaft bis heute prägen, zum anderen wird die Dresdner Skyline, der so genannte Canaletto-Blick in seiner künstlerischen Rezeption durch die Jahrhunderte gespiegelt und kann digitalisiert betrachtet werden. Die Festkultur, dargestellt am Beispiel der Hochzeit des Kurprinzen mit der Habsburger Prinzessin Maria Josepha im Jahre 1719, lässt ahnen, in welchem Maße Natur und Kultur bei der Ausstattung der Feste ihre höchste Steigerung erfahren haben und nicht zuletzt als Kommunikationsmittel dazu beitrugen, Dresdens Glanz in die Welt zu tragen.

Am Anfang der den Sammlungen gewidmeten Sequenz steht eine eigenhändig von August dem Starken gezeichnete Organisationsskizze. Sie hat sich in ihrer Grundstruktur bis heute bewährt und zeigt, dass der Kurfürst die Bedeutung von Systematik und Dokumentation auch auf Gebieten, die ihm ferner waren, erkannt hatte. Galt seine Leidenschaft in erster Linie den Juwelen und ostasiatischem Porzellan, erwarb sein Sohn, August III. (1733–1763), vor allem Gemälde und Kupferstiche und erweiterte noch nach dem Siebenjährigen Krieg die Antikensammlung durch den Ankauf der Mengsschen Abgusssammlung.

Aus der Sicht der Kuratorin stellt sich vor allem die Frage, wie die königlichen Sammlungen von bildenden Künstlern, von Schriftstellern und Fotografen seit dem 19. Jahrhundert bis heute aufgenommen und verarbeitet wurden. Die Fülle, der Reichtum, kurz ihre Strahlkraft und der Reflex der Künstler auf die Dresdner Kunstschätze werden hier thematisiert.

Musenort

Wie keine Epoche vorher präsentierte sich die Stadt in den ersten fünf Jahrzehnten nach 1700 als weltoffen und für künstlerische Anregungen aufnahmebereit. In dieser Zeit begründete sie auch ihren Mythos als »Musenort«. Dieser Ausstrahlung und Anziehungskraft gleichermaßen konnten selbst Zäsuren wie die katastrophalen Zerstörungen des Siebenjährigen Krieges und später auch des 13. Februar nichts anhaben. Der kulturelle Humus, den ein auratischer, kunstsinniger Herrscher angelegt hatte, zog immer wieder aufs Neue Philosophen, Dichter, Maler oder Komponisten an, die diesen Ort in ihren Werken, in Bildern, in Musik und vor allem in immer wieder neuen literarischen Verarbeitungen feierten. So blieb die Stadt Anziehungspunkt für reformwillige Geister aller Herkunft und Couleur und wurde wiederholt zum Zentrum internationaler Kunstströmungen. In diesem Kontinuum konnte sich Dresden über Jahrhunderte hinweg zu einem Kunstzentrum entwickeln, von dem aus immer wieder Neues in die Welt gesendet wurde, auch wenn die Protagonisten oft am hiesigen Konservatismus oder an den politischen Verhältnissen scheiterten.

Seine erste große Erneuerung nach dem überquellenden Barock hatte Dresden um 1800, als es zum Zentrum der deutschen Romantik wurde. Hier trafen sich nicht nur die Maler Philipp Otto Runge und Caspar David Friedrich, die wesentlich zur Entwicklung der Landschaftsmalerei beitrugen und zum Inbegriff romantischen Natur- und Weltverständnisses wurden. Hier fanden sich auch die Dichter und Philosophen Novalis, Schelling, Fichte, die Brüder Friedrich und August Wilhelm Schlegel und Karoline Schlegel zu den berühmten Gesprächen in der Gemäldegalerie zusammen. Hier illustrierte Ludwig Richter den deutschen Märchen- und Liederschatz, der Generationen von Kindern begleiten sollte, und hier spielte E. T. A. Hoffmanns poetisches Märchen »Der goldene Topf«, eine einzigartige Verschlingung von Realität und surrealen Empfindungen, die für die zeitgenössische Literatur nicht ohne Wirkung bleiben sollte. Etwa zeitgleich wirkte hier Carl Maria von Weber und schuf mit der romantischen Oper »Der Freischütz« die deutsche Nationaloper. Richard Wagner, in seiner Jugend von Weber tief beeindruckt, entwickelte in Dresden seine Idee vom Gesamtkunstwerk, die er in Bayreuth umsetzen sollte.

Waren Weber und Wagner die bestimmenden Figuren des 19. Jahrhunderts, so prägten zu Beginn des 20. Jahrhunderts vor allem die legendären Uraufführungen der Opern »Elektra« und »Salome« von Richard Strauss die Dresdner Musikszene. Den eigentlichen Durchbruch für Strauss brachte die Uraufführung der Oper »Der Rosenkavalier« im Jahre 1911. Dass sich Strauss für diese Oper des höfischen Genres bediente und sich beim Komponieren am Stil der Wiener Klassik orientierte, mag nach den vorangegangenen, eher schroffen und moderneren Werken zu dem großen Erfolg in Dresden geführt haben.

Auf diese Mentalität des Dresdner Kunstpublikums, das sich eher für Harmonien und bekanntes Formenvokabular begeistern konnte, war es zur selben Zeit wohl auch zurückzuführen, dass sich neue Entwicklungen auf dem Gebiet der bildenden Kunst in der Stadt nicht durchsetzen konnten. Kaum zu fassen, dass 1911 die Gründung der ersten expressionistischen Künstlergemeinschaft »KG Brücke« schon sechs Jahre zurück lag und ihre Vertreter sich inzwischen in Berlin angesiedelt hatten. Ebenfalls nur kurz, aber ausgesprochen fruchtbar waren das Wirken von Oskar Kokoschka und Otto Dix in Dresden. Beide bekleideten Lehrämter an der Kunstakademie und verliehen so der Kunst wesentliche Impulse. Kokoschkas Dresdner Zeit gehört mit zur intensivsten seines Lebens. Neben den berühmten Elblandschaften entstanden vor allem Bilder mit biographischem Bezug, etwa das »Selbstbildnis mit Puppe«, einem der Geliebten Alma Mahler nachempfundenen Fetisch. In Kokoschkas Dresdner Zeit fällt auch die Uraufführung seiner expressionistischen Dramen im Alberttheater. Die wichtigste und schillerndste Künstlerpersönlichkeit im Dresden der 1920er Jahre, nachdem Kokoschka sich schnell wieder von hier verabschiedet hatte, war Otto Dix. 1926 gekommen, beeinflusste er – bis zu seiner Vertreibung durch die Nazis 1933 – wie kaum ein anderer die Dresdner Kunstszene. Seine Malerei war so radikal, dass sein künstlerisches Vorbild bis in unsere Tage wirkt. Seit 1960 sollte A.R. Penck einen ähnlich starken Impuls liefern. Mit seinen »Standarts« revolutionierte er die Bildsprache und war trotz seiner Ausbürgerung 1980 bis zum Ende der DDR durch seine subversive Kraft für die ostdeutsche Kunst von immenser Bedeutung.

Das »Gesamtkunstwerk Hellerau«, repräsentiert durch eine große Zahl von Architekten und Künstlern aller Bereiche, stellt eine andere Form der Erneuerung am Beginn des 20. Jahrhunderts dar. Diese zielte nicht nur auf einzelne Kunstsparten oder die Begründung neuer Individualstile, vielmehr ging es hier um die Erprobung einer neuen Lebensform in einer überschaubaren sozialen Gemeinschaft fern der Großstadt, um die Entwicklung eines neuen Alltagsdesigns sowie die Erziehung von Kindern und Jugendlichen durch ein ästhetisches Gesamtprogramm und körperliche Bewegung. Den künstlerischen Höhepunkt in Hellerau bildete 1913 die Aufführung von »Orpheus und Eurydike« von Christoph Willibald Gluck und »Mariä Verkündigung« von Paul Claudel. Als »pädagogische Provinz« legte Hellerau die Spur bis in unsere Tage: Hier lernte Mary Wigman, die ab 1920 in Dresden den Ausdruckstanz mit einer eigenen Schule begründete. Eine ihrer ersten Schülerinnen war Gret Palucca, die sich jedoch 1925 ebenfalls mit einer eigenen Schule selbständig machte und den neuen Tanz bis heute weiterführte. Gegenwärtig erhalten der Ort Hellerau und das Festspielhaus durch den amerikanischen Choreografen William Forsythe und sein modernes Tanztheater neuen Antrieb.

Apokalypse

Es gibt keinen »Mythos Dresden«, der emotional so stark besetzt ist wie der 13. Februar 1945. Die Ausstellungsabteilung, die sich diesem apokalyptischen Geschehen widmet, verfolgt zwei Erzählstränge. Einmal geht sie dem historischen Ereignis nach und fragt nach dem Leben in der Stadt von 1933 bis zum 13. Februar 1945, das sich von anderen deutschen Städten – etwa in Demonstrationen der Führertreue und in der Art der NS-Festkultur oder dem Verhältnis zur modernen Kunst und Literatur oder zu den jüdischen Mitbürgern – nicht unterscheidet. Zum anderen fragt sie, inwieweit der Mythos von der unschuldigen Stadt haltbar ist.

Schließlich stellt sich die Frage nach der Erinnerungskultur, bei der individuelles und kollektives Erinnern unterschieden wird. Das individuelle Erinnern wird durch persönliche Stücke gezeigt, in Fotografien oder Dokumenten. Es gibt Berichte in Wort und Schrift, die, ob authentisch oder kollektiv überformt, alle gleiches ausdrücken: die grauenhafte Zerstörung, die Endgültigkeit des Verlusts, seine Sinnlosigkeit. Wie brisant gerade dieses Thema auch nach 60 Jahren noch ist, zeigen die regelmäßig öffentlich geführten Gespräche und Debatten, die fast zur selbständigen Form geworden sind und privates und kollektives Erinnern ineinander übergehen lassen.

Demzufolge soll hier vor allem die Frage nach der kollektiven Erinnerungskultur im Mittelpunkt stehen. Sie war bis heute zahlreichen Wandlungen unterworfen, da sie je nach politischen Tagesfragen in den Dienst der unterschiedlichsten Ideologien genommen wurde. Doch wurde – neben dem Wort – das kollektive Gedächtnis besonders von Bildern geprägt. Vor allem der Fotoband »Dresden – Eine Kamera klagt an« von Richard Peter sen., der erstmals 1950 erschien, eignete sich mit seinen bewegenden Aufnahmen der Zerstörungen und des Leides wie kein anderes Werk zum Festschreiben von Bildern. Beworben mit dem Plakat »Jedem Deutschen dieses Buch« benutzte man es gezielt für propagandistische Zwecke.

War es anfangs das zerstörte Stadtbild, das ideologisch missbraucht wurde, so entwickelte sich mit dem Abräumen der Trümmer nach und nach das Bild der Frauenkirchenruine zum ausschließlichen Symbol der Zerstörung. Stilisiert zum nationalen Mahnmal gegen den Krieg, diente es über Jahrzehnte ganz pauschal zur antiwestlichen Propaganda. Erst als sich Anfang der 1980er Jahre die Friedensbewegung zu formieren begann, konnte die Ruine neben dem offiziellen Gedenken zunehmend zum Zeichen des stillen Erinnerns und zum Forum der Friedensbewegung werden. Aus dieser Tradition ist zu erklären, dass sie auch zum Symbol der Wiedervereinigung und ihre Rekonstruktion und Wiedereinweihung am 31. Oktober 2005 zum weltweiten Sinnbild der Versöhnung wurde.

Metamorphosen

Je mehr man sich der Gegenwart nähert, desto schwieriger wird es, vom »Mythos Dresden« zu sprechen. Anders als die Bilder der Vergangenheit sind die Bilder, die man sich vom heutigen Dresden macht, noch stark in Bewegung und nicht so leicht zu einem homogenen Ganzen zusammenzufügen. Die letzte Abteilung der Ausstellung wird darum zeigen, dass sich auch eine traditionsbewusste Stadt wie Dresden in einem ständigen Transformationsprozess befindet. Drei Schwerpunkte werden zentral behandelt: Stadtentwicklung und Stadtplanung seit 1945, Fragen der Wirtschafts- und Wissenschaftsentwicklung sowie die friedliche Revolution von 1989.

Nach der Apokalypse von 1945 hat vor allem ein Buch zur Aufrechterhaltung und Popularisierung des Mythos von der Barockstadt beigetragen: »Das alte Dresden« des Dresdner Kunsthistorikers Fritz Löffler. Es erschien 1955, war aus der Erschütterung über den Verlust der geliebten Stadt geschrieben worden und avancierte zum Schlüsselwerk Dresdner Architekturgeschichte. Vor diesem Hintergrund und der Tatsache des Abrisses auch der wiederaufbaufähigen Ruinen erschließen sich die erbitterten Kämpfe um Erhaltung und Wiederaufbau der historischen Substanz. Sie standen den Planungen für das neue, sozialistische Dresden und den Vorstellungen der kommunistischen Machthaber, dass sich mit dem Abräumen der Ruinen auch die Geschichte abräumen ließe, im Wege. Letztlich fielen sie zugunsten der Erhaltung einiger weniger historischer Gebäude aus. Diese gehören heute zu den Glanzstücken der Stadt.

Seit 1990 gibt es in Dresden zahlreiche Beispiele für moderne Architektur. Ein besonders glückliches, ist der Neubau der Synagoge der Architekten Wandel Hoefer Lorch + Hirsch. Zusammen mit der Kathedrale und der Frauenkirche bildet die Synagoge einen Dreiklang, der auch als Dreiklang der Konfessionen gesehen werden könnte. Errichtet am Standort des in der Reichspogromnacht 1938 abgebrannten Synagogenbaus von Gottfried Semper, versucht der Neubau jedoch nicht, die Geschichte vergessen zu machen. Vielmehr ist er ein deutliches architektonisches Zeichen für die historischen Brüche im letzten Jahrhundert.

Im Gegensatz dazu zeigt die in den letzten Jahren sehr kontrovers geführte Debatte um den Neumarkt im Zentrum der Dresdner Altstadt, dass Moderne und Tradition in Dresden sehr eng beieinander liegen. Ihr Ergebnis stellt eine Rekonstruktion des Platzes in seiner Erscheinung vor dem Siebenjährigen Krieg dar und den Versuch, nicht nur die Geschichte der letzten sechzig Jahre ungeschehen zu machen. Sie konstruiert ein Dresden-Bild, das Selbstisolation, Traditionsliebe und Bürgersinn gleichermaßen impliziert.

Die Rede vom »hellen Sachsen« beleuchtet einen weiteren Mythos: Es gibt fast nichts, das nicht in Dresden erfunden worden wäre. Erfindergeist und Geschäftssinn der Dresdner sind sprichwörtlich. Zu den vielen Umformungen, welche die Stadt seit dem 19. Jahrhundert erfahren hatte, gehörte auch die Entwicklung zu einem der bedeutendsten Verkehrs- und Wirtschaftsstandorte Deutschlands. 1838 wurde in der Maschinenfabrik Dresden-Übigau die erste deutsche Dampflok, die »Saxonia«, gebaut. Sie eröffnete 1839 die erste deutsche Fernbahnstrecke zwischen Dresden und Leipzig. Dresdner Unternehmen hatten überregionale Bedeutung, etwa das Bank- und Versicherungswesen oder das Druck- und Verlagswesen. In der Gründerzeit kamen zahlreiche feinmechanische Betriebe hinzu: Nähmaschinen- und Schreibmaschinenfabriken, aber auch die Kameraindustrie. Alle waren später starke Stützen der DDR-Wirtschaft.

Seit der Wende hat Dresden die Möglichkeit, sein Ansehen als bedeutender Wirtschafts- und Innovationsstandort auch international auszubauen. Nicht nur traditionelle Industrien leben wieder auf: Im sächsischen »Silicon Valley« schließen sich Hightech-Industrien zusammen, die im Verbund mit Universitäten und Forschungsinstituten an den Technologien der Zukunft arbeiten.

Für die nach 1945 geborenen Dresdner ist die politische Wende von 1989 wohl das Ereignis mit dem höchsten mythenbildenden Potential. »Wir bleiben hier – Reformen wollen wir!« – riefen die Dresdner im Oktober 1989 den ausreisewilligen Bürgern aus dem ganzen Land zu. Am Abend des 8. Oktober formierte sich in einer spontanen Aktion auf der Prager Straße die »Gruppe der Zwanzig«. Die demonstrierenden Dresdner Bürger hatten den Oberbürgermeister und die SED-Bezirksleitung zum friedlichen Dialog gezwungen. Ein Modell, das auch auf andere Städte ausstrahlte und als Dresdner Besonderheit in die Geschichte der friedlichen Revolution eingegangen ist.

Der »Mythos Dresden« lebt. Er wurde und wird noch heute in vielen Erzählungen und Bildern fortgetragen. Längst ist er nicht mehr nur ein Gegenstand für Künstler, Dichter und Musiker oder andere erfindungsreiche Köpfe, sondern wird mehr und mehr auch zum Produkt von Stadtmarketing und Tourismuskonzepten. Bilder aus Dresden begleiten die Menschen seit mehr als zweihundert Jahren. Bis heute erleben sie in immer neuen Erscheinungsformen ihr Comeback. In jüngster Zeit waren es vor allem die Bilder der Flut von 2002 oder die der wiedererstandenen Frauenkirche aus dem Jahr 2005, die in einem medialen Overkill millionenfach um die Welt gejagt wurden und die Stadt immer wieder ins Gedächtnis der Menschen zurückbrachten. So werden alte Mythen wiederbelebt, von neuen abgelöst oder eingeschmolzen in Utopien.

ANHANG

Ausstellungsarchitektur

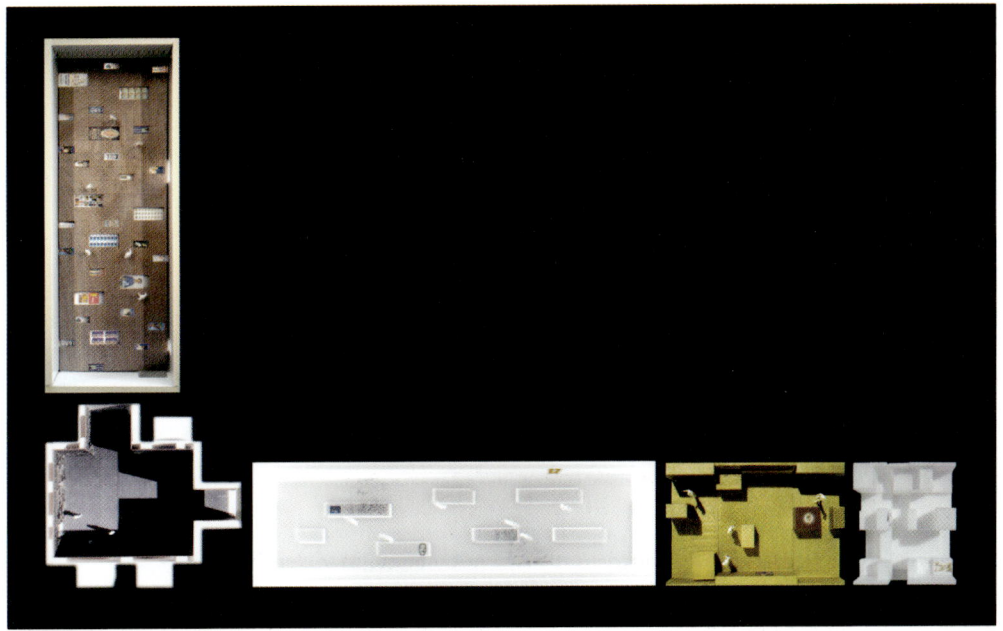

Grundriß der Ausstellung

»Luftschlösser«

»Dionysisches Dresden«

»Musenort«

»Apokalypse«

»Metamorphosen«

Ausstellungsverzeichnis

Auf Grund der langen Laufzeit der Ausstellung war es notwendig, den größten Teil der Arbeiten auf Papier nach jeweils drei Monaten zu tauschen. Deswegen wird es nicht möglich sein, alle im Register ausgewiesenen Objekte gleichzeitig in der Ausstellung zu sehen. Das Register entspricht dem Arbeitsstand vom 28. Februar 2006.

1. Luftschlösser

Projektion »Dresdner Morphologien. Die Entstehung des Theaterplatzes in Planung und Realität von 1200 bis heute«
Anna Jessen mit Dirk Haid und Thomas Hielscher
2002–2006; Bildfolge, 8 min.
Technische Universität Dresden; Fakultät für Architektur, Lehrstuhl für Öffentliche Bauten, Prof. Ivan Reimann
Entwürfe für die Erweiterung des Dresdner Schlosses
Matthäus Daniel Pöppelmann (1662–1736)
a) Aufriss der Hauptfront; um 1712/1713; Feder, Tusche, aquarelliert; 41,0 x 102,0 cm
b) Aufriss der Hauptfront; Feder, Tusche, aquarelliert; 41,3 x 100,5 cm
c) Aufriss der Schauseite mit dreiachsigem Mittelbau und Seitenrisaliten, von Kolossalsäulen geziert; 1711; Feder, grau getönt, Dächer und Turmkuppeln hellblau, perspektivische Grundrissandeutung in Rot; 43,3 x 103 cm
d) Vogelschau des erweiterten Residenzschlosses; um 1710; Feder, Dächer in Rot, Turmhauben in Grün; 40,0 x 55,8 cm Abb. S. 126
Sächsische Landesbibliothek – Staats- und Universitätsbibliothek Dresden
Entwürfe für einen Bacchustempel in Pillnitz Abb. S. 126

Zacharias Longuelune (1669–1748)
Flasche; Bleistift, Graphit, laviert; 61,0 x 46,0 cm
Sächsisches Staatsarchiv – Hauptstaatsarchiv Dresden
»Project zur Ausfüllung des Grabens bey der Königlichen Residenz Stadt Dresden, So von dem Churfürstl. Ober Hof Baumeister Cuvillies auß Bayrn neu intendiert wurden seyn«
François de Cuvilliés (1695–1768)
1761; Autograph, koloriert, aufgezogen auf Gewebe, hinter Glas und Rahmen; 80,0 x 57,0 cm
Sächsische Landesbibliothek – Staats- und Universitätsbibliothek Dresden
Modell der Planung zur Erweiterung des Zwingers von Gottfried Semper (1803–1879)
Planungsstand 1840; gefertigt in der Modellwerkstatt Sektion Architektur der Technischen Universität Dresden unter Anleitung von Eberhard Freund; um 1975; Gips, farbig gefasster Holzsockel; 25 x 120 x 60 cm
Museen der Stadt Dresden, Stadtmuseum
Zwingerforum mit Museum in Verlängerung des südöstlichen Zwingerflügels. Perspektive Abb. S. 127
Gottfried Semper (1803–1879)
23. Februar 1842; Bleistift, aufgezogen; 52,0 x 33,2 cm

Institut für Geschichte und Theorie der Architektur, ETH Zürich
Modell »Hygiene Museum«
Hermann Finsterlin (1878–1973)
1920; Gips, weiß bemalt, leicht gelbbraun verfärbt; 37 x 26 x 23 cm
Staatsgalerie Stuttgart
Entwürfe für den Wettbewerb »Deutsches Hygiene-Museum«, Dresden, 1920
Wassili Luckhardt (1889–1972)
a) Schaubild, Perspektive; Kohle auf Pappe mit aufgeklebter Fotografie; 61,0 x 138,0 cm
b) Raum; Kohle auf Pappe; 90,0 x 102,5 cm
Hans Luckhardt (1890–1954)
c) »Kennwort Farbform«, Perspektivische Ansicht; Kohle auf Pappe; 61,0 x 133,0 cm;
d) »Farbversuch 3 mit Ostwalds Farborgel«; Gouache; 56,0 x 133,0 cm Abb. S. 128
e) »Schnitt und Grundriss«; Gouache; 67,7 x 145,0 cm
f) » Farbversuch 3 hergestellt mit Ostwalds Farborgel«, Ansicht; Gouache; 56,7 x 133,0 cm;
Hans Scharoun (1893–1972)
g) Ohne Titel. Isometrische Ansicht; Aquarell auf Papier; 52,0 x 76,0 cm
h) Ohne Titel. Ansicht; Aquarell auf Papier; 36,5 x 67,0 cm Abb. S. 128
i) Ohne Titel. Ansicht; Tusche auf Transparent; 46,0 x 71,0 cm
j) diverse Hefte der »Deutschen Bauzeitung« mit Beiträgen zum

Wettbewerb »Deutsche Hygiene-Museum« aus dem Nachlass von Hans Scharoun (1893–1973) Akademie der Künste, Berlin, Baukunstarchiv

Perspektivische Ansicht eines Bankgebäudes für Dresden Abb. S. 129

Hans Poelzig (1869–1936) 1921; Handzeichnung; Kohle auf Transparent, auf Karton; 91,0 x 86,0 cm Technische Universität Berlin, Universitätsbibliothek, Plansammlung

Planungen zur Erweiterung des Deutschen Hygiene-Museums in Zusammenhang mit dem Adolf-Hitler-Platz Dresden

Büro Wilhelm Kreis (1873–1955) Jeweils zwei Fotografien auf Papier aufgelegt; 30,0 x 21,0 cm a) Vorderansicht und Ansicht aus der Vogelperspektive b) Seitenansicht nach dem Park zu und Gesamtansicht der Erweiterung c) Entwurf und Lageplan; Feder in Schwarz, Braun und Lila auf Transparent; 55,5 x 56,0 cm Deutsches Hygiene-Museum, Dresden

Wettbewerb Innenstadt

Herbert Schneider (1903–1970) a) »Haus der Partei«; 1952; Maßstab 1:100; Bleistift auf Transparentpapier; 94,0 x 61,0 cm b) »Hochhaus«; 1952; Perspektive Schlossstraße; 64,0 x 47,5 cm c) »Hochhaus«; 1952; Perspektive Magistrale; 48,0 x 55,0 cm d) sign. Th; 20. Februar 1953; Hochhaus, Bleistift auf Transparentpapier; 89,0 x 82,0 cm Landesamt für Denkmalpflege

Sachsen, Dresden, Nachlass Herbert Schneider

Wettbewerb zum Wiederaufbau des Altmarkts im Jahr 1953

Industriebau Dresden (Hellmut Bräuer, Helmut Köckeritz, Herbert Terpitz, Hans Jährig) a) Entwurf 6: Turmgebäude; Abb. S. 124 Gouache; 79,0 x 67,5 cm b, c) Entwurf 6 und 7: jeweils Luftperspektive des Modells; Fotografie: Friedrich Weimer, Hellerau; 23,5 x 34,0 cm Landeshauptstadt Dresden, Stadtarchiv

Erweiterung und Umbau des Deutschen Hygiene-Museums, Zentralinstitut für medizinische Aufklärung

Entwurfsbüro für Hochbau, Dresden I 28. Juli 1955; Maßstab: 1:200; Lichtpause; 60,0 x 134,0 cm Deutsches Hygiene-Museum, Dresden

Fotografie des Modells zur Erweiterung des Deutschen Hygiene-Museums

Entwurfsbüro für Hochbau, Dresden I a) Modell in Richtung Dr. Külz-Ring; 1954; Fotografie auf Papier aufgelegt; Papier 21,0 x 30,0 cm b) Ansicht des Modells; 1954; Fotografie auf Papier aufgelegt; Papier 21,0 x 30,0 cm Deutsches Hygiene-Museum, Dresden

Zweites Modell »Kunsthalle Dresden« Abb. S. 127

Frank Stella (geb. 1936) 1992; Gips, Sintra, Holz, Aluminium; 30 x 132 x 88 cm Sammlung Hoffmann, Berlin

Frank Stella erläutert seinen Entwurf »Kunsthalle Dresden«

vor dem Kulturausschuss der Landeshauptstadt Dresden, 24. September 1992 1992; DVD 2006; 8 min.; Balance Film GmbH, Dresden

Entwurf für den Anbau »Tabakmoschee« von 1994 Abb. S. 130

Axel Schultes (geb. 1943) Charlotte Frank (geb. 1959) a) Modell; Extrodiertes Polystyrol; 24 x 42 x 26 cm b) Projektion: verschiedene Pläne und Modellansichten Axel Schultes Charlotte Frank Architekten, Berlin

2. Dionysisches Dresden

2. 1 Canaletto-Blick seit 250 Jahren

Der Canaletto-Blick in der künstlerischen Rezeption 2006; digitale Slideshow; technische Realisation: Varia Werbung a) Philipp Galle nach Heinrich van Cleef; Dresden vom Neustädter Ufer; um 1587 b) Bernardo Bellotto; Dresden vom rechten Elbufer unterhalb der Augustusbrücke; 1751/53 c) Unbekannter Künstler; Ansicht von Dresden; 18. Jh. d) Unbekannter Künstler; Blick auf Dresden und die Brücke; um 1800 e) Unbekannter Künstler; Dresden – Blick über die Elbe auf die Altstadt; um 1805 f) Gottlob Friedrich Thormeier; Blick auf Dresden von Nordwesten; um 1810 g) Johann Carl August Richter; Stadtansicht von Westen vom Neustädter Ufer aus (Dresden gegen Abend); um 1820

h) Cptn. Robert Batty & Robert Wallis; Dresden von der Neustadt gesehen; um 1828

i) Otto Wagner; Dresden – Fischhandel am Neustädter Ufer; um 1835

j) Johann Christian Clausen Dahl; Blick auf Dresden bei Vollmondschein; 1839

k) Wilhelm Bässler; Dresden Blick über die Elbe; 1849

l) Hugo Engler; Blick vom Neustädter Elbufer über die Augustusbrücke; vor 1907

m) Ernst Ludwig Kirchner; Dresden (Augustusbrücke, Hofkirche, Frauenkirche); um 1910

n) Fritz Bleyl; Dresden (Blick auf Frauenkirche und Hofkirche); 1912

o) Heinrich Freytag; Dresden aus dem Palaisgarten gesehen; 1915

p) Georg Jahn; Dresden – Segler auf der Elbe; 1926

q) Unbekannter Künstler; Dresden – Altstadt – Abendrot; o. J.

r) Arthur Henne; Dresden im Winter; 1928/29

s) Fritz Beckert; Dresden: Blick über die Elbe – auf die Altstadt; vor 1937

t) Walter Möbius; Blick von der Marienbrücke auf die Altstadt; 1934

u) Walter Möbius; Blick vom Neustädter Elbufer auf die Altstadt; 1928

v) Walter Hahn; Blick vom Neustädter Ufer unterhalb der Augustusbrücke auf die Altstadt; 1936

w) Walter Hahn; Blick vom Neustädter Ufer am Japanischen Palais zur Altstadt; 1936

x) Walter Hahn; Blick auf die Altstadt vom Neustädter Ufer unterhalb der Augustusbrücke; 1938

y) Walter Hahn; Dresden-Alt-

stadt vom Neustädter Ufer (Japanisches Palais) aus gesehen; 1938

z) Unbekannt; Dresden im Garten des Japanischen Palais aufgenommen; um 1840

a') Hanns Hopp; Dresden; 21. Juni 1945 (Skizze von der neuen Silhouette …; Blatt 7); 1945

b') Arno Jähne; Ansicht Dresden; 1953

a, c, l, s–y, b') Sächsische Landesbibliothek – Staats- und Universitätsbibliothek Dresden/Deutsche Fotothek

b) Galerie Alte Meister, Staatliche Kunstsammlungen Dresden

d–j, k, o–r, z) Städtische Galerie Dresden, Kunstsammlung

l) Galerie Neue Meister, Staatliche Kunstsammlungen Dresden

m) Wolfgang Wittrock Kunsthandel, Berlin

n) Städtische Museen Zwickau, Kunstsammlungen

a') Landesamt für Denkmalpflege Sachsen, Dresden, Plansammlung

2. 2 August der Starke – Die Zentralfigur

Das fast auf dem höchsten Gipffel der Vollkommenheit prangende Dreßden oder Beschreibung derer in dieser Stadt berühmten Gebäude und Merckwürdigkeiten, wie solche anno 1719. observiret worden, von ICCANDERN«
Johann Christian Crell (1690–1762) 1719; Leipzig, 16 x 20,5 cm
Sächsische Landesbibliothek – Staats- und Universitätsbibliothek Dresden

Zwei Inventionskronen
um 1660–1680; Sachsen;

Silber, punziert, im Sichtbereich vergoldet, grüne Farbreste, am Reifrand kleine Löcher zur Befestigung der Kronhaube
a) H 11,5 cm, Dm 13 cm; Gewicht 70 g
b) H 11,8 cm, Dm 20–21 cm; Gewicht 120 g
Rüstkammer, Staatliche Kunstsammlungen Dresden

Rosenkranz Augusts des Starken
1711; Karneolperlen, z. T. mit Goldfiligranarbeit, anhängend Kreuz und Reichsadler;
L 45,5 cm
Kestner-Museum, Hannover

Thronsessel Abb. S. 30
1719; Sachsen; Holz, lederbezogen, mit Lackmalereien verziert; 163,5 x 77,5 x 85 cm
Museum für Lackkunst, Münster

Krönungsmantel Augusts des Starken von 1697
freie Nachbildung von Heide Hilpert; 2000; Oberstoff Samt blau, Futterstoff Seide, Kragen Verbrämung Kanin; ca. 270 x 250 cm
Rüstkammer, Staatliche Kunstsammlungen Dresden

Fußturnierharnisch
Ende 17. Jh.; Augsburg; Eisen, blank, getrieben, Leder, Seidensamt ponceaurot, Gewicht 13,33 kg
Rüstkammer, Staatliche Kunstsammlungen Dresden

Büste König Augusts II.
Paul Heermann (1673–1732) nach 1728; neuer Gipsabguss nach der originalen Marmorbüste; H 76 cm
Skulpturensammlung, Staatliche Kunstsammlungen Dresden

Statuette Augusts des Starken
um 1713; Böttgersteinzeug; H 11 cm

Staatliche Museen zu Berlin, Kunstgewerbemuseum
»August der Starke – Sein Glanz, sein Erbe!« Abb. S. 31
Kurt Wanski (geb. 1922)
2001; Mischtechnik auf Papier; 42,0 x 59,0 cm
Privatsammlung, Dresden
»König August II. von Polen«
Louis de Silvestre (1675–1760) um 1723; Öl auf Leinwand; 77,5 x 63 cm
Städtische Galerie Dresden, Kunstsammlung
Monumentalvase; Kopie einer sog. Dragonervase
1983; Meißner Porzellan; Unikat; H 113 cm
Dieter Ottlik, Meißen
Urkunde vom zerbrochenen Hufeisen Augusts des Starken Abb. S. 32
16. Februar 1711; Dresden; Handschrift, 34,1 x 22,5 cm (Reproduktion)
Rüstkammer, Staatliche Kunstsammlungen Dresden
Drei Medaillen zur Herrschaft Augusts des Starken
a) Die Übernahme der Kurwürde in Sachsen; Philipp Heinrich Müller (1654–1719); 1694; Silber; Dm 4,3 cm; Gewicht 30,36 g
b) Der Kampf um den polnischen Thron; Christian Wermuth (1661–1739); 1704; Silber; Dm 7,29 cm; Gewicht 232,19 g
c) Die Stabilisierung der Herrschaft in Polen; Heinrich Paul Groskurt (1675–1751); um 1712–1714; Silber; Dm 8,07 cm; Gewicht 231,38 g
Münzkabinett, Staatliche Kunstsammlungen Dresden
Abbildung des Wiegebuches Augusts II. von der Festung Königstein mit Einträgen der Jahre 1712–1727

1932; Fotografie, 30,0 x 40,0 cm (Reproduktion)
Sächsische Landesbibliothek – Staats- und Universitätsbibliothek Dresden, Abt. Deutsche Fotothek
Zigarettendose »August der Starke«
um 1920; Dresden; Metall; 7,3 x 10,9 x 1,9 cm
Museen der Stadt Dresden, Stadtmuseum
Marionetten und Requisiten aus Ritschers Künstler-Marionettentheater für das Stück »Gräfin Cosel« Abb. S. 32
Künstler-Marionettentheater Ritscher
a) August der Starke
Kopf: Rudolf Schmotz (1884–1965), Dresden um 1950
Körper: Walter Ritscher (1905–1963), um 1935 (um 1955 verändert)
Kostüm: Martha Ritsche (1906–1986) um 1935 (um 1955 verändert)
Holz, geschnitzt, bemalt; Textilien, Echthaar, Leder; H 93 cm
b) Gräfin Cosel
Kopf: Alfred Maatz, Schlesien um 1938/39
Körper: Walter Ritscher (1905–1963), um 1935 (um 1955 verändert)
Kostüm: Martha Ritscher (1906–1986) um 1935 (um 1955 verändert)
Holz, geschnitzt, bemalt; Textilien, Echthaar, Leder, Messingblech, Glas; H 90 cm
c) Thron
1940/41 von französischen Kriegsgefangenen unter Anleitung von Walter Ritscher hergestellt; Holz, gesägt, gedrechselt, geschnitzt, vergoldet; Sitzfläche mit Samt bezogen; 65 x 37 x 44 cm

d) barocker Stuhl
1940/41 von französischen Kriegsgefangenen unter Anleitung von Walter Ritscher hergestellt; Holz, gesägt, gedrechselt, geschnitzt, vergoldet; Sitzfläche mit Kunstleder bezogen; 59 x 34 x 32 cm
a–d) Puppentheatersammlung, Staatliche Kunstsammlungen Dresden
»Reichsgräfin von Cosel. Die Verbannte auf der Festung Stolpen oder: Der galante König August der Starke. Historisches Schauspiel nach der Chronik in 6 Akten von Heinrich Apel; Vollendet am 29. Mai, 1937. in Weißbach b. Pulsnitz von Walter Ritscher, Theaterbesitzer«
handschriftliches Textbuch aus Ritschers Künstler-Marionettentheater
1937; Weißbach; 20,5 x 32,5 cm
Puppentheatersammlung, Staatliche Kunstsammlungen Dresden
Vier Theaterzettel für das Marionettentheaterstück »Reichsgräfin Cosel«
a) Theaterzettel von Heinrich Apel jun. (1895–1975); um 1926–1930; Dresden; Papier; Typensatz; 22,1 x 15,2 cm
b) Theaterzettel von Fritz Puder (1895–1951); 1931; Freital; Papier, Typensatz; 22,1 x 15,4 cm
c) Theaterzettel von Walter Ritscher (1905–1963); um 1937; Papier; Typensatz; 26,8 x 22,0 cm
d) Theaterzettel von Walter Ritscher (1905–1963); 1954; Papier, Typensatz; 29,7 x 21 cm
Marionettentheater Ritscher
a–d) Puppentheatersammlung, Staatliche Kunstsammlungen Dresden

Vier Bücher über die Gräfin Cosel

a) »Gräfin Cosel«; Józef Ignacy Kraszewski; 1964; Leipzig; Verlag Philipp Reclam jun.
b) »Gräfin Cosel«; Józef Ignacy Kraszewski; 1987; Rütten & Loening Berlin
c) »Gräfin Cosel auf Burg Stolpen«; Jens Gaitzsch; 2001; Edition Leipzig
d) »Gräfin Cosel«; Karl Hoyer/Hans Hendrik Wehding; um 1940; Karl Müller Berlin
a, c, d) Deutsches Hygiene-Museum, Dresden
b) Ronald Füssel, Marburg

Filmstation zur Gräfin Cosel
Sequenz aus dem Film »Zum letzten Mal – Marionettentheater Ritscher«
Renate Kaye
1984; DVD 2006; 5 min.;
Schnitt: Theo Thiesmeier, Berlin Hochschule für Film und Fernsehen Konrad Wolf, Potsdam

Drei Blätter aus dem »Atlas Augusteus Saxonicus«
Adam Friedrich Zürner (1679–1742) um 1730; Sachsen; Feder in Schwarz, Pinsel in Wasserfarben; 54,0 x 62,0 cm
a) Titelblatt
b) Zürnerscher Meilenwagen
c) Karte des Churfürstenthums Sachsen
Sächsisches Staatsarchiv – Hauptstaatsarchiv Dresden

Wagenwegmesser
18. Jh.; Frankreich; Metall, Holz; H 10 cm; Dm 7,7 cm
Mathematisch-Physikalischer Salon, Staatliche Kunstsammlungen Dresden

»Plan derer sämtlichen sächsischen Manufacturen«
um 1722; Handschrift auf Papier; 41,5 x 34,5 cm

Sächsisches Staatsarchiv – Hauptstaatsarchiv Dresden

Walzenkrug
1. Drittel 18. Jh.; marmoriertes Böttgersteinzeug; H 15 cm
Kunstgewerbemuseum, Staatliche Kunstsammlungen Dresden

Kopien in weißem Meißner Porzellan aus dem Jahr 1982
a) Bechervase; Gottlob Irminger (?); 1714–1719; H 18 cm
b) Deckelvase; 1714–1719; H 22 cm
c) Dose; Johann Jakob Irminger (1635–1724); um 1713; H 11 cm, Dm 15 cm
Porzellanmuseum der Staatlichen Porzellan-Manufaktur Meißen

Kopien in Böttgersteinzeug
a) Kännchen mit Deckel; um 1710/11; Herstellung um 1934; H 13,3 cm
b) Proserpina; Büste von Benjamin Thomae (1682–1751) nach Gian Lorenzo Bernini (1598–1680); 1710–1712; Herstellung 1982; H 29 cm, Dm 17,5 cm
Porzellanmuseum der Staatlichen Porzellan-Manufaktur Meißen

Kelchglas und Deckelpokal aus der Glashütte Dresden
1710–1715
a) Kelchglas; Farbloses Glas, Mattschnitt, Rubinfadeneinschluss; H 13,1 cm
b) Deckelpokal; Hellrosafarbenes (Kelch) und rauchfarbenes Glas (Deckel); H 41,2 cm
Kunstgewerbemuseum, Staatliche Kunstsammlungen Dresden

Ärmelrüschen aus Dresdner Spitze
um 1750; Sachsen; Musslin, Weißstickerei; Dm 41 cm
Kunstgewerbemuseum,

Staatliche Kunstsammlungen Dresden

»Nachricht, wie es mit der von denen getreuen Ständen des Churfürstenthums Sachsen auf des gesamten Landes Credit übernommenen Lotterie gehalten werden soll.«
15. Mai 1713; Leipzig; Buchdruck; 23,5 x 18,5 cm (Reproduktion)
Stadtarchiv Leipzig

Fünf Rubbellose »Rubbel August feiert Jubiläum«
2005; Dresdner Morgenpost; Offset; 21,0 x 20,2 cm
Ronald Füssel, Marburg

2. 3 August als Bauherr

Bebauungsplan Augusts des Starken für die Neue Königsstadt
1732; Zeichnung mit handschriftlichen Bemerkungen Augusts des Starken; 180,0 x 237,0 cm
Sächsisches Staatsarchiv – Hauptstaatsarchiv Dresden

Dresdner Stadtansichten von Bernardo Bellotto (1720–1780), gen. Canaletto
Fünf Radierungen
a) Dresden-Neustadt mit Japanischem Palais; 1747/48; 53,3 x 82,2 cm
b) Altmarkt mit Schloss und Frauenkirchenturm; 1752; 53,8 x 83,9 cm
c) Neumarkt mit altem Galeriegebäude; 1749; 54,5 x 84,0 cm
d) Die Hofkirche; 1748; 53,2 x 84,2 cm
e) Die Zwingergalerie; 1758; 55,3 x 83,6 cm
a–e) Kupferstich-Kabinett, Staatliche Kunstsammlungen Dresden

a) Städtische Galerie Dresden, Kunstsammlung

Zwei Ansichten der Dresdner Elbbrücke von Christian Friedrich Boethius (1706–1782)
Kupferstiche aus: Carl Christian Schramm, Historischer Schauplatz, in welchem die merkwürdigsten Brücken [...] beschrieben werden; 1735; Breitkopf Leipzig
a) »Prospect der in gantz Europa vortrefflichsten Königl. Elb-Brücken zwischen Neustadt und Dresden«; 33,6 x 206,0 cm
b) »Die Dresdner Elbbrücke von Südwesten mit dem Kreuz«; 33,7 x 51,7 cm
Sächsische Landesbibliothek – Staats- und Universitätsbibliothek Dresden

»Prospect der vom König Augusto erweiterten, erneuerten und herrlich gezierten Elb-Brücke zu Dresden«
Moritz Bodenehr (1665–1749)
1733; Kupferstich; 25,7 x 58,4 cm
Sächsische Landesbibliothek – Staats- und Universitätsbibliothek Dresden

»Prospect von dem königl. Lust-Schloss Pillnitz an der Elbe und umliegenden Gegend, wie sich solches gegen Mittag Presentiret«
Johann Alexander Thiele (1685–1752)
1726; Kupferstich; 49,7 x 65,0 cm
Städtische Galerie Dresden, Kunstsammlung

»Prospect des Königl. Pohln. und Churfürstl. Sächss. schönen Jagd und Lust Schlosses Moritzburg« Abb. S. 35
Johann August Corvinus (1683–1738)
1733; Kupferstich, koloriert; 52,0 x 83,7 cm

Sächsische Landesbibliothek – Staats- und Universitätsbibliothek Dresden

2. 4 Höfische Feste

»Kurprinzessin Maria Josepha« Abb. S. 36
Louis de Silvestre (1675–1760)
Nach 1719; Öl auf Leinwand; 142 x 114,5 cm
Gemäldegalerie Alte Meister, Staatliche Kunstsammlungen Dresden

»König August III. als Kurprinz« Abb. S. 36
Louis de Silvestre (1675–1760)
Öl auf Leinwand; 146 x 113 cm
Gemäldegalerie Alte Meister, Staatliche Kunstsammlungen Dresden

Chormantel, Teil eines Messgewandes, umgearbeitet aus einer der Hochzeitsroben Maria Josephas Abb. S. 37
Um 1720; Frankreich; Damast, Seide; 135 x 195 cm
Domschatzkammer St. Petri Bautzen

Damen- und Männerschuhe des 17. und 18. Jahrhunderts
a) ein Paar Damenschnallenschuhe; um 1710–1730; Seide türkisgrün, Gold- und Silberstickerei, Goldspitze, Goldborte, Leder; 15,5 x 7,3 x 21,5 cm
b) ein Paar Damenschuhe; Ende 17. bis Anfang 18. Jh.; Sämischleder gelbbraun, Seidenschleifen hellblau, Klöppelspitze Goldgespinst;
Schuh 1: 15 x 11,1 x 24,2 cm;
Schuh 2: 15 x 11,1 x 23,6 cm
c) ein Paar Männerschnallenschuhe; letztes Viertel 17. Jh.; Oberleder hellbraun, Absatzbezug Leder rot, Sohlenleder braun; 17,4 x 9,7 x 30,9 cm

d) ein Paar Männerschuhe; Ende 17. Jh.; Schaftleder weiß, Absatz Leder rot; Fußlänge 24 cm, Absatzhöhe 7,2 cm
Rüstkammer, Staatliche Kunstsammlungen Dresden

Heroldsstab mit Kurhut
1719; Lindenholz, geschnitzt, silbern gefasst; L 111 cm
Rüstkammer, Staatliche Kunstsammlungen Dresden

Beschreibungen der Festlichkeiten zur Hochzeit 1719 in zeitgenössischen Druckerzeugnissen
a) »Solenner Einzug Der Kays. Ertz-Hertzogin Maria Josepha / Als nunmehrigen Hohen Gemahlin des Durchl. Sächs. Chur-Printzens Hoheit, Friedrich Augusts, Geschehen In Dreßden Den 2. Sept. 1719«; 19 x 15,6 cm
b) »Vollständige Beschreibung, Derer Vermählungs-Ceremonien, und Abreise Der Durchlauchtigsten Ertz-Hertzogin, Hertzogin zu Sachsen, Frauen Maria Josepha, Mit Ihro Hoheit, Herrn Friederich August, Königlich-Pohlnisch- auch Sächsischen Chur-Printzen; So vom 19. biß 22. August. 1719 in Wien beschehen«, in: »Das Königliche Denckmahl, Welches Nach geschehener Vermählung Ihro Hoheit des Königlichen und Chur-Sächsischen Cron-Printzens Herrn Friedrich Augusti, Mit der Durchlauchtigsten Fr. Maria Josepha, Ertz-Hertzogin von Oesterreich, Bey Dero Hohen Ankunft in In der Königl. und Chur-Sächs. Residenz-Stadt Dreßden, Vom ersten biß letzten Sept. 1719 gestiftet worden«; 17,2 x 10,3 x 1,5 cm
c) »Ausführliche Beschreibung Des unvergleichlichen Feuer-

Wercks, So Ihro Hoheit dem Königl. und Chur-Printzen von Sachsen und Dero aus Wien angekommenen Durchl. Gemahlin / zu Ehren, In Gegenwart des ganzen Hofes und einer unzehligen Menge Zuschauer, Am 10. Septembr. Anno 1719 Zu Dreßden Glücklich, auch zu Allerseits höchsten Verwunderung und Vergnügen angezündet worden.«; 20 x 16,7 cm

d) »Saturni unterirdischer Auffstand und Bericht zu einem Bergmännischen Festin. Dreßden / druckts J. C. Stößel / Königl. Hof-Buchdr. 1719«; 19,7 x 16,5 cm

e) »Einleitung zum Saturnus-Feste. Dreßden / bey Joh Conr. Stößeln / Hof-Buchdr. 1719«; 19,2 x 16,5 cm

Sächsische Landesbibliothek – Staats- und Universitätsbibliothek Dresden

Handschrift »RELATION DES FESTES DE SAXE que le Roy de Pologne AUGUSTE II. de glorieuse memoire a donné à l'occasion du marriage du Pr: Roy: FREDERIC AUGUST son Fils unique à present Roy de Pologne AUGUSTE III. avec la Serenissime Archiduchesse MARIA IOSEPHA à present Reine de Pologne Fille de L'Empereur IOSEPH I. de glorieuse memoire sous le Nom de 7. Planetes à Dresde l'Année 1719«

Christian Philipp Lindemann (1700–1754) nach Anna Maria Werner (1688–1753)
Kupferstich; 40,5 x 56,0 cm

a) Tafel III »Kampff-Jagen, welches den 6. Sept: 1719 zu Alt-Dresden gehalten worden«

b) Tafel II »Ankunft und Empfän-

gnüs Ihro Königl: Hoheit der Princessin am Elb-Strom ohnweit Dresden den 2. Sept: 1719«

c) Tafel XXII »Das Ring-Rennen beym Dames Fest, so den 23. Sept: 1719 auf'm Großen Garten gehalten«

Staatsbibliothek zu Berlin – Preußischer Kulturbesitz, Handschriftenabteilung

Feuerwerk am Holländischen Palais Abb. S. 38

Johann August Corvinus (1683–1738) nach Matthäus Daniel Pöppelmann (1662–1737)
Vor 1728; Kupferstich; 62,5 x 85,5 cm

Kupferstich-Kabinett, Staatliche Kunstsammlungen Dresden

»Das Saturnusfest im Plauenschen Grund«

Johann Alexander Thiele (1685–1752)
Öl auf Leinwand; 60,0 x 82,5 cm

The Royal Castle in Warshaw

Jetons, die anlässlich der Feierlichkeiten geprägt wurden

Heinrich Paul Groskurt (1675–1751)
1719; Kupfer, Zinn, versilbert bzw. vergoldet (Kopien)

a) Auswurfjeton anlässlich des Saturnfestes; Dm 2,92 cm; Gewicht 10,89 g

b) Auswurfjeton anlässlich des Saturnfestes; Dm 2,5 cm; Gewicht 7,29 g

Münzkabinett, Staatliche Kunstsammlungen Dresden

Medaillen, die anlässlich der Feierlichkeiten geprägt wurden

Oluf Wif (gest. 1730)
1719; Kupfer, Zinn, versilbert bzw. vergoldet (Kopien)

a) Medaille auf das Apollfest; Dm 4,845 cm; Gewicht 48,09 g

b) Medaille auf das Marsfest; Dm 4,83 cm; Gewicht 43,62 g

c) Medaille auf das Jupiterfest; Dm 4,79 cm; Gewicht 51,03 g

d) Medaille auf das Dianafest; Dm 4,83 cm; Gewicht 50,83 g

e) Medaille auf das Merkurfest; Dm 4,83 cm; Gewicht 50,74 g

f) Medaille auf das Venusfest; Dm 4,86cm; Gewicht 48,5 g

g) Medaille auf das Saturnfest; Dm 4,8 cm; Gewicht 50,91 g

Münzkabinett, Staatliche Kunstsammlungen Dresden

Froschlampe, wie sie zur Illumination der Gebäude beim Saturnfest im Plauenschen Grund verwendet wurde

Frühes 19. Jh.; Eisen; H 10 cm
Städtische Sammlungen Freital

Partitur und Libretti der Oper »Teofane« Abb. S. 39

Antonio Lotti (1667–1740)
1719; Handschrift

a) Partitur; 25 x 30 cm

b) Libretto; 15 x 15 cm

c) handschriftliches Libretto; 15 x 15 cm

Sächsische Landesbibliothek – Staats- und Universitätsbibliothek Dresden

Aufführung der Oper »Teofane«

Lukas Unseld (geb. 1970)
2000; Stadttheater St. Gallen; Fotografie; 14,5 x 21,5 cm

a) Jörg Waschinski (Adelberto), Frauke Schäfer (Teofane)

b) Axel Köhler (Ottone), Sahira, Fiala und Betreuerin (Walter Zoo Gossau) Abb. S. 39

c) Axel Köhler (Ottone), Vitalij Kowaljow (Emireno)

Lukas Unseld, St. Gallen

Musikinstrumente des 18. Jahrhunderts

a) Violine; Matthias Klotz (1656–1743); 1713; Decke aus

Nadelholz, Boden und Zargen
aus Ahorn; 55 x 21 cm
b) Langtrompete; Johann
Wilhelm Haas (1649–1723);
um 1720; Messing; Länge
ca. 70 cm, Durchmesser Schall-
trichter ca. 11 cm
c) Oboe; Jean Jacques Rippert
(nachweisbar 1696–1716);
um 1700; wahrscheinlich
Kirschbaum, Elfenbeinringe;
ca. 60,0 x 7,0 cm
Museum für Musikinstrumente
der Universität Leipzig

**»Prunkpferd und Lanzenträger
für einen Turnierreiter«**
1719; Öl auf Leinwand;
113,5 x 139,9 cm
Rüstkammer, Staatliche Kunstsammlungen Dresden

Drei Ringelstechlanzen
Martin Schnell (erwähnt zwischen
1714 und 1727, gest. vor 1740)
1719
a) Holz, gefasst, Lackmalerei
golden auf blaugrünem Grund;
L 270 cm
b) Holz, gefasst, Lackmalerei
golden auf orangefarbenem
Grund, Stecheisen; L 269,5 cm,
Stecheisen 26,5 cm
c) Holz, gefasst, Lackmalerei
golden auf blaugrünem Grund,
Stecheisen; L 270,5 cm, Stecheisen 27,4 cm
Rüstkammer, Staatliche Kunstsammlungen Dresden

**Beschreibung eines Festes
im Jahr 1719**
»Ausführliche Beschreibung
Des unvergleichlichen Feuer-
Wercks, So Ihro Hoheit dem
Königl. und Chur-Printzen von
Sachsen und Dero aus Wien
angekommenen Durchl. Gemahlin / zu Ehren, In Gegenwart
des ganzen Hofes und einer
unzehligen Menge Zuschauer,

Am 10. Septembr. Anno 1719
Zu Dreßden Glücklich, auch zu
Allerseits höchsten Verwunde-
rung und Vergnügen angezündet
worden.«
CD 2006; 10 min.; Sprecher:
Rudolf von Waldenfels; Produk-
tion: Lutz Glandien, Berlin
Sächsische Landesbibliothek –
Staats- und Universitätsbibliothek
Dresden

**Ausschnitte aus Spielfilmen
zum barocken Dresden**
DVD 2006; 8 min.; Schnitt: Theo
Thiesmeier, Berlin
a) »Die blauen Schwerter«;
D 1949; Regie: Wolfgang Schleif
b) »Sachsens Glanz und Preu-
ßens Gloria«; DDR 1983–1987;
Regie: Hans-Joachim Kasprzik
c) »August der Starke – Sach-
sens Sonnenkönig« aus der
Serie »Gesichter, Geschichten,
Geheimnisse«; D 2002; Regie:
André Meier
d) »Gräfin Cosel – Aufstieg und
Fall einer Mätresse« aus der
Serie »Gesichter, Geschichten,
Geheimnisse«, D 2005; Regie:
Dirk Otto
a) Progress Film-Verleih GmbH,
Berlin
b) Deutsches Rundfunkarchiv
Potsdam
c, d) Ottonia Media GmbH

**2. 5 Sammlungen und
Rezeption**

**Eigenhändige Skizze für einen
idealen Museumsbau von
August dem Starken
(1670–1733) Abb. S. 40**
um 1717; Feder auf Papier;
ca. 31,0 x 20,0 cm (Reproduktion)
Sächsisches Staatsarchiv
Hauptstaatsarchiv, Dresden

**»Catalogue des tableaux de la
Galerie Electorale à Dresde«
mit einem Stich von Tolin nach
Giovanni Casanova**
Johann Anton Riedel (1732–
1816), Christian Friedrich Fren-
zel (1780–1864)
1765; Frontispiz, Kupferstich
8,2 x 10,4 cm; Buchdruck
21 x 15 x 3 cm
Sächsische Landesbibliothek –
Staats- und Universitätsbibliothek Dresden

**»Schloss. Grundriss der
Königlichen Gemälde-Galerie
zu Dresden«**
Emil Rau (1858–1937)
1835; Lithographie; Bild 12,5 x
15,3 cm; Blatt 21,5 x 18,0 cm
Städtische Galerie Dresden,
Kunstsammlung

**»Die Königliche Gemälde
Galerie zu Dresden in Photo-
graphien nach den Originalen«**
Fotografische Gesellschaft Berlin
1873; 6 Fotografien nach Gemälden der Galerie Alte Meister;
je 116,0 x 89,7 cm
Kupferstich-Kabinett, Staatliche
Kunstsammlungen Dresden

**Kunstpostkarten von
Gemälden aus der Galerie
Alte Meister im Dresdner
Zwinger**
o. J.; Ansichtskarte; Karton-
papier; 14,9 x 10,6 cm
a) Raffael »Die Sixtinische
Madonna«
b) Antonio Allegri gen. Correggio »Die Heilige Nacht«
c) Albrecht Dürer »Bildnis eines
jungen Mannes«
d) Peter Paul Rubens »Bathseba
am Springbrunnen«
e) Bernado di Betto Biagio
»Bildnis eines Knaben«
Stiftung Haus der Geschichte,
Bonn

Zeichnungen von Philipp Otto Runge (1777–1810) nach Gipsen in Dresden
a) »Kopf der Mediceischen Venus im Profil«; o. J.; schwarze Kreide; 48,1 x 37,4 cm
b) »Venus von Medici«; o. J.; schwarze und spurenweise weiße Kreide, montiert; 53,2 x 27,6 cm Abb. S. 40
Hamburger Kunsthalle

Zeichnungen von Johann Gott-fried Schadow (1764–1850) nach Skulpturen in Dresden
a) Torso eines jugendlichen Bacchus, in Vordersicht; um 1798; Feder in Braun, Bleistift auf Bütten; 22,7 x 14,5 cm
b) Torso einer Venus mit Dia-dem; um 1798; Feder in Braun, Bleistift auf Bütten; 22,6 x 14,5 cm
c) Torso eines jugendlichen Bacchus, Rückenansicht; um 1798; Feder in Braun, Bleistift auf Bütten; 22,5 x 14,6 cm
Akademie der Künste, Berlin, Kunstsammlung

Skulpturen-Photographie. Lehrtafel Nr. 70
Hermann Krone (1827–1916) 1867; Fotografien nach Skulptu-ren aus dem Gipsmuseum; Albuminabzüge; je 10 x 15 cm; Tafel: 94,0 x 67,0 cm
Technische Universität Dresden, Hermann Krone-Archiv

Prunkharnisch in der Dresdner Rüstkammer
Karl Friedrich Schinkel (1781–1841)
o. J.; Feder in Braun; 27,3 x 21,4 cm (Gesamtseite mit Text)
Zentralarchiv der Staatlichen Museen zu Berlin – Preußischer Kulturbesitz

Fotografien von Edmund Kesting (1889–1970) nach Werken in den Kunstsamm-
lungen Dresden
a) Krönungsfigurine Augusts II. von Polen; um 1937; Doppel-belichtung, Silbergelatineabzug; 38,9 x 28,9 cm
b) »Aus dem Hofstaat des Mogul im Grünen Gewölbe, Dresden«; 1941; Mehrfachbelichtung, Vintage Print; 37,7 x 28,7 cm
a) Museen der Stadt Dresden, Technische Sammlungen;
b) Galerie Döbele, Dresden

Filmausschnitte zur Ausstel-lung »Gemälde der Dresdner Galerie. Übergeben von der Regierung der UdSSR an die Deutsche Demokratische Republik«
in der Nationalgalerie in Berlin 1955; DVD 2006; 4 min.;
Schnitt: Theo Thiesmeier, Berlin
Deutsches Rundfunkarchiv, Potsdam

Fotografien der Ausstellung »Gemälde der Dresdner Galerie. Übergeben von der Regierung der UdSSR an die Deutsche Demokratische Republik«
1955; Berlin, ADN Pressebild (Reproduktionen)
a) Auspacken der Gemälde in der Nationalgalerie. Jan Vermeer van Delft »Bei der Kupplerin«; 13,0 x 18,0 cm
b) Entrollen der Großformate in der Querhalle der National-galerie. Auf der Rolle sichtbar: »Christi Himmelfahrt« von Sebastiano Ricci; Reproduktion aus der »Neuen Berliner Illu-strierten«; 13,0 x 18,0 cm
c) Herausheben der »Sixtini-schen Madonna« von Raffael aus der Transportkiste; 18,0 x 13,0 cm
Zentralarchiv der Staatlichen Museen zu Berlin – Preußischer Kulturbesitz

400 Jahre Dresdner Kunst-sammlungen
1960; Plakat auf Leinen; 84,1 x 59,4 cm
Akademie der Künste, Berlin, Kunstsammlung

Reflexionen von Ernst Hasse-brauk (1905–1974) von aus der Sowjetunion zurückge-kehrten Kunstwerken der Dresdner Kunstsammlungen
a) »Fünf Dragonervasen und zwei Fischkübel«; 1958; Feder, Tusche; 32,0 x 46,0 cm
b) »Mops (Frühzeit), Bologneser Hund (Kändler)«; 1959; Tinte, Aquarell; 34,0 x 49,5 cm
c) »Gruppe von Uhren nach dem Auspacken«; o. J.; Feder, Tinte; 44,4 x 32,1 cm
d) »Figuren von Heiligen und Tieren (Porzellan)«; o. J.; Graphit; 29,7 x 42,1 cm Abb. S. 44
e) Fußturnierharnisch; Farbkrei-den, Deckfarbe, Pinsel, Tusche; o. J.; 73,2 x 57,3 cm
f) Kopf einer Frau mit Kranz; Fettkreiden; o. J.; 35,2 x 26,9 cm
Kupferstich-Kabinett, Staatliche Kunstsammlungen Dresden

Die Heilige Nacht von Antonio Allegri, gen. Correggio (1489–1534), worked through by Kurt Schwitters Abb. S. 42
Kurt Schwitters (1867–1948) 1947; Collage; 52,9 x 33,8 cm
Privatsammlung

Künstlerfilm »Venus nach Giorgione«
Jürgen Böttcher (geb. 1931) 1981; D: Jürgen Böttcher; K: Thomas Pienert; Sch: Jürgen Böttcher; T: Stefan Edler; M/Geräusche: Jürgen Böttcher Produktion: Defa-Studio für Dokumentarfilme; 35 mm/ 1:1,37/Farbe; kein Dialog; 21 min.
Progress Filmverleih Berlin

»Gemäldegalerie Dresden I«
Abb. S. 41
Candida Höfer (geb. 1944)
2002; C-Print; 80,0 x 80,0 cm
Johnen Galerie, Berlin

2. 5. 1 Die Sixtinische Madonna

**Frühe Engeldarstellungen
der Sixtina**
August von der Embde
(1780–1862)
zwischen 1803 und 1808; Öl auf
Leinwand; je 45,5 x 58,8 cm
a) Großer Engel der Sixtina
b) Kleiner Engel der Sixtina
Verwaltung der Staatlichen
Schlösser und Gärten, Hessen
**»Porträt der Kurprinzessin
Auguste von Hessen-Kassel
(1780–1841), die »Sixtinische
Madonna« kopierend«**
Johann Friedrich Bury
(1763–1823)
1808/09; Öl auf Leinwand;
90,5 x 71,5 cm
Neue Galerie, Staatliche
Museen Kassel
**»Arbeits-Cabinet Sr. Maj. des
Königs Friedrich Wilhelm III.
von Preußen«**
Leopold Zielke (1790–1861),
Zeichner; Ludwig Schnell
(Stecher)
um 1850; Kupferstich; Platte 35 x
41,6 cm; Blatt 43,6 x 54,6 cm
Stiftung Preußische Schlösser
und Gärten Berlin-Brandenburg,
Graphische Sammlungen/Plan-
kammer
**Das Arbeitszimmer von
Wilhelm Grimm in Berlin mit
Kopie der Sixtinischen
Madonna**
Michael Hoffman (1797–1867)
1860; Zeichnung; Bild 36,0 x
46,0 cm; Blatt 46,0 x 62,0 cm
Nürnberg, Germanisches Natio-

nalmuseum
Non Angeli, sed Angli
Oscar G. Rejlander
(1817–1875)
1857; Albumin Abzug (Repro-
duktion); 20,0 x 16,0 cm
Royal Photograph Collection,
Royal Archives, Windsor Castle
**Zwei frühe Fotografien des
englischen Prinzen Arthur in
der Pose der Engel der Sixtina**
Ludovico Caldesi (1822–1884)
1857; Albumin Abzug (Repro-
duktion); je 15,1 x 17,7 cm
Royal Photograph Collection,
Royal Archives, Windsor Castle
**»Das Königliche Residenz-
Schloß zu Dresden. Bibliothek
seiner Majestät des Königs«**
Emil Römmler (1842–1941)
1896; Prunkmappe mit Licht-
drucken; Mappe 72,8 x 52,5 cm
Bauhaus-Universität Weimar,
Universitätsbibliothek
**Motive der Sixtina auf Miniatu-
ren aus Meißner Porzellan**
Meißner Miniaturisten
a) Engelskopf; um 1815; Unter-
tasse; Aufglasurtechnik auf
Tasse in Form von um 1747;
Dm 13 cm, H 3 cm
b) Kopf der heiligen Barbara; um
1865; Aufglasurtechnik auf ova-
lem Bronzeplättchen; 3,5 x 2 cm
c) Engelskopf; um 1865;
Aufglasurtechnik auf Pfeifenkopf
in Form von Mitte des 18. Jh.,
H 10 cm; signiert als Modell
d) Die Sixtinische Madonna, nach
Raffael; um 1890; Aufglasurtechnik auf Platte aus Meißner
Porzellan um 1890; 29 x 21 cm
e) Zwei Engel; um 1890; Aufglasurtechnik auf Platte; in Holz-
rahmen; 20 x 29,5 cm
Porzellanmuseum der Staatlichen Porzellan-Manufaktur
Meißen

**Die Sixtinische Madonna auf
Neuruppiner Bilderbögen**
Gustav Kühn (1794–1868)
schablonenkolorierte Lithogra-
phien
a) Die Himmelfahrt Mariä, nach
Raffael, Die Sixtinische
Madonna; um 1830–1835, Bilderbogen Nr. 11; 42,0 x 34,0 cm
b) Das heilige Abendmahl,
nach Leonardo da Vinci,
um 1845/1850; Bilderbogen
Nr. 1829; 34,0 x 41,7 cm
c) Maria mit den Früchten,
nach Raffael, Die Sixtinische
Madonna; Bilderbogen,
Nr. 4268; 42,0 x 34,0 cm
a–b) Staatliche Museen zu Berlin – Preußischer Kulturbesitz,
Museum Europäischer Kulturen
c) Bilderbogen-Dokumentations-
zentrum, Neuruppin
**»I wait«. Von der Sixtina ange-
regte Fotografie Abb. S. 43**
Julia Margaret Cameron
(1815–1879)
1872; Albumin Silber Abzug
(Reproduktion); 21,6 x 26,7 cm
The Wilson Centre for Photo-
graphy, London
»Sixtina« Abb. S. 43
Dieter Goltzsche (geb. 1934)
1969; Eitempera auf Reproduk-
tion; ca. 30 x 25 cm
Privatbesitz
»Sixtina«
Claus Weidensdorfer (geb. 1931)
1983; Kreidelithographie, 22/50;
64,0 x 50,0 cm; aus der Mappe
»Raphael 1484–1984«,
hrsg.: VEB Otto-Grotewohl
Böhlen und VBK-DDR, Bezirks-
verband Leipzig 1984 (WVZ 469)
Claus Weidensdorfer, Dresden
Sixtina-Devotionalien
a) Oblaten-Bogen mit der
Madonna und dem Engel der
Sixtina; um 1980; 24 x 16,6 cm

b) Stollentalerverpackung mit
der Sixtinischen Madonna;
27 x 11 x 2,5 cm
c) Kugelspiel Sixtinische
Madonna; Dm 5,6 cm
d) Schneekugel Sixtinische
Madonna; 5 x 7 x 5,3 cm
Gemäldegalerie Alte Meister,
Staatliche Kunstsammlungen
Dresden
**Briefmarkensammlung zur
Sixtinischen Madonna**
24 Briefmarken unterschied-
licher Länder und Größen
Dipl.-Ing. Peter Kny, Dresden
**Platten-Cover »Die Sixtinische
Madonna« der Deutschrock-
gruppe Elektra (Bernd Aust,
Rainer Uebel, Gisbert Koreng,
Wolfgang Riedel, Manuel von
Senden, Peter Ludewig)**
1980; LP-Cover, Amiga
855802; 31,5 x 31,5 cm
Ronald Füssel, Marburg
**Hörstation »Die Sixtinische
Madonna«**
Elektra (Bernd Aust, Rainer Uebel,
Gisbert Koreng; Wolfgang Rie-
del, Manuel von Senden, Peter
Ludewig), 1980; CD

3. Musenort

3. 1 Die Entdeckung der Landschaft

**Blick von den Lößnitzhöhen
auf Dresden**
Johann Alexander Thiele
(1685–1752)
1751; Öl auf Leinwand;
103 x 156 cm
Gemäldegalerie Alte Meister,
Staatliche Kunstsammlungen
Dresden
Pass für Caspar David Friedrich
Graf Camillo Marcolini
(1739–1814)

1799; Sächsisches Staatsarchiv –
Hauptstaatsarchiv Dresden
**Hörstation »Die schöne
Müllerin«**
Gedichtzyklus von Wilhelm
Müller (1794–1827), vertont von
Franz Schubert (1797–1828),
op. 25 D 795
interpretiert von Peter Schreier,
am Klavier begleitet von Walter
Olbertz
1974, CD, Brilliant Classics
**Neun Briefe über Landschafts-
malerei, geschrieben in den
Jahren 1815–1824**
Carl Gustav Carus (1789–1869)
Leipzig, Fleischer 1831
Sächsische Landesbibliothek –
Staats- und Universitätsbiblio-
thek Dresden
Die Elbe bei Blasewitz
Anton Graff (1736–1813)
o. J.; Öl auf Leinwand; 56 x 70 cm
Städtische Galerie Dresden,
Kunstsammlung
**Basteibrücke in der Sächsi-
schen Schweiz Abb. S. 54**
Anton Schiffer (1811–1876)
1849; Öl auf Holz; 57 x 75 cm
Neue Galerie am Landes-
museum Joanneum, Graz
**Lehrtafeln mit frühen
Landschaftsfotografien aus
Sachsen**
Hermann Krone (1827–1916)
94,0 x 67,0 cm
a) Tafel Nr. 6: Die ersten Land-
schafts-Photographien in Sach-
sen. 1853
b) Tafel Nr. 8: Älteste Land-
schafts-Cabinets in Sachsen.
Nasses Collodium. 1856–1858
c) Tafel Nr. 9: Die ersten Land-
schafts-Photographien für Cabi-
nettformat in Sachsen. Nasses
Collodium. 1858
Technische Universität Dresden,
Hermann Krone-Archiv

»Blick auf Dresden«
Johann Anton Castell (1810–1867)
1862; Öl auf Papier auf Lein-
wand; 31,2 x 46 cm
Staatliche Kunstsammlungen
Chemnitz
**»Dresden, C. D. Friedrich.
Frauenkirche«**
Felix Droese (geb. 1950)
1992; Collage, Ölfarbe, Foto-
grafien; 101,7 x 150,0 cm
Kupferstich-Kabinett, Staatliche
Kunstsammlungen Dresden
**Elblandschaft Dresden,
18. Oktober 1984**
Gerda Lepke (geb. 1939)
Öl auf Leinwand; 115 x 130 cm
Gerda Lepke, Gera

3. 2 Musik

3. 2. 1 Carl Maria von Weber

**Taktstock von Carl Maria von
Weber**
Geschenk von Mitgliedern der
Königlichen Musikalischen
Capelle an Weber anlässlich
der Erstaufführung der Oper
»Euryanthe« im Hoftheater am
31. März 1824
Elfenbein graviert, in den Tiefen
geschwärzt; mit den Anfangs-
takten der »Euryanthe« (»Ich Bau
auf Gott und meine Euryanthe«)
graviert; L 21 cm; Dm 1,3 cm
Rüstkammer, Staatliche Kunst-
sammlungen Dresden
**Spielbrett »Freischützspiel«
Abb. S. 62**
Johann Andreas Endter (Verleger)
um 1825; Einblattdruck; Kupfer-
stich und Radierung, aquarelliert,
handkoloriert;
Platte 31,0 x 36,5 cm;
Blatt 35,9 x 43,0 cm
Germanisches Nationalmuseum
Nürnberg, Graphische Sammlung

»Der Freischütz. Böhmische
Volkssage in vier Abtheilungen«
Casperl-Theater (i. e. Marionetten-
bühne)
8. Februar 1831; Breslau;
Theaterzettel von G. C. Eberle;
Papier, Typensatz, Holzschnitt;
37,5 x 23 cm
Puppentheatersammlung, Staatliche Kunstsammlungen Dresden
»Der Freischütz. Romanti-
sches Schauspiel in vier Akten
von Ernst Siewert«, Schreibers
Kinder-Theater, Heft 10,
Esslingen
1905 (erste Auflage 1881);
Papier, Karton, Buchdruck,
metallgeheftet; anhängender
Figurenbogen: Chromolithogra-
phie; 21 cm x 16,5 cm; Figuren-
bogen: 35,5 x 43 cm
Puppentheatersammlung,
Staatliche Kunstsammlungen
Dresden
Wolfsschlucht. Hintergrund zu
einem Zimmertheater
um 1850; Collage aus verschie-
denen Bilderbögen, Lithographie
auf Papier, handkoloriert, auf
Karton montiert; Mond und Eule
sind aus dem Karton herausge-
schnitten und mit transparentem
Papier hinterklebt;
H 40 cm, B 34,3 cm (Motiv: 32 x
34,4 cm)
Puppentheatersammlung,
Staatliche Kunstsammlungen
Dresden
Max und Kaspar. Plastische
Figuren aus dem Zimmer-
theater der Familie Oehme,
Zittau
um 1850; Holz, geschnitzt, be-
malt; Masse, modelliert, bemalt;
Feder, Leder; 11,5 und 13 cm
Puppentheatersammlung,
Staatliche Kunstsammlungen
Dresden

Plakat »Der Freischütz«
der Staatsoper Dresden zur
Einweihung der Semperoper
Abb. S. 62
Ekkehard Walter (geb. 1939)
1984; Offset; 118,9 x 84,1 cm
Ekkehard Walter, Dresden
»Zum Besten des Weber-
Denkmals in Dresden. Weber-
feier zur 301. Aufführung der
Oper ›Der Freischütz‹ auf den
Königl. Bühnen«
Handzettel; ca. 40,0 x 25,0 cm
Staatsbibliothek Berlin

3. 2. 2 Richard Wagner

Bericht über die Uraufführung
von Richard Wagners »Rienzi«
Dresden 20. Oktober 1842
in der Leipziger »Illustrirten
Zeitung« vom 12. August 1843
mit Abb.
Richard-Wagner-Museum mit
Nationalarchiv der Richard-
Wagner-Stiftung, Bayreuth
Joseph Tichatschek
(1807–1886) als »Rienzi«
Hanns Hanfstaengl
(1820–1885)
Carte de visite-Fotografie
a) 10,0 x 5,5 cm
b) 9,0 x 6,0 cm
Richard-Wagner-Museum mit
Nationalarchiv der Richard-
Wagner-Stiftung, Bayreuth
Wagner als Weckrufer
(Originaltitel: Der Waagner)
Richard Guhr (1873–1956)
1949; Öl auf Holz; 120 x 100 cm
Stiftung »Museum Fritzlar«
Taktstock von Richard Wagner
Elfenbein mit Goldknauf;
ca. 25 cm lang
Richard-Wagner-Museum mit
Nationalarchiv der Richard-
Wagner-Stiftung, Bayreuth

3. 2. 3 Richard Strauss

Figurinen für »Der Rosen-
kavalier« Abb. S. 63
Alfred Roller (1864–1935)
1910; Farblithographien;
48,0 x 32,0 cm
Aus: Der Rosenkavalier. Skizzen
für die Kostüme und Dekoratio-
nen von Alfred Roller; Verlag
A. Fürstner; Berlin, Paris
Österreichisches Theater-
museum, Wien
Bühnenbildentwürfe für
»Der Rosenkavalier«
Alfred Roller (1864–1935)
1910; Farblithographien;
48,0 x 64,0 cm
Aus: Der Rosenkavalier. Skizzen
für die Kostüme und Dekoratio-
nen von Alfred Roller; Verlag
A. Fürstner; Berlin, Paris
Österreichisches Theater-
museum, Wien
Kostüm des Oktavian aus
»Der Rosenkavalier« von 1955
Robert Kautsky nach Alfred Roller
dreiteilig, Justeaucorps in creme,
Satin, Rosenapplikationen,
Strassknöpfe, Weste, Kniehose
Österreichisches Theater-
museum, Wien
Nachbau des Bühnenmodells
für die Uraufführung von »Der
Rosenkavalier« im Königlichen
Opernhaus Dresden am
26. Januar 1911
»Das Schlafzimmer der Feld-
marschallin«, 1. Akt
Friedrich Despalmes nach Alfred
Roller
1990; Gouache, Tusche, Karton,
Holz und Stoff; 45 x 60 x 45 cm
Österreichisches Theater-
museum, Wien
»Generalmusikdirektor Ernst
Edler von Schuch, sein Leib-
tier Richard Strauss reitend«.

Gedenkblatt zur Uraufführung
»Der Rosenkavalier« am
26. Januar 1911 in Dresden
Georg Erler (1871–1940)
1911; Deckfarben;
46,3 x 35,2 cm
Städtische Galerie Dresden,
Kunstsammlung
**Eva von der Osten als »Octa-
vian« und Margarethe Siems
als »Feldmarschallin Fürstin
Werdenberg« im 1. Akt von
»Der Rosenkavalier«
anlässlich der Uraufführung
in Dresden**
Atelier Martin Herzfeld, Dresden
1911; Fotografie; 11,8 x 16,4 cm
Österreichisches Theatermuseum, Wien
**Fotografien von Hugo Erfurth
(1874–1948) anlässlich der
Uraufführung von »Der Rosenkavalier«**
1911; Dresden (spätere Papier-
abzüge)
a) Minnie Nast (1874–1956) als
»Sophie«; 29,6 x 39,8 cm
b) Minnie Nast (1874–1956) als
»Sophie«; 29,9 x 39,7 cm
c) Robert Büssel (1880–1953)
mit Glas als »Faninal«,
29,9 x 39,7 cm
d) Margarethe Siems
(1879–1952) als »Marschallin«;
29,8 x 39,9 cm
e–f) Margarethe Siems
(1879–1952) als »Marschallin«;
29,9 x 39,7 cm;
Museen der Stadt Dresden,
Technische Sammlungen

**3.3 Ur- und Erstaufführungen
Dresdner Theater**

**Uraufführung »Mörder Hoff-
nung der Frauen. Hiob. Der
brennende Dornbusch« von
Oskar Kokoschka (1886–1980)**

am 3. Juni 1917 im Dresdner
Alberttheater
a) Theaterzettel; 23,5 x 37,5 cm
b) Ernst Deutsch (1890–1969)
und Käthe Richter in »Der brennende Dornbusch« von Oskar
Kokoschka; Hugo Erfurth
(1874–1948); 1917; Fotografie
auf Karton mit Widmungen;
Fotografie 22,0 x 16,4 cm;
Karton 31,1 x 24,4 cm Abb.
S. 59
c) Widmungsblatt »Meinen zwei
geliebten Freunden Bertha Emil
zum Zeichen der Zusammenge-
hörigkeit innigst Oskar, Albert-
theater, 3. Juni 1917 am Tag der
Uraufführung; Autograph
(Reproduktion); 14 x 19 cm
a) Österreichisches Theatermuseum, Wien
b) Literaturarchiv, Marbach
c) Staatsschauspiel Dresden,
Archiv
**Szenen aus »Mörder, Hoff-
nung der Frauen. Hiob. Der
brennende Dornbusch« von
Oskar Kokoschka**
Ursula Richter (1886–1946)
1926; Fotografien
a) Album
b) Szenenfotografie im Original-
passepartout; 40 x 29,8 cm
Österreichisches Theater-
museum, Wien
**Erstaufführung »Hinkemann.
Eine Tragödie in drei Akten«
von Ernst Toller (1893–1939)
am 17. Januar 1924 im Dresdner Schauspielhaus**
a) Album mit Szenenfotografien;
Ursula Richter (1886–1946);
30,0 x 47,0 cm (aufgeklappt)
b) Szenenfoto mit der Widmung
»Zu Alexander Wierths Gedächtnis«; Ursula Richter
(1886–1946); 1924;
22,0 x 16,2 cm

c) Szenenfotografie 2. Akt,
3. Szene mit handschriftlichen
Widmungen: Zur Erinnerung an
die »Hinkemann«-Aufführung
17. Januar 1924; Ursula Richter
(1886–1946); 15,5 x 21,5 cm
d) Textbuch »Hinkemann. Eine
Tragödie in drei Akten« von Ernst
Toller; 1924; Verlag Gustav Kie-
penheuer, Potsdam
a–b) Österreichisches Theatermuseum, Wien c–d) Staats-
schauspiel Dresden, Archiv
**Deutsche Erstaufführung »Die
heilige Johanna« von George
Bernard Shaw (1856–1950)
am 13. Oktober 1924**
a) Programmheft
b) zwei Szenenfotografien mit
Marion Regler; Ursula Richter
(1886–1946); 1924;
je 16,0 x 22,0 cm
Staatsschauspiel Dresden,
Archiv
**Zwei handgeschriebene
mit Vorstellungen von
Oper und Schauspiel der
1920er Jahre**
Tusche auf Papier;
je 16,5 x 41,0 cm
Staatsschauspiel Dresden,
Archiv
**Theaterzettel von Urauf-
führungen in Dresden von
1911–1926**
je 38 x 21,5 cm
a) »Der Rosenkavalier« von
Richard Strauss; 26. Januar
1911
b) »Und Pippa tanzt« von Ger-
hart Hauptmann, 26. November
1922 (Theaterzettel vom
9.12.1922)
c) »Hinkemann« von Ernst Toller;
17. Januar 1924
d) »Die heilige Johanna« von
George Bernard Shaw,
13. Oktober 1924

e) »Lucifer« von Eduard von
Stucken, 29. Januar 1925
f) »Doktor Faust« von Ferruccio
Busoni, 21. Mai 1925
g) »Jugend« von Max Halbe,
8. Oktober 1925 (zum ersten
Mal anlässlich des 60. Geburts-
tags des Dichters am 4. Oktober
1925)
h) »Der Protagonist« von Georg
Kaiser und Kurt Weill, 27. März
1926
i) »Cardillac« von Paul Hindemith
am 9. November 1926
a, d–i) Österreichisches Theatermuseum, Wien;
b–c) Staatsschauspiel Dresden,
Archiv

**Theaterplakate von Urauffüh-
rungen des Dresdner Staatsschauspiels von 1968–1987**
a) »Prexaspes« von Peter Hacks;
1968; Ekkehard Walter
(geb. 1939); 80,0 x 58,0 cm
b) »Warten auf Godot« von
Samuel Beckett (DDR Erstaufführung 1987); Rolf Kuhrt
(geb. 1936); 79,5 x 58,0 cm
c) »Die Ritter der Tafelrunde.
Eine Komödie« von Christoph
Hein; 1989; Hans Ludwig Böhme
(geb. 1945) und Klaus Mand
(geb. 1945); 57,2 x 81,0 cm
d) »Die Nibelungen« von Friedrich Hebbel; 1984; Hans Ludwig Böhme (geb. 1945); Christoph Ebertz; 40,5 x 57,5 cm
d) »Die Übergangsgesellschaft«
von Volker Braun; 1988; Hans
Ludwig Böhme (geb. 1945) und
Klaus Mand (geb. 1945);
40,5 x 57,5 cm
a) Ekkehard Walter, Dresden;
b–d) Staatsschauspiel Dresden,
Archiv

3. 4 Literatur

»Der goldene Topf«
E.T.A. Hoffmann (1776–1822)
Erzählung aus »Fantasiestücke in
Callots Manier: Blätter aus dem
Tagebuch eines reisenden
Enthusiasten«; Band 3, S. 1–275
1814; Bamberg;
18,8 x 20,0 x 3,0 cm
Deutsche Bücherei Leipzig
**Beschauliches und Erbau-
liches. Ein Familienbilderbuch
von Ludwig Richter«
(1803–1884)**
1851; Dresden; 35,2 x 27,4 cm
a) »Der alte Thurmhahn«
b) »Tischlein deck dich«
c) »Vom Dresdner Christmarkte«
d) »Ehre sei Gott in der Höhe«
Hamburger Kunsthalle
**Medienstation »Beschauliches
und Erbauliches. Ein Familienbilderbuch von Ludwig Richter« (1803–1884)**
DVD 2006; 4:30 min.; Schnitt:
Theo Thiesmeier, Berlin
Deutsches Rundfunkarchiv,
Potsdam
**Zwei Druckstöcke von Ludwig
Richter (1803–1884)**
o. J.; Hirnholzstock mit Aufzeich-
nung
a) »Mädchen am Zaun«;
12,6 x 10,5 x 2 cm
b) »Zwei Kinder am Fenster«;
8,3 x 7,8 x 1,8 cm
Städtische Galerie Dresden,
Kunstsammlung
**Originalentwürfe zu den Titel-
zeichnungen der Bücher von
Karl May (1842–1912)**
Sascha Schneider (1870–1927)
Tusche, Tinte, Kreide, Goldbronze
a) »Schluchten des Balkan«;
1904; 66,0 x 37,8 cm
b) »Der Schut«; 65,0 x 40,0 cm
c) »Old Surehand«; Abb. S. 64
65,4 x 38,5 cm

d) »Im Lande des Mahdi I«;
66,3 x 40,9 cm
e) »Im Lande des Mahdi II«;
65,0 x 40,7 cm
f) »Im Lande des Mahdi III«;
65,7 x 40,0 cm
Karl-May-Museum, Radebeul
**Werke von Karl May
(1842–1912) mit von Sascha
Schneider (1870–1927) gestalteten Buchcovern**
o. J.; Freiburg im Breisgau,
Verlag von Friedrich Ernst Feh-
senfeld
Ganzleinen mit lithographiertem
Deckelbild und goldgeprägtem
Rücken; 17,6 x 12,0 x 3,5
a) »Winnetou I«; 61.–65. Tsd.
b) »Winnetou II«; 51.–55. Tsd.
c) »Winnetou III«; 41.–45. Tsd.
d) »Winnetou IV«; 1.–10. Tsd.
Karl-May-Museum, Radebeul

3. 5 Freundschaft

Adrian Zingg
Anton Graff (1736–1813)
um 1780; Öl auf Leinwand;
77,5 x 62,2 cm
Städtische Galerie Dresden,
Kunstsammlung
**»Minnelieder aus dem
schwäbischen Zeitalter«**
hrsg. von Ludwig Tieck
(1773–1853) mit Abbildungen
von Philipp Otto Runge
(1777–1810)
1918; 2. Auflage, Hamburger
Presse, Hamburg
Privatbesitz
**Brief an Franz Liszt, in dem
Richard Wagner um Unter-
stützung seiner Pläne für
ein Dresdner Weber-Denkmal
bittet**
5. August 1845; Autograph;
Doppelbogen; je 28,5 x 23,5 cm
Richard-Wagner-Museum mit

Nationalarchiv der Richard-Wagner-Stiftung, Bayreuth

Tannhäuser Partitur, Robert Schumann (1810–1856) gewidmet
Richard Wagner (1813–1883)
1845; Steindruck; 35,5 x 57 cm (aufgeklappt)
Richard-Wagner-Museum mit Nationalarchiv der Richard-Wagner-Stiftung, Bayreuth

Entwurf eines Taktstocks für Richard Wagner
Gottfried Semper (1803–1879)
o. J., Tusche, aquarelliert;
38,0 x 27,0 cm
Richard-Wagner-Museum mit Nationalarchiv der Richard-Wagner-Stiftung, Bayreuth

Hörstation »Jugenderinnerungen eines alten Mannes«
Wilhelm von Kügelgen (1802–1867)
1870; gelesen von Gert Westphal, Kapitel 5: Von kleinen Größen, 10 min.; Deutsche Grammophon

Die Künstlerfreunde Karl May (1842–1912), Sascha Schneider (1870–1927), Selmar Werner (1864–1953) und Wilhelm Kreis (1873–1955)
um 1903; Fotografie;
13,0 x 18,0 cm (Reproduktion)
Karl-May-Museum, Radebeul

Porträtstele von Wilhelm Kreis
Selmar Werner (1864–1953)
um 1908; Dresden; Marmor;
H 173 cm
Deutsches Hygiene-Museum, Dresden

Plakate der Künstlergruppe »Die Brücke«
a) Fritz Bleyl (1880–1966);
1906; Lithographie in Gelborange; 69,2 x 22,5 cm
b) Max Pechstein (1881–1955);
1906; Lithographie in Blau-

schwarz auf rosa Papier;
68,0 x 52,5 cm
c) Max Pechstein (1881–1955);
1906; Lithographie in Blauschwarz auf rosa Papier;
66,0 x 50,3 cm
d) Max Pechstein (1881–1955);
1909; Holzschnitt in Dunkelgrün auf gelbem Papier;
83,8 x 60,0 cm Abb. S. 57
e) Ernst Ludwig Kirchner (1880–1938); 1910; Farbholzschnitt in Schwarz, Rot, Gelb;
82,5 x 59,8 cm
a–b) Kupferstich-Kabinett, Staatliche Kunstsammlungen Dresden
c) Kunstsammlungen Chemnitz
d–e) Staatsgalerie Stuttgart, Graphische Sammlung

Brief von Oskar Kokoschka (1886–1980) an die Puppenmacherin Hermine Moos Abb. S. 58
20. August 1918; Autograph mit Zeichnungen; 22,5 x 28,7 cm
Privatbesitz, München

Vier Fotografien von Hermine Moos' Fetischpuppe (nach Alma Mahler) für Oskar Kokoschka
a) Hermine Moos und Skelett;
o. J.; 13 x 18 cm (Reproduktion)
b–d) Die Puppe, 1919;
13,0 x 18,0 cm (Reproduktionen)
a) Zentralbibliothek Zürich, Nachlass Oskar Kokoschka
b–d) Sammlungen der Universität für angewandte Kunst Wien

Alma Mahler-Fetischpuppe
Kerstin Cmelka (geb. 1974)
2005; verschiedene Materialien;
190 x 60 x 40 cm
Kerstin Cmelka, Berlin

Karton zum Wandbild »Der Neubau des Deutschen Hygiene-Museums« Abb. S. 60
Otto Dix (1891–1969)
1930; Kohle, Bleistift und farbige

Kreiden; dreiteilig
Seitenteile je 220,0 x 123,0 cm,
Mittelteil 220,0 x 246,0 cm
Hamburger Kunsthalle

»Ohne Titel (Freundesgruppe)«
A.R. Penck (Ralf Winkler, geb. 1939)
1964/65; Öl auf Hartfaserplatte;
170 x 275 cm
Sammlung Ludwig, Köln

»Pilot-Projekt«
Lücke-TPT (Harald Gallasch, geb. 1949, Walter Opitz, geb. 1944, A.R. Penck (Ralf Winkler, geb. 1939), Terk (Steffen Kuhnert, geb. 1950)), 1971; Öl auf Pappe; 58 x 77 cm
Privatsammlung Bonn

»Maßstäbe«
Lücke-TPT (Harald Gallasch, geb. 1949, Walter Opitz, geb. 1944, A.R. Penck (Ralf Winkler, geb. 1939), Terk (Steffen Kuhnert, geb. 1950)), 1975; Acryl auf Textil, Materialcollage; 160 x 150 cm
Privatsammlung

3. 6 Gesamtkunstwerk Hellerau

3. 6. 1 Rhythmische Bildungsanstalt Jaques-Dalcroze

Plakat für die Festspiele in Hellerau 1913 Abb. S. 65
Lucian Bernhard (1883–1972)
1913; Hollerbaum & Schmidt, Berlin; Farblithographie;
71,0 x 45,5 cm
Kunstmuseen Krefeld

Reklametafel für die Rhythmische Bildungsanstalt von Emile Jaques-Dalcroze
Alexander von Salzmann (1870–1935)
1910; Poeschel & Trepte, Leipzig; Buchdruck; 35,0 x 21,0 cm
Kunstmuseen Krefeld

Bühnenbildentwurf aus der Folge »Espace rythmique« (»Rhythmischer Raum«) Abb. S. 65
»Escalier« (»Treppe«);
Adolphe Appia (1862–1928) 1909–1910; Bleimine, Zeichenkohle, gewischt und weiße Kreide auf beigefarbenem Papier; 69,2 x 102,3 cm Schweizerische Theatersammlung, Bern

Unterricht in der Bildungsanstalt Jaques-Dalcroze in Dresden-Hellerau
a) »Im Laubengang an den Schülerwohnhäusern«
b) »Rhythmische Gymnastik im Luftbad«
c–d) »Übungen aus der Schwedischen Gymnastik« 1914; Breitkopf & Härtel, Leipzig; Fotografien aus »Berichte der Dalcroze-Schule«, Heft 4/5 (Reproduktionen)

»Gesamt-Stundenplan« der Bildungsanstalt Jaques-Dalcroze
1911; Separatdruck; 31,9 x 49 cm
Landeshauptstadt Dresden, Stadtarchiv

Das Festspielhaus Hellerau
Fotografie; 13,0 x 18,0 cm (Reproduktion)
a) »Festspielhaus, Festspiele in Hellerau 1913«
b) »Festspielhaus, Vorhalle, Zugänge zu den Rhythmussälen«, 1913
c) »Festspielhaus, Rhythmussaal mit Stufenbühne und Oberlicht«, 1913
d) »Zuschauerraum im Schul-Festbau«, um 1912
e) »Gymnastische Gesamt-Übung«, um 1913; Abb. S. 65
f) »Gymnastik-Übung der Kinder«, um 1912
g) »Festspielhaus«, 1991

Landesamt für Denkmalpflege Sachsen, Dresden, Bildsammlung

Publikationen der Bildungsanstalt Jaques-Dalcroze
a) »Der Rhythmus. Ein Jahrbuch, I. Band«; Jena, Eugen Diederichs 1911
b) »Die Schulfeste der Bildungsanstalt Jaques-Dalcroze« (= »Der Rhythmus. Ein Jahrbuch. II. Band, 1. Hälfte«); Jena, Eugen Diederichs 1912
c) »Der Rhythmus. Ein Jahrbuch, II. Band, 2. Hälfte«; Hellerau bei Dresden, Hellerauer Verlag, 1913
a–c) Sächsische Landesbibliothek – Staats- und Universitätsbibliothek Dresden
b) Landeshauptstadt Dresden, Stadtarchiv

Plakat »Dalcroze. Experiment, Improvisation, Austausch«
2000; Offset; 63,0 x 29,5 cm
Privatbesitz

Filmausschnitte zur Rhythmik
DVD 2006; 14 min.; Schnitt: Theo Thiesmeier, Berlin
a) »Die Schule von Hellerau«. Sequenz aus der englischen Fassung des Films »Wege zu Kraft und Schönheit. Ein Film über moderne Körperkultur in sechs Teilen«; 1925; Regie: Wilhelm Prager, Manuskript und wissenschaftliche Bearbeitung: Nicholas Kaufmann; Kultur-Abteilung der Universum-Film AG Berlin
b) »Die Känguruhs«, »Das Aquarium«. Sequenzen aus »Karneval der Tiere«, aufgeführt beim Schulfest der 84. Grundschule Dresden-Hellerau e.V.; 2003; Choreographie: Christine Straumer
c) »Sarabande – Bouree I und II« aus der Englischen Suite Nr. 1

von Johann Sebastian Bach, aufgeführt bei der Abschlussveranstaltung der »4. Sächsischen und Internationalen Rhythmikwerkstatt 2003«; Choreographie: Susanne Jahresand
a) Friedrich-Wilhelm-Murnau-Stiftung, Wiesbaden; mit freundlicher Genehmigung der Transit Film GmbH München
b, c) Institut Rhythmik Hellerau e. V.

3. 6. 2 Gartenstadt

Literatur zur Gartenstadtbewegung
a) »Gartenstädte in Sicht«; Ebenezer Howard; 1907; Eugen Diederichs, Jena
b) »Die Gartenstadt Hellerau«; Wolf Dohrn; 1908; Eugen Diederichs, Jena
Landesamt für Denkmalpflege Sachsen, Dresden, Bibliothek

Die Gartenstadt Hellerau bei Dresden
a) »Lage- und Bebauungsplan der Flur Rähnitz bei Dresden mit Angaben zu den Besitzverhältnissen der Gartenstadt«; zwischen 1916 und 1923; Maßstab 1:2000; 73 x 102 cm; Blei- und Farbstift, Feder in Schwarz, farbig laviert auf Lichtpause auf Leinen
b) »Skizze zur Aufteilung der Bauzone 1912/13 in einzelne Baureviere zur Vergabe an die einzelnen Architekten«; 1912/13; 54 x 60 cm
c) Aufteilung des Baulandes auf die Architekten; 31,6 x 29 cm
d) »Statut der Baugenossenschaft Hellerau. Eingetragene Genossenschaft mit beschränkter Haftung« vom 10. September 1908; Werkstätten für Buch-

und Steindruck Rudolf Klein-
hempel, Dresden; 22 x 14,5 cm
e) »Bauvorschriften zu dem
Bebauungs-Plane für das Plan-
gebiet der Gartenstadt Hellerau
bei Dresden« vom 10. Oktober
1910; Werkstätten für Buch-
und Steindruck Rudolf Klein-
hempel, Dresden; 21,8 x 14,6 cm
a–c) Landesamt für Denkmalpflege Sachsen, Dresden, Plansammlung
d, e) Landeshauptstadt Dresden,
Stadtarchiv

**Fotografien der Gartenstadt
Hellerau**
Fotografie; 13 x 18 cm (Reproduktion)
a) Dresden-Hellerau, Ansicht
von Südwest, Luftbild Schräg-
aufnahme; 1933
b) Hellerau und Klotzsche von
Südwest, Luftbild Schrägauf-
nahme; 1933
c) Grüner Zipfel von Süd nach
Nord, Westseite, ganz links der
Talkenberg, oben rechts Klotzsche
d) Am Grünen Zipfel, Kopf-
gruppe; Architekt Richard Riemerschmid (1868–1957);
1. Hälfte 20. Jh.
e) Gesamtansicht Nordseite,
Markthäuser; Architekt Richard
Riemerschmid (1868–1957);1.
Hälfte 20. Jh.
f) Am Gräbchen, Doppelhaus
M3, Architekt Hermann Muthe-
sius (1861–1927); 1. Hälfte 20.Jh.
g) Kleinhäuser Am Schänken-
berg; Architekt Heinrich Tessenow (1876–1950); 13 x 18 cm
h) Am Sonnenhang; 1. Hälfte
20. Jh.
a, b, g) Sächsische Landesbibliothek – Staats- und Universitätsbibliothek Dresden,
Deutsche Fotothek

c, e) Landesamt für Denkmalpflege Sachsen, Dresden, Bildsammlung
d, f, h) Landeshauptstadt Dresden,
Stadtplanungsamt, Bildstelle

3. 6. 3 Deutsche Werkstätten

**Gebäude der Deutschen
Werkstätten**
1911; Fotografie; 13,0 x 18,0 cm
(Reproduktion)
Landesamt für Denkmalpflege
Sachsen, Dresden, Bildsamm-
lung

**»Dresdner Hausgerät.
Preisbuch 1906«**
Dresdner Werkstätten für Hand-
werkskunst
Buchdruck; 30,9 x 23,5 x 9 cm
Sächsische Landesbibliothek –
Staats- und Universitätsbiblio-
thek Dresden
Landeshauptstadt Dresden,
Stadtarchiv

**Beschlaggarnitur und vier
Schlüssel**
Richard Riemerschmid
(1868–1957)
um 1907; München; Ausführung:
Deutsche Werkstätten Hellerau,
um 1910; Messing, gegossen
a) Türklinken; jeweils 14 x 11 x
2 cm und 7 x 12 x 2 cm
b) Schlösser; jeweils 7,5 x 2,5 x
0,7 cm und 7,7 x 3 x 1 cm
c) Schlüssel; um 1902;
L 7–7,5 cm, B 2–4 cm
a, b) Thomas Kübler, Dresden
c) Deutsche Werkstätten
Hellerau GmbH

**Modellmöbel des Schlaf-
zimmers 81: Kleider- und
Wäscheschrank, Waschtisch,
Bett, Ankleidespiegel,
Nachtschrank, Stuhl**
Alexander von Salzmann
(1870–1935)

1912; München; Ausführung:
Deutsche Werkstätten Hellerau;
1913
Holz, weiß lackiert; Kleider- und
Wäscheschrank: 27,2 x 21,4 x
8,7 cm; Waschtisch: 16,2 x
17,9 x 8,7 cm; Bett: 17,7 x 30,2 x
15,3 cm; Ankleidespiegel: 28,5 x
18,1 x 5,2 cm; Nachtschrank:
11,1 x 6 x 5,4 cm; Stuhl: 13,5 x
6,5 x 7 cm
Kunstgewerbemuseum, Staatliche Kunstsammlungen Dresden

**Modellmöbel eines Zimmers,
Typensatz 602: großer
geschlossener Schrank, Sideboard mit zwei Glasschiebetüren, Schreibtisch, Liege**
Franz Ehrlich (1907–1984)
1950er und 1960er Jahre; Ausführung: VEB Deutsche Werkstätten
großer geschlossener Schrank:
17,4 x 10,6 x 5,9 cm; Sideboard
mit zwei Glasschiebetüren:
8,5 x 15,9 x 4,5 cm; Schreibtisch: 7,6 x 15,9 x 6,1 cm;
Liege: 5,5 x 19 x 8,8 cm
Deutsche Werkstätten Hellerau
GmbH

**Kissen aus den Deutschen
Werkstätten Hellerau**
um 1910
a) Charlotte Krause
(1879–1968); Ausführung in
Leinen, Wolle, Plattstich;
47 x 52 cm
b) Alexander von Salzmann
(1870–1935); Ausführung in
Leinen, Baumwolle, Plattstich;
Dm 34 cm
Kunstgewerbemuseum, Staatliche Kunstsammlungen Dresden

Spielzeug »Rittergut«
Karl Gruber (1885–1966)
ab 1908; Ausführung: Dresdener Werkstätten für Handwerkskunst, Abteilung Spielsachen

Zschopau; Holz, gedrechselt, gesägt, farbig gefasst; Grundplatte aus Pappe mit aufgemaltem Plan; Luffa; Zinn; H 11 cm (Hauptgebäude), Grundplatte: 68 x 48 cm
Museum für Sächsische Volkskunst, Staatliche Kunstsammlungen Dresden

Beispiele für Innenausbau durch die Deutschen Werkstätten Hellerau
Powerpoint 2006
a) Sächsischer Landtag; Fotografie Bernadette Grimmenstein, Hamburg
b) Synagoge Dresden; Fotografie Bernadette Grimmenstein, Hamburg
c) Erich-Kästner-Museum Dresden; Fotografie Lothar Sprenger, Dresden
d) Depot im Kupferstich-Kabinett Dresden; Fotografie Herbert Boswank, Dresden
e) Theater Bremen; Fotografie Jörg Landsberg, Bremen
f) Tresen in der Akademie der Künste Berlin; Fotografie Deutsche Werkstätten Hellerau
g) Konferenzraum in der Akademie der Künste Berlin; Fotografie Deutsche Werkstätten Hellerau
h) Internationales Congress Center Dresden; Fotografie Bernadette Grimmenstein, Hamburg
i) Hauptstadtrepräsentanz der Bertelsmann AG, Berlin; Fotografie Rainer Mader, Schleiden
k) Shop des Sächsischen Staatsweingutes Schloss Wackerbarth, Radebeul; Fotografie Bernadette Grimmenstein, Hamburg
l) Restaurant Schloss Neuweier, Baden-Baden; Fotografie Bernadette Grimmenstein, Hamburg
m) Bibliothek Schloss Neuweier, Baden-Baden; Fotografie Bernadette Grimmenstein, Hamburg
Mit freundlicher Genehmigung der Deutschen Werkstätten Hellerau GmbH

3. 7 Moderner Tanz

3. 7. 1 Mary Wigman

Diplom der Bildungsanstalt Jaques-Dalcroze für Mary Wiegmann
1912; 35 x 26 cm (Reproduktion)
Deutsches Tanzarchiv Köln

Drei Fotografien von Mary Wigman in »Hexentanz I« von 1914
a, b) Anonym; 15,2 x 9,9 cm; 16,0 x 9,0 cm
c) Hugo Erfurth (1874–1948); 20,9 x 16,0 cm (Reproduktion)
Akademie der Künste, Berlin, Archiv Darstellende Kunst, Mary-Wigman-Archiv

Ankündigungszettel »Labanschule. Erster Abend ritueller Vortragskunst«
7. Dezember 1917; Druck; 14,5 x 22,4 cm
Akademie der Künste, Berlin, Archiv Darstellende Kunst, Mary-Wigman-Archiv

Fünf Fotografien von Mary Wigman in »Ekstatische Tänze«
a–c) »Götzendienst«; Hugo Erfurth (1874–1948); 1919; jeweils 13,6 x 8,5 cm; 13,4 x 8,7 cm
d) »Opfer«; Graphische Kunstanstalt Liepsch & Reichardt; 1918/19; 14,3 x 9,8 cm
e) »Tempeltanz«; 1917; 15,3 x 9,6 cm (Reproduktion)
Akademie der Künste, Berlin, Archiv Darstellende Kunst, Mary-Wigman-Archiv

Plakat »Mary Wigman«
Laurent Friedrich Keller (1885–1968)
1919; Lithographie; 128 x 90,5 cm
Akademie der Künste, Berlin, Kunstsammlung

Tanzmaske von Mary Wigman, vermutlich für »Zeremonielle Gestalt«
Viktor Magito (1897–1926)
Um 1925; Holz, lackiert; 20,7 x 12,2 x 7 cm
Skulpturensammlung, Staatliche Kunstsammlungen Dresden

Mary Wigman in »Zeremonielle Gestalt«
Charlotte Rudolph (1896–1983)
1925; Fotografie; 24,0 x 18,0 cm
Akademie der Künste, Berlin, Archiv Darstellende Kunst, Mary-Wigman-Archiv

Acht Fotografien von Mary Wigman in »Hexentanz II« Abb. S. 66
Charlotte Rudolph (1896–1983)
1926; jeweils 17,7 x 23,7 cm; 17 x 22,9 cm; 17,7 cm x 23,5 cm; 17,2 cm x 21,8 cm; 22,9 cm x 16,5 cm; 23 x 17,0 cm; 21,9 x 15,1 cm; 17,2 x 22,7 cm
Akademie der Künste, Berlin, Archiv Darstellende Kunst, Mary-Wigman-Archiv

Die Wigman Schule Dresden
a) Prospekt der Wigman Schule Dresden; 1927; Druck; 29,0 x 44,2 cm
b) »Wigman Schule Dresden: Mary Wigman mit Schülerinnen und Schülern«; Atelier Robertson; Fotografie; 17,4 x 23,3 cm
c) Klangrhythmisches Orchester der Wigman Schule Dresden; um 1925; Fotografie; 13,0 x 17,9 cm Abb. S. 67
Akademie der Künste, Berlin, Archiv Darstellende Kunst, Mary-Wigman-Archiv

»Die Tänzerin Mary Wigman«
Edmund Kesting (1892–1970)
um 1934; Fotografie;
39,0 x 28,7 cm
Museen der Stadt Dresden,
Technische Sammlungen

**Filmausschnitte mit Tänzen
von Mary Wigman**
DVD 2006; 5:30 min.; Schnitt:
Theo Thiesmeier, Berlin
a) »Letzte Szene aus dem Tanz-
drama ›Exodus‹«. Sequenz aus
der englischen Fassung des
Films »Wege zu Kraft und
Schönheit. Ein Film über
moderne Körperkultur in sechs
Teilen«; 1925; Regie: Wilhelm
Prager, Manuskript und wissenschaftliche Bearbeitung: Nicholas Kaufmann; Kultur-Abteilung
der Universum-Film AG Berlin
b) »Abschied und Dank«; 1942
a) Friedrich-Wilhelm-Murnau-
Stiftung, Wiesbaden; mit freundlicher Genehmigung der Transit
Film GmbH München
b) Bundesarchiv – Filmarchiv,
Berlin; mit freundlicher Genehmigung der Transit Film GmbH
München

3. 7. 2 Gret Palucca

**Programm des ersten Auftritts
der Wigman-Schüler mit
eigenen Tänzen**
4. Juli 1922; Druck; 23,1 x 15,5 cm
Akademie der Künste, Berlin,
Archiv Darstellende Kunst,
Mary-Wigman-Archiv

**Improvisation der Tanzgruppe
Mary Wigman mit Palucca im
Freien**
1920er Jahre; Fotografie;
9,8 x 14,8 cm
Akademie der Künste, Berlin,
Archiv Darstellende Kunst,
Gret-Palucca-Archiv

**Programmzettel »Eigene
Tänze Palucca«**
1. Februar 1924; Druck;
22,3 x 14,4 cm
Akademie der Künste, Berlin,
Archiv Darstellende Kunst,
Gret-Palucca-Archiv

»Palucca Sprung«
Charlotte Rudolph (1896–1983)
Um 1923; Fotografie (Post-
karte); 13,5 x 8,5 cm
Akademie der Künste, Berlin,
Archiv Darstellende Kunst, Gret-
Palucca-Archiv

**Werbematerialien zu Auftritten
von Gret Palucca**
a) Werbezettel für ein Tanzgast-
spiel von Palucca am 15. März
1927; Druck; 11,9 x 15,0 cm
b) Werbebroschüre »Tanz
Palucca. Bilder, Besprechungen
und Auszüge aus Kritiken von
Solo- und Gruppen-Tanzauffüh-
rungen«; 1926/27; Druck;
28,5 x 22,5 cm
c) Plakat »Palucca tanzt in List
auf Sylt«; 1950; Buchdruck;
61,0 x 43,0 cm
c) Plakat »Tanz Palucca«; 1930;
Buchdruck; 92,0 x 59,0 cm
e) Plakat »Palucca tanzt mit ihrer
Gruppe«; Lithographie;
89,0 x 59,0 cm
Akademie der Künste, Berlin,
Archiv Darstellende Kunst,
Gret-Palucca-Archiv

**Kostüm für die Rekonstruktion
des Tanzes »Serenata«**
1999; Satin
Palucca Schule Dresden –
Hochschule für Tanz

»Palucca«
Edmund Kesting (1892–1970)
Vermutlich 1947; Fotografie;
22,8 x 19,4 cm
Akademie der Künste, Berlin,
Archiv Darstellende Kunst,
Gret-Palucca-Archiv

Palucca beim Unterricht
Fotografien
a) Charlotte Rudolph
(1896–1983); 1935;
17,5 x 23,5 cm
b) Erich Höhne (1912–1999);
1980; 30,2 x 39,9 cm
a) Akademie der Künste, Berlin,
Archiv Darstellende Kunst,
Gret-Palucca-Archiv
b) Museen der Stadt Dresden,
Technische Sammlungen

**Drei Handtrommeln aus
dem Unterricht »Neuer
künstlerischer Tanz« an der
Palucca Schule Dresden**
Um 1950; Holz, Tierhaut,
Metallring, Nägel oder Stifte,
Spannschrauben;
H jeweils 6 cm; Dm jeweils
27 cm, 36 cm, 43 cm
Palucca Schule Dresden –
Hochschule für Tanz

**Studienpläne der Palucca
Schule Dresden**
a) Schulprospekt; vor 1930;
Druck; 28,5 x 22,5 cm
b) Studienplan, in: Palucca
Schule Dresden. Erfahrungen,
Ergebnisse, Standpunkte und
Bedingungen zu Fragen der
Tänzerausbildung, zusammen-
gefasst in einem Studienführer,
vermutlich 1987; Buchdruck;
20 x 21,5 cm
a) Akademie der Künste, Berlin,
Archiv Darstellende Kunst,
Gret-Palucca-Archiv
b) Privatbesitz

**Prospekte für den Internatio-
nalen Sommerkurs der
Palucca Schule Dresden**
a) »Internationaler Sommerkurs
1966 der Palucca Schule
Dresden«; 15 x 25 cm
b) »Internationaler Sommerkurs
1978 der Palucca Schule Dresden«; 21 x 10,5 cm

c) »Internationaler Sommerkurs 1984 der Palucca Schule Dresden«; 21 x 10,5 cm

d) »Internationaler Sommerkurs 1995«; 21 x 10,5 cm

e) »52. Internationaler Sommerkurs des Tanzes«; 2001; 21 x 10,5 cm

Palucca Schule Dresden – Hochschule für Tanz

Filmausschnitte zu Gret Palucca und der Palucca Schule Dresden

DVD 2006; 17:11 min.; Schnitt: Theo Thiesmeier, Berlin

a) »Serenata. Ein Film von der Kunst des Tanzes«; 1933; Regie: Johannes Eckardt

b) Unterricht bei Palucca; Sequenzen aus den Filmen »Bei Palucca. Aus der Arbeit einer Tanzwerkstatt«; 1957; DEFA Studio für Wochenschau und Dokumentarfilm; »Gret Palucca zum 75. Geburtstag«; 1972; DEFA-Studio für Kurzfilme

c) Sequenzen aus »Hommage à Palucca«; 2002

a) Bundesarchiv – Filmarchiv, Berlin

b) Bundesarchiv – Filmarchiv, Berlin; Deutsches Rundfunkarchiv Potsdam

c) Palucca Schule Dresden – Hochschule für Tanz

3. 7. 3 William Forsythe

CD-ROM »William Forsythe: Improvisation Technologies. A Tool for the Analytical Dance Eye«

2003; Herausgeber: Zentrum für Kunst und Medientechnologie Karlsruhe; Deutsches Tanzarchiv Köln / SK Stiftung Kultur

Verlag: Hatje Cantz

4. Apokalypse

4. 1 Kollektive Erinnerung

Personifikation der »Ernsten Musik« vom Mozart-Brunnen auf der Bürgerwiese in Dresden

Hermann Hosaeus (1875–1958) 1907; Plastik; Bronze, ursprünglich vergoldet; 250 x 100 x 80 cm

Landeshauptstadt Dresden, Amt für Kultur und Denkmalschutz

Reaktionen der NS-Presse »Der Freiheitskampf« auf den 13. Februar 1945 Abb. S. 87

»Trotz Terror: Wir bleiben hart«; Titelseite vom 16. Februar 1945; Dresden (Reproduktion)

Militärhistorisches Museum der Bundeswehr, Dresden

Fotobildbände zum zerstörten Dresden

a) »Bilddokument Dresden. 1933–1945«; Kurt Schaarschuch (1905–1955); 1946; Sächsische Volkszeitung Dresden

b) »Dresden – eine Kamera klagt an«; Richard Peter sen. (1895–1977); 1950; Dresdner Verlagsgesellschaft

Deutsches Hygiene-Museum, Dresden

Plakat »Jedem Deutschen dieses Buch« Abb. S. 88

1950; Ratsdruckerei Dresden; Offset; 84,0 x 59,0 cm

Museen der Stadt Dresden, Stadtmuseum

Aufmarsch der Dresdner KPD über die Augustusbrücke am 28. Juli 1945 Abb. S. 87

Kurt Schaarschuch (1905–1955) 1945; Dresden; Fotografie; 30,0 x 40,0 cm (Reproduktion)

Museen der Stadt Dresden, Stadtmuseum

Broschüren zum Neuen Dresden

a) »1946. Das erste Jahr des grossen Dresdner Aufbauplanes. Referat des 1. Bürgermeisters W. Weidauer«; 1946; Rat der Stadt Dresden

b) Broschüre »Dresdens Kinder fragen«; 1950; Rat der Stadt Dresden

c) Broschüre »Dresden. Unsterbliche Stadt«; 1952; Deutsches Friedenskomitee Berlin

a) Deutsches Hygiene-Museum, Dresden

b) Landeshauptstadt Dresden, Stadtarchiv

c) Privatbesitz

Plakat »Dresden ruft – Nie wieder Ami-Bomben auf unsere Städte« Abb. S. 88

Wilhelm Schubert (1889–1962) 1952; Sachsenverlag Dresden; 84,1 x 59,5 cm

Stiftung Haus der Geschichte, Bonn

Der Dresdner Zwinger mit Propagandaplakat

um 1951; Dresden, Fotografie; 18,0 x 24,0 cm

Bildarchiv Foto Marburg

Aufruf »Heraus zur Kampfkundgebung«

Initiativkomitee für den 13. Februar1955; Dresden; 20 x 30 cm (Reproduktion)

Museen der Stadt Dresden, Stadtmuseum

»Volkskampf gegen die Pariser Todespakte. Kundgebung der 250.000« Abb. S. 89

Titelseite der Sächsischen Zeitung vom 14. Februar 1955; Dresden (Reproduktion)

Landeshauptstadt Dresden, Stadtarchiv

Broschüre »Dresden mahnt
Europa«
Max Seydewitz (1892–1987)
1955; Deutscher Friedensrat
Dresden
Deutsches Hygiene-Museum,
Dresden
**»Dresden kämpft gegen
die Ratifizierung der Pariser
Verträge«**
Pergamentmappe mit Verpflich-
tungserklärungen Dresdner
Bürger
1955; Nationale Front des
Demokratischen Deutschland,
Kreisausschuss Dresden-Stadt;
Mappe: 32,5 x 27,0 x 5,5 cm
a) Verpflichtung der Gesellschaft
für Unterricht und Erziehung;
30 x 21 cm
b) VEB Bau-Union, Baustelle
Altmarkt-Ost, »Kampf-
programm«; 30 x 21 cm
c) Verpflichtung der Bewohner
des Westblocks Altmarkt;
30 x 21 cm
Deutsches Historisches
Museum, Berlin
**»Dresdens Vernichtung von
Dresden aus gelenkt«**
Max Seydewitz (1892–1987)
Artikel in der Sächsischen
Zeitung vom 19. Januar 1955
(Reproduktion)
Landeshauptstadt Dresden,
Stadtarchiv
Plakat »Memento Dresden«
Jürgen Schieferdecker (geb.
1937)
1983; Dresden; Siebdruck;
70,0 x 58,0 cm
Deutsches Hygiene-Museum,
Dresden
**Gedenken am 38. Jahrestag
der Zerstörung Dresdens im
Jahr 1983**
1983; Dresden; Fotografie
a) Kundgebung auf dem Neu-

markt am 13. Februar; Rainer
Siegert; 40,0 x 30,0 cm (Reproduktion)
b) Kerzen vor der beleuchteten
Ruine der Frauenkirche am
13. Februar; Matthias Neutzner
(geb. 1960); 24,0 x 18,0 cm
Abb. S. 89
a) Sächsische Landesbibliothek
– Staats- und Universitätsbibliothek Dresden, Abt. Deutsche
Fotothek
b) Matthias Neutzner, Dresden
**Weiße Rose des Dresdner
Oberbürgermeisters – Symbol
des Stillen Gedenkens zum
60. Jahrestag der Zerstörung
Dresdens am 13. Februar 2005
Abb. S. 90**
2005; Dresden; Gewebe,
Kunststoff, Draht;
7,5 x 5,0 x 5,5 cm
Ingolf Roßberg, Dresden
**Dokumente zum 60. Jahrestag
der Zerstörung Dresdens am
13. Februar 2005**
a) »13. Februar. 60. Jahrestag
der Zerstörung Dresdens«; Programmheft zu den Feierlichkeiten
im Gedenken an die Bombardierung Dresdens; 2005; Amt für
Presse und Öffentlichkeit der
Stadt Dresden
b) Flugblatt »10.000 Kerzen für
Dresden. Ein Bild geht um die
Welt. Wir rufen zum stillen
Gedenken am 13. Februar
2005«; Aufruf von Dresdner
Bürgern; 2005; Dresden;
Farbausdruck; 21,0 x 15,0 cm
c) Flugblatt »60 Jahre Bomben-
angriff auf Dresden – was genau
hat Dresden eigentlich aus der
Geschichte gelernt?«; Sozialistische Alternative; 2005; Dresden; Computerausdruck;
21,0 x 15,0 cm
d) Flugblatt »1000 Schritte für

Dresden – Ein Trauermarsch«;
JLO-Sachsen/Niederschlesien;
2005; Dresden; Farbausdruck;
Vorder- und Rückseite jeweils
29,5 x 21 cm
a, b, d) Deutsches Hygiene-
Museum, Dresden
c) Ronald Füssel, Marburg
**Zwei journalistische Positio-
nen zum 60. Jahrestag des
13. Februar**
a) »Literatur und Lüge. The great
Dresden swindle.« Artikel von
Gunnar Schubert in der Zeitschrift Konkret, Nr. 2, 2005
b) »Das Dresdner Bild«; Artikel
von Heidrun Hannusch in den
Dresdner Neuesten Nachrichten
vom 14. Februar 2005
Deutsches Hygiene-Museum,
Dresden

4. 2 Der 13. Februar 1945

**Filmdokumente über die
Zerstörung Dresdens am
13. und 14. Februar 1945**
1920er Jahre – 1946; 35-mm-
Film; DVD 2006; 6:45 min.;
Schnitt: Theo Thiesmeier, Berlin
Bundesarchiv – Filmarchiv, Berlin
Deutsches Rundfunkarchiv,
Potsdam
Progress Filmverleih, Berlin
Flugblatt »Bei Fliegeralarm«
Sächsische Staatstheater – Oper
vor 1945; Dresden; 20 x 14 cm
Loschwitzer Antiquariat Claus
Kunze, Dresden
**Fotodokumente zum Luft-
angriff auf Dresden am
13. Februar 1945**
a) Luftaufnahme der Royal Air
Force mit eingezeichnetem
Zielsektor für den Angriff auf
Dresden; November 1943;
20,0 x 25,0 cm Abb. S. 84
b) Arthur Harris, der Chef des

britischen Bomber Command,
bei der Auswertung von Luftauf-
nahmen; 1944;
30,0 x 40,0 cm (Reproduktion)
c) Leuchtbomben über Dresden
von Possendorf aus gesehen;
13. Februar 1945; Possendorf;
50,0 x 40,0 cm (Reproduktion)
Abb. S. 84
d) Ein Verband von B-17 »Flying
Fortress« der 8. US-Luftflotte
beim Bombenabwurf im Raum
Dresden 1945; 30,0 x 40,0 cm
(Reproduktion)
a) Sächsische Landesbibliothek –
Staats- und Universitätsbibliothek Dresden, Abt. Deutsche
Fotothek
b) SV-Bilderdienst, München
c) Gemeindeverwaltung Possendorf
d) Bildarchiv Preußischer Kulturbesitz, Berlin

**Drei Zeichnungen zu Aufbau
und Wirkung englischer Ziel-
markierungsbomben**
2005
a) Wirkungsweise der englischen Zielmarkierungsbombe
250 lb
b) Aufbau der Zielmarkierungsbombe 250 lb
c) Wirkungsweise englischer
Leuchtbomben bei gebündeltem
Abwurf
40,0 x 30,0 cm (Reproduktionen)
Militärhistorisches Museum der
Bundeswehr, Dresden

**Bomben und Bombenfrag-
mente vom Luftangriff auf
Dresden**
Großbritannien; Metall, Stahl
a) Fragment einer Bombe, die
am 23. Januar 2003 bei Bauarbeiten vor dem Deutschen
Hygiene-Museum gefunden
wurde; 1943–1945; H 19 cm,
Dm 32 cm

b) englische Stabbrandbombe
INC-4 lb; 1945; L ca. 40 cm,
Dm ca. 5 cm
c) zwei englische Flüssigkeits-
brandbomben INC-30 lb; 1945;
jeweils L ca. 45 cm, Dm ca.
15 cm; eine davon aufgeplatzt
und ausgebrannt
a) Deutsches Hygiene-Museum,
Dresden
b) Militärhistorisches Museum
der Bundeswehr, Dresden
c) Kampfmittelbeseitigungsdienst Sachsen, Dresden

**Drei Zeichnungen zu Aufbau
und Wirkung von Flüssigkeits-
brandbomben**
2005
a) Aufbau einer Flüssigkeits-
brandbombe INC-30 lb MK-I
b) Aufbau eines Phosphor-
kanisters Bomb Smoke 100 lb
Phos
c) Wirkungsweise eines zer-
platzten Phosphorkanisters auf
Dachboden
a–b) 40 x 30 cm; c) 30 x 40 cm
(Reproduktionen)
Militärhistorisches Museum der
Bundeswehr, Dresden

**Plakat »Jetzt am häufigsten
verwendete Brandbombe«**
um 1944; Sachsenwerk Dresden;
40,0 x 30,0 cm (Reproduktion)
Sächsisches Staatsarchiv –
Hauptstaatsarchiv Dresden

**Graphische Darstellung des
Feuersturms bzw. Kamineffekts**
2005; hinterleuchtete Reproduk-
tion; 80,0 x 60,0 cm
Focus Magazin Verlag GmbH,
München

Verbrannte Asphaltdecke
Richard Peter sen. (1895–1977)
1945; Dresden; Fotografie;
30,0 x 40,0 cm (Reproduktion)
Sächsische Landesbibliothek –
Staats- und Universitätsbiblio-

thek Dresden, Abt. Deutsche
Fotothek

**»Der Neue Plan von Dresden
mit besonderer Kennzeich-
nung der totalzerstörten
Gebiete«**
vor 1950; Dresdner Verlagsgesellschaft MBH; 88 x 100 cm,
Maßstab 1:20.000
Deutsches Hygiene-Museum,
Dresden

**Blick vom Dresdner Rathaus-
turm**
Dresden; Fotografien;
a) 40,0 x 50,0 cm; b) 40,0 x
30,0 cm (Reproduktion)
a) nach Osten; 1945/46
b) nach Süden; Ernst Schmidt
(1945–1950 in Dresden tätig);
1947
Sächsische Landesbibliothek –
Staats- und Universitätsbibliothek Dresden, Abt. Deutsche
Fotothek

**Blick vom Freiburger Münster
über die Trümmerwüste der
Innenstadt**
Karl Müller (1901–1980)
1946; Freiburg; Fotografie;
40,0 x 30,0 cm (Reproduktion)
Bildarchiv Preußischer Kulturbesitz, Berlin

**Ruine der zerstörten Sophien-
kirche in Dresden**
Richard Möbius (1900–1959)
Mai 1949; Dresden; Fotografie;
30,0 x 40,0 cm (Reproduktion)
Sächsische Landesbibliothek –
Staats- und Universitätsbiblio-
thek Dresden, Abt. Deutsche
Fotothek

**Ruine der zerstörten Kathe-
drale von Coventry**
1940; Coventry; Fotografie;
30,0 x 40,0 cm (Reproduktion)
Ullstein Bilderdienst, Berlin

**Im Bombenkeller Johannes-
straße**

Willy Roßner (1903–1980)
1946; Dresden; Fotografie;
40,0 x 60,0 cm (Abzug 2005)
Militärhistorisches Museum der
Bundeswehr, Dresden
**Verbrennung von Toten auf
dem Dresdner Altmarkt
Abb. S. 85**
Walter Hahn (1889–1969)
23. Februar 1945; Dresden;
Fotografie; 30,0 x 40,0 cm
(Reproduktion)
Sächsische Landesbibliothek –
Staats- und Universitätsbiblio-
thek Dresden, Abt. Deutsche
Fotothek
»Mindestens 200.000 Tote«
Artikel in der Broschüre
»Zeitenwende, Sonderheft zum
13. Februar 1995«
Archiv Interessengemeinschaft
»13. Februar 1945« e. V.

4. 3 Die unschuldige Stadt

**»Die Schloßstraße im Fest-
schmuck zur Reichstheater-
woche« Abb. S. 80**
Abbildung aus: »Sachsen um-
jubelt den Führer. Ein Bildbericht
über den ersten Staatsbesuch
Adolf Hitlers anlässlich der
Reichs-Theaterwoche vom
27. bis 30. Mai 1934«
Mai 1934; Dresden;
50,0 x 40,0 cm (Reproduktion)
Museen der Stadt Dresden,
Stadtmuseum
**Adolf Hitler Ende Mai 1934
an-lässlich der ersten Reichs-
theaterwoche vor der Staats-
oper**
Mai 1934; Dresden; Fotografie;
30,0 x 40,0 cm
**»Treuekundgebung für den
Führer am Finanzministerium«
Abb. S. 81**
Presse-Foto Koch

21. Juli 1944; Dresden; Foto-
grafie; 30,0 x 40,0 cm (Repro-
duktion)
Museen der Stadt Dresden,
Stadtmuseum
**Schulklasse in Dresden-
Johannstadt**
um 1937, Dresden; Fotografie;
30,0 x 40,0 cm (Reproduktion)
Museen der Stadt Dresden,
Stadtmuseum
**Filmdokument »Entartete
Kunst« Abb. S. 82 (Still)**
Die Ausstellung »Entartete
Kunst« im Lichthof des Dresdner
Rathauses
1933; 35-mm-Film; DVD 2006;
3:30 min.
Bundesarchiv – Filmarchiv, Berlin/
Transit Film GmbH
**Broschüre »Entartete Kunst.
Ausstellungsführer«**
Fritz Kaiser
1937; Reprint 1988
Verlag der Buchhandlung
Walther König Köln
Deutsches Hygiene-Museum,
Dresden
**»Schreckenskammer der
Kunst«**
Artikel über die Dresdner Aus-
stellung »Entartete Kunst« in der
Kölnischen Illustrierten Zeitung
vom 17. August 1935
Zentralarchiv der Staatlichen
Museen zu Berlin – Preußischer
Kulturbesitz
**Geleitwort des Dresdner
Oberbürgermeisters für die
Ausstellung »Entartete Kunst«
im Lichthof des Dresdner Rat-
hauses**
Richard Möbius (1900–1959)
1933, Dresden; Fotografie;
40,0 x 30,0 cm (Reproduktion)
Sächsische Landesbibliothek –
Staats- und Universitätsbiblio-
thek Dresden, Abt. Deutsche

Fotothek
**Drei Kunstwerke von Lasar
Segall (1891–1957), die 1933
in der Dresdner Ausstellung
als »entartete Kunst« verhöhnt
wurden**
a) »Die irrenden Frauen«; Holz-
schnitt; 1919; 38,1 x 25,5 cm
b) »Erinnerung an Wilna 1917«;
Radierung; 1921, 49,4 x 35,0 cm
c) »Familie«; Radierung; 1919;
49,6 x 34,8 cm
Städtische Galerie Dresden,
Kunstsammlung
**Bücherverbrennung vor dem
Gebäude der sozial-
demokratischen Dresdner
Volkszeitung und des
Verlages Kaden & Co am
Wettiner Platz am 8. März 1933
Abb. S. 82**
1933; Dresden; Fotografie;
Würker; 30,0 x 40,0 cm
(Reproduktion)
Sächsische Landesbibliothek –
Staats- und Universitätsbiblio-
thek Dresden, Abt. Deutsche
Fotothek
»Weg mit Schundliteratur!«
Aufruf zur Bücherverbrennung
im Dresdner Anzeiger vom
6. Mai 1933
1933; Dresden, 40,0 x 30,0 cm
(Reproduktion)
Landeshauptstadt Dresden,
Stadtarchiv
**Filmdokumente über
Verfolgung und Vernichtung
der Dresdner Juden**
DVD 2006; Schnitt: Theo Thies-
meier, Berlin
a) »Beseitigung der Brandruine
der Dresdener Synagoge 1938
unter Mitwirkung der Techn. Not-
hilfe OG Dresden X2«; 1938;
35-mm-Film; 2 min.
b) »Zusammenlegung der letzten
Juden in Dresden in das Lager am

Hellerberg am 23./24. November 1942«; Kamera: Erich Höhne (1912–1999); 1942; 12:20 min.
a) Bundesarchiv – Filmarchiv, Berlin/Transit Film GmbH
b) Stiftung Sächsische Gedenkstätten zur Erinnerung an die Opfer politischer Gewaltherrschaft

»Die Synagoge in Dresden«
Bernhard Kretzschmar (1889–1972)
1926–1934; Dresden; Öl auf Leinwand; 129 x 170 cm
Galerie Neue Meister, Staatliche Kunstsammlungen Dresden

Bergung des Davidsterns von der Kuppel der nach der Reichspogromnacht noch brennenden Synagoge
Abb. S. 83
November 1938; Dresden; Fotografie; 40,0 x 30,0 cm (Reproduktion)
Sächsische Landesbibliothek – Staats- und Universitätsbibliothek Dresden, Abt. Deutsche Fotothek

SA zwingt jüdische Bürger, Wände abzuwaschen, an denen sich antinazistische Parolen befinden
Richard Peter sen. (1895–1977)
1933; Dresden; Fotografie; 16,5 x 22,0 cm
Sächsische Landesbibliothek – Staats- und Universitätsbibliothek Dresden, Abt. Deutsche Fotothek

Propagandistische Artikel zur Diskriminierung der Juden in der Dresdner Zeitung »Der Freiheitskampf«
a) »Bad Weißer Hirsch wird judenrein«; Artikel vom 31. Januar 1938 (Reproduktion)
b) »Raus mit dem Pack!«; Artikel vom 1. Februar 1938 (Reproduktion)

Landeshauptstadt Dresden, Stadtarchiv

Eintrittskarte für die Ausstellung »Der Ewige Jude« im Städtischen Ausstellungspalast vom 24. März – 23. April 1939
1939; Dresden; Druck; 5 x 10 cm
Loschwitzer Antiquariat Claus Kunze, Dresden

Deportationsbescheid für Henny Sara Wolf
12. Februar 1945; Dresden, Typoskript; 29,5 x 21 cm
Henny Brenner, Weiden

Karabiner 98k
nach 1933; z. T. in Dresden gefertigt; Holz, Metall; L 111 cm
Militärhistorisches Museum der Bundeswehr, Dresden

Zeichnung eines Karabiners 98k mit Markierung der von Dresdner Firmen produzierten Teile
Heinz Schulz (geb. 1929)
2003; Dresden; ca. 40,0 x 120,0 cm (Reproduktion)
Heinz Schulz, Dresden

Zeitzünder S/30
Zeiss-Ikon A. G.
1944; Dresden; Metall; H ca. 10 cm, Dm 6 cm
Militärhistorisches Museum der Bundeswehr, Dresden

Vorläufige Beschreibung und Betriebsanweisung für das Scheinwerfer-Leit-Richtgerät C/39 (Küste)
Universelle
1939; Dresden; Typoskript; 29 x 21 cm (Reproduktion)
Militärhistorisches Museum der Bundeswehr, Dresden

Drei Briefe des OKH (Oberkommando des Heeres) an die Firma Radio H. Mende & Co in Dresden betreff Aufträgen für die Rüstungsproduktion

1938–1945; Berlin; Typoskript; 29 x 21 cm
a) Brief vom 18. Mai 1938 betreff eines neuartigen Fernsprech-Verstärkers für Sonderzwecke
b) Brief vom 22. Dezember 1944 betreff eines Frequenzprüfgerätes
c) Brief vom 6. Februar 1945 betreff der Neufestsetzung der Dringlichkeit
Sächsisches Staatsarchiv – Hauptstaatsarchiv Dresden

Rundschreiben Nr. 1/43 »Bombenmassenabwurf« des Hauptausschuss Munition beim Reichsminister für Bewaffnung und Munition Sonderausschuss MX an die Firma Radio H. Mende & Co in Dresden
6. April 1943; Berlin; Typoskript; 29 x 21 cm
Sächsisches Staatsarchiv – Hauptstaatsarchiv Dresden

Fließbandfertigung im Sachsenwerk Niedersedlitz, Halle Sf.
Presse Foto Koch
1. Juli 1944; Dresden; Fotografie; 30,0 x 40,0 cm (Reproduktion)
Museen der Stadt Dresden, Stadtmuseum

Gauleiter Martin Mutschmann besichtigt die Firmenlehrabteilung bei Radio Mende
1943; Dresden; Fotografie; 30,0 x 40,0 cm (Reproduktion)
Sächsisches Staatsarchiv – Hauptstaatsarchiv Dresden

4. 4 Privates Erinnern

Drei Filmstationen mit Zeitzeugen der Bombennacht vom 13./14. Februar 1945
Interviews: Dr. Christoph Adam, Rudolf Eichner, Gudrun Fabian,

Erika Naumann, Ursula Wilde
Jan Martin Scharf (geb. 1974)
und Kathrin Ahnert (geb. 1975)
2006; DVD; 30 min.
Deutsches Hygiene-Museum,
Dresden
**»Wilhelm Rudolph. 1889–1982.
Das zerstörte Dresden« aus
einem Film des Fernsehens
der DDR**
Regie: Siegmar Schubert,
Kamera: Ernst Hirsch
1985; DEFA-Trickfilm, Dresden;
35-mm-Film; DVD 2006; 6 min.
Ernst Hirsch, Dresden
**Hörstation mit der Trauer-
motette »Wie liegt die Stadt so
wüst« aus dem Jahre 1945**
Rudolf Mauersberger
(1889–1971)
Aufnahme von 1952; 5:38 min.;
Dresdner Kreuzchor
»Tod über Dresden«
Edmund Kesting (1892–1970)
1945; Dresden; Fotografie,
Negativmontage mit Zeichnung;
29,6 x 23,3 cm
Galerie Döbele, Dresden
»Der Tod über Dresden«
Richard Peter sen. (1895–1977)
1945; Dresden; Fotografie;
40,0 x 30,0 cm (Reproduktion)
Sächsische Landesbibliothek –
Staats- und Universitätsbiblio-
thek Dresden, Abt. Deutsche
Fotothek
**»Flucht aus dem brennenden
Dresden«**
Ernst Hassebrauk (1905–1974)
1957; Dresden; Öl auf Lein-
wand; 160 x 95,5 cm
Galerie Neue Meister, Staatliche
Kunstsammlungen Dresden
»Dresden. Pillnitzer Straße«
Wilhelm Rudolph (1889–1982)
um 1945; Dresden; Mischtech-
nik; 32,0 x 44,0 cm
Privatbesitz, Dresden

**»Porzellan – Poem vom Unter-
gang einer Stadt«**
Durs Grünbein (geb. 1962)
Beitrag in der Frankfurter Allgemeinen Zeitung vom 12. Februar
2005; 57 x 40 cm
Deutsches Hygiene-Museum,
Dresden
**Zwei Erinnerungsstücke von
Gisela Hanl**
Gisela Scheibe (geb. 1933)
a) Kalender mit Einträgen vom
13. und 14. Februar 1945; Dres-
den; Stoff, Papier; 10 x 14 cm
Abb. S. 86
b) Heftchen »Andenken an
meine Schulkameradinnen«;
1945; Dresden, Papier;
14,5 x 23,5 cm
Gisela Hanl, Pirna
**Lebenszeichen-Karte:
»Bin ausgebombt dem Tode
entronnen«**
Elisabeth Franke
17. Februar 1945; Dresden;
10 x 14 cm
Landeshauptstadt Dresden,
Stadtarchiv
**Beim Angriff am 13./14. Fe-
bruar 1945 verbrannter Teller
mit schwarzer Rose aus dem
Besitz von Nora Lang**
vor 1945, Dresden; Porzellan;
H 3 cm, Dm 24 cm
Sabine Lämmel, Bertolt-Brecht-
Gymnasium Dresden
**Trümmerfund: Durch Brand
verschmolzene Flasche und
Becher**
nach 1990 gefunden; Dresden;
Glas, gebundene Asche;
ca. 17 x 25 x 30 cm
Einhart Grotegut, Dresden
**Erinnerungsstücke von Irene
Ulendorf aus Dresden an den
Angriff vom 13./14. Februar
1945**
a) Stoffhase; ca. 20 x 10 cm

b) Kinderschuh; ca. 10 x 20 x
5 cm
c) vom Phosphor verbrannter
Kinderstrumpf; ca. 50 cm
Militärhistorisches Museum der
Bundeswehr, Dresden
**Beim Angriff vom 13./14.
Februar 1945 beschädigter
Bärenautomat aus dem
Mathematisch-Physikalischen
Salon im Dresdner Zwinger**
Erasmus Bruner (?)
1582; Augsburg; Metall;
ca. 25 x 25 x 25 cm
Mathematisch-Physikalischer
Salon, Staatliche Kunstsamm-
lungen Dresden

5. Metamorphosen

5. 1 Demokratische Aufbrüche

**Plakate zum Maiaufstand 1849
in Dresden**
5. Mai 1849; Dresden
a) »An unsere Mitbürger!« Aufruf der provisorischen Regierung
zur Fortsetzung des Kampfes
und zur Einheit und Freiheit des
deutschen Vaterlandes;
35 x 36 cm
b) »Mitbürger! Der König und die
Minister sind entflohen.« Über
die Notwendigkeit der Bildung
einer provisorischen Regierung;
29,6 x 18,3 cm
Sächsisches Staatsarchiv –
Hauptstaatsarchiv Dresden
**Die große Barrikade am
Eingang der Wilsdruffer Gasse**
Carl Wilhelm Arldt (1809–1868)
1849 (?); Dresden; Lithographie
in Feder und Kreide; Darstellung
12,4 x 18,9 cm; Blatt 15,3 x
23,1 cm
Deutsches Historisches
Museum, Berlin

Karikatur »Aus Dresden« aus
der Zeitschrift »Deutsche
Reichs-Bremse. Organ für
politisch-satyrische Stiche-
leien« Nr. 12 von 1849
Verlagshandlung Keil & Comp.,
Leipzig; Buchdruck;
21,0 x 29,7 cm (Reproduktion)
Sächsische Landesbibliothek –
Staats- und Universitätsbiblio-
thek Dresden, Deutsche Foto-
thek
**Mauerstein mit fünf eingeleg-
ten Schiefertäfelchen aus dem
Zuchthaus Waldheim**
1850; Waldheim; Ton, längs
geteilt und ausgehöhlt; fünf
Schiefertafeln
Ziegel: 13,5 x 27,5 x 13,5 cm;
Täfelchen: zwischen 19 x 9 cm
Stadtgeschichtliches Museum,
Leipzig
**»An das sächsische Volk!«
Plakat des Arbeiter- und
Soldatenrates Groß-Dresden**
1918; Dresden; Buchdruck;
31,8 x 22,5 cm
Sächsisches Staatsarchiv –
Hauptstaatsarchiv Dresden
**Eintrag im Dresdner Hof-
journal über das Hissen der
Fahne auf dem Schloss am
10. November 1918**
1918; Autograph; 27,0 x 17,5 cm
Sächsisches Staatsarchiv –
Hauptstaatsarchiv Dresden
**Bilderbogen mit Karikaturen
und Versen auf den Verlauf
der Novemberrevolution in
Dresden**
Dichter: Raphael
Verlag der Dresdner Bilder-
bogen
Dezember 1918; Dresden;
Druck; 63,8 x 47,8 cm
Deutsches Historisches
Museum, Berlin
Plakat »Ausnahmezustand«

**Befehl des Chefs der Garni-
sion Dresden**
17. Juni 1953; DDR; Druck
85,9 x 58,8 cm
Stiftung Haus der Geschichte,
Bonn
Roman »Dresden 1953«
Wolfgang Paul (1918–1993)
Bechtle Verlag; 1953; Esslingen
Deutsches Hygiene-Museum,
Dresden
**Zwei Fotografien vom 17. Juni
1953 in Dresden**
Herbert Franke (geb. 1931)
24,0 x 18,0 cm (Reproduktionen)
a) Auf dem Theaterplatz
b) An der Elbe
Herbert Franke, Berlin
**Wider das Informationsdefizit
im »Tal der Ahnungslosen«**
Ausschnitte aus der Hörfunkse-
rie »Der geteilte Himmel oder:
Wie die Mauer in den Lüften
überwunden wurde«
Siegfried Stadler (geb. 1953)
2004; MDR-Figaro, Halle
Siegfried Stadler, Leipzig
**Eigenkonstruktionen zum
Empfang von Westsendern**
a) Entstörer »Russentod«;
um 1960; DDR; Aluminium;
26 x 18 x 13 cm Abb. S. 108
b) UKW-Sperrkreis; um 1977;
DDR; Kunststoff, Eisen, Aluminium; 8 x 13,3 x 4,5 cm
c) UHF-Leitungsverstärker mit
vier Verstärkungsstufen für Kanal
23 (ZDF); um 1977; DDR;
Kunststoff, Eisen, Aluminium;
5 x 14,5 x 10 cm
d) Mastverstärker für eine Grup-
penantenne; um 1977; DDR;
Kunststoff, Eisen, Aluminium;
8 x 13,3 x 4,5 cm
a–d) Stiftung Haus der
Geschichte, Zeitgeschichtliches
Forum Leipzig
Gemeinschaftsantenne

Abb. S. 108
1980er Jahre; Dresden; Fotografie; 18,0 x 24,0 cm (Reproduktion)
Mitteldeutscher Rundfunk, Leipzig
**Leseheft zur Bildung von
Antennengemeinschaften:
Statut, Dankesbrief, Kostenab-
schätzung**
1988/89; Dresden; 29,7 x 21,0
cm (Reproduktionen, laminiert)
Sächsisches Staatsarchiv –
Hauptstaatsarchiv Dresden
**Zwei Drohbriefe der »Gruppe
Volkszorn« aus Dresden mit
der Forderung nach westdeutschen Rundfunk- und Fern-
sehprogrammen Abb. S. 108**
1984; 29,7 x 21,0 cm (Repro-
duktionen)
BStU, Ast. Dresden
**Schlussbericht zum Operati-
ven Vorgang »Turm« des Mini-
steriums für Staatssicherheit
der DDR**
25. September 1987; Dresden;
Typoskript, 29,7 x 21,0 cm
(Reproduktion)
BStU, Ast. Dresden
**»Im Tal der Ahnungslosen.
Impressionen einer Reise
nach Dresden«**
Hans Georg Müller (gest. 2002)
1987; Aurora Verlag; Isenbüttel
Deutsche Bücherei Leipzig
**Aufnäher »Schwerter zu Pflug-
scharen«**
Harald Bretschneider (geb. 1942)
1980er Jahre; Herrnhut; Textil,
Dm 6 cm
Harald Bretschneider, Dresden
**Zwei Lesezeichen mit Motiven
der Friedensbewegung**
Harald Bretschneider (geb. 1942)
Herrnhut; Vlies
a) »Frieden schaffen ohne
Waffen – Schwerter zu Pflug-
scharen«; 1980; 20 x 7,5 cm

b) »Gerechtigkeit. Abrüstung.
Frieden – Schwerter zu Pflug-
scharen«; 1981; 20 x 8 cm
Harald Bretschneider, Dresden

**Olof-Palme-Friedensmarsch in
Dresden Abb. S. 104**
Steffen Giersch (geb. 1953)
1987; Dresden; Fotografie,
24,0 x 18,0 cm
Stiftung Haus der Geschichte,
Zeitgeschichtliches Forum Leipzig

**Leseheft mit Berichten des
Ministeriums für Staatssicher-
heit zu Aktivitäten in Dresdner
Kirchen am 13./14. Februar 1983**
Dresden; 29,7 x 21,0 cm
(Reproduktionen, laminiert)
BStU, Ast. Dresden

**Leseheft mit Eingaben gegen
das geplante Reinstsiliziumwerk Dresden-Gittersee**
1989; Dresden; 29,7 x 21 cm
(Reproduktionen, laminiert)
Landeshauptstadt Dresden,
Stadtarchiv

**Beitrag über die Proteste der
Dresdner Bevölkerung gegen
das geplante Reinstsilizium-
werk Dresden-Gittersee**
Ausschnitte aus der Sendung
»Kontraste« vom 4. Juli 1989
Hans-Jürgen Börner (geb. 1945)
ARD; DVD 2006; 8 min.;
Schnitt: Theo Thiesmeier, Berlin
Deutsches Rundfunkarchiv
Berlin-Brandenburg

**Aufnäher gegen das geplante
Reinstsiliziumwerk Dresden-
Gittersee Abb. S. 107**
1989 (?); Dresden; Vlies
a) »Baustop für das Reinstsiliziumwerk Gittersee«; drei Stück,
jeweils 4 x 11,5 cm
b) »Reinstsiliziumwerk Gittersee.
TOD-sicher!!!«; vier Stück,
jeweils Dm 7 cm
BStU, Ast. Dresden

Druckmatrize für die Herstel-

lung von textilen Aufnähern
September 1989; Dresden; Holz,
Kunststoff; 31 x 20,5 x 1,5 cm
BStU, Ast. Dresden

**Samisdatzeitschrift »Wir
Ahnungslosen. Arbeitsmaterial
der Dresdener Friedens-,
Umwelt- und Zwei-Drittel-
Welt-Gruppen«**
September/Dezember 1988;
Dresden; Druck; 29,7 x 21 cm
Ökumenisches Informations-
zentrum e.V., Dresden

Zehn Postkarten »Mail Art«
15 x 10 cm
a) »auch 1987 guter Hoffnung«;
Christoph Wonneberger (geb.
1944); 1987; Leipzig; Fotografie, Siebdruck
b) »Die zweite Schöpfung findet
nicht statt«; 1970er Jahre; DDR;
Siebdruck
c) »SOFD«; Gerd Börner (geb.
1951); 1982; Berlin; Fotografie
und Stempel
d) »the place of arts in society«;
Jürgen Gottschalk (geb. 1951);
1982; Dresden, Fotografie,
übermalt
e) »Ich bin gegen Berufsverbot«,
Jürgen Gottschalk (geb. 1951);
1983; Dresden; Siebdruck Abb.
S. 106
f) »Mein Leben war Kunstarbeit«;
Jürgen Gottschalk (geb. 1951);
1982; Dresden, Siebdruck
g) »1984 – Gut behütet?«; Steffen Giersch (geb. 1953); 1983;
Dresden, Foto-Montage Abb.
S. 106
h) »Hell leuchtet unser Stern«,
Steffen Giersch (geb. 1953); um
1980; Dresden; Fotografie und
Stempel Abb. S. 106
i) »Bleibe im Lande und wehre
dich täglich«, Eberhard Dürig
(geb. 1951); 1980er Jahre;
Dresden; Siebdruck koloriert

j) »Gerechtigkeit. Frieden.
Bewahrung der Schöpfung«;
Steffen Giersch (geb. 1953);
1988; Dresden, Foto-Montage
Steffen Giersch, Dresden

**Sieben Plaketten von Aus-
reisewilligen mit dem Buch-
staben »A« Abb. S. 107**
1980er Jahre; Dresden; Dm 3 cm
BStU, Ast. Dresden

**Schreiben zur Genehmigung
der Übersiedlung von der DDR
in die Bundesrepublik**
6. April 1970; Dresden; Typoskript,
handsigniert; 29,7 x 21,0 cm
Deutsches Historisches
Museum, Berlin

**Transparent »Ich fordere mein
Menschenrecht und meine
Übersiedlung in die BRD«**
o. J.; weißer Stoff, einseitig
schwarz beschrieben,
in sechs Teile zerschnitten;
gesamt 100 x 75 cm
BStU, Ast. Dresden

**Dokumente des Ministeriums
für Staatssicherheit zur Siche-
rung des Dresdner Haupt-
bahnhofs**
4. und 5. Oktober 1989; Dresden; Typoskript; 21,0 x 29,7 cm
(Reproduktionen)
a) »Maßnahmeplan zur Siche-
rung der Fahrtstrecke«
b) »Aktenvermerk«
BStU, Ast. Dresden

**Polizeieinsatz am Dresdner
Hauptbahnhof in der Nacht
vom 4./5. Oktober 1989 Abb.
S. 110**
Rigo Pohl (geb. 1967)
Dresden, 4 Fotografien;
23,8 x 17,7 cm
Rigo Pohl, Dresden;
Stiftung Haus der Geschichte,
Zeitgeschichtliches Forum Leipzig

**Kinderzeichnung zu den
Ereignissen am Dresdner**

Hauptbahnhof am 4. Oktober 1989 Abb. S. 110
Johannes Neuber (geb. 1979)
Oktober 1989; Dresden;
Tusche, Pinsel; 59,3 x 42,0 cm
Christian Neuber, Maler und Graphiker, Dresden

Ausrüstung der Polizei: Helm mit Visier, Schild und Schlagstock
1989; Dresden; Helm: 23 x 25 x 35 cm; Schild: 68 x 50 x 14 cm; Schlagstock: L 38 cm, Dm 3 cm
Polizeidirektion Dresden

Pflasterstein vom Dresdner Hauptbahnhof
5. Oktober 1989; Dresden; Granit; 10 x 12 x 10 cm
Thomas Kübler, Dresden

Mitschnitt des Polizeifunks »Drossel« vom 8. Oktober 1989
Dirk Günther (geb. 1969)
Dresden; DVD; 2006
Dirk Günther, Dresden

Leseheft »Bericht zur Festnahme am 8.10.89«
Anonymes Gedächtnisprotokoll
Oktober 1989; Dresden; Autograph; 29,7 x 21,0 cm (Reproduktionen; laminiert)
Stiftung Haus der Geschichte, Zeitgeschichtliches Forum Leipzig

Brief eines Bereitschaftspolizisten an seinen Seelsorger
10. Oktober 1989; Dresden; Typoskript; 29,7 x 21,0 cm (Reproduktion)
Stiftung Haus der Geschichte, Zeitgeschichtliches Forum Leipzig

Sächsische Zeitung Nr. 237 vom 9. Oktober 1989
Herausgegeben von der SED-Bezirksleitung Dresden
Druck; 50,6 x 71,5 cm
Stiftung Haus der Geschichte, Zeitgeschichtliches Forum Leipzig

Interviews zu den Ereignissen am Dresdner Hauptbahnhof
Aus der Sendung »Wir wollen raus. Die Flüchtlingszüge aus Prag« im MDR-Sachsenspiegel
Frank Wend (geb. 1967)
2004; DVD; 2006; 24:40 min.; Schnitt: Theo Thiesmeier, Berlin
MDR, Dresden

»Wir treten aus unseren Rollen heraus«
Resolution des Staatsschauspiels Dresden
1989; Papier; 29,7 x 21,0 cm (Reproduktion)
Stiftung Haus der Geschichte, Zeitgeschichtliches Forum Leipzig

Schärpe eines Demonstranten mit der Aufschrift »Keine Gewalt«
Herbst 1989; Dresden; Textil, Papier, 12 x 90 cm
Heinz Kitsche, Dresden

Die Bildung der Gruppe der 20 am 8. Oktober 1989 Abb. S. 111
Rigo Pohl (geb. 1967)
Dresden; Fotografie, 17,7 x 23,8 cm
Stiftung Haus der Geschichte, Zeitgeschichtliches Forum Leipzig

Materialien und Dokumente zur Gruppe der 20 in Dresden
a) Einzahlungsabschnitte für die 1-Mark-Aktion; 25. Oktober – 1. November 1989; Papier; je 10,5 x 6 cm Abb. S. 111
b) Wahlzettel; hrsg. von der Freien Wählervereinigung; 1990; Papier; 21,0 x 14,8 cm
c) Forderungen der Gruppe der 20; 17. Oktober 1989; Autograph; 29,7 x 21,0 cm (Reproduktion)
Stiftung Haus der Geschichte, Zeitgeschichtliches Forum Leipzig

Dresdner Rathausgespräche Abb. S. 112
Diskussionsrunde mit dem

Superintendenten der Kreuzkirche, Christof Ziemer, dem Oberbürgermeister Wolfgang Berghofer und Friedrich Boltz, Mitglied des Neuen Forum
Marian Günther (geb. 1945)
Oktober 1989; Dresden; Fotografie; 18,0 x 24,0 cm
Stiftung Haus der Geschichte, Zeitgeschichtliches Forum Leipzig

Bürger vor der Kreuzkirche am Abend des 9. Oktober 1989
Detlef Ulbrich (geb. 1965)
Dresden; Fotografie; 17,7 x 23,9 cm
Stiftung Haus der Geschichte, Zeitgeschichtliches Forum Leipzig

Hans Modrow spricht auf dem Theaterplatz Abb. S. 113
Marian Günther (geb. 1945)
Oktober 1989; Dresden; Fotografie; 18,0 x 24,0 cm
Stiftung Haus der Geschichte, Zeitgeschichtliches Forum Leipzig

Plakat »Fidelio« zur Aufführung in der Staatsoper Dresden
Ekkehard Walter (geb. 1939)
1989; Offset; 93,0 x 65,0 cm
Ekkehard Walter, Dresden

Zwei Transparente von der Demonstration am 19. November 1989 in Dresden
a) »Das Denken darf kein Knecht des Gehorsams sein«; Baumwollstoff, sandfarben hell, Schrift zweiseitig in grüner u. roter Farbe, zwei Tunnel für Stangen angenäht; 72,5 x 216 cm
b) »TSCHÜS!«; Hartfaserplatte, weiß grundiert, Bemalung in schwarzer u. roter Farbe, Holzstange; H 137,5 cm
Museen der Stadt Dresden, Stadtmuseum

»MfS-Bezirksverwaltung Dresden. Eine erste Analyse«
Publikation über hauptamtliche

Stasi-Mitarbeiter durch das Bürgerkomitee Bautzner Straße e. V.
1992; Dresden; Druck,
30 x 21 cm
Claus Lippmann, Dresden

Die friedliche Revolution 1989 in Dresden
Filmsequenzen aus
a) »Wir wollen raus. Die Flüchtlingszüge aus Prag«; Frank Wend; 2004
b) »Dresden. Oktober 1989«; Rosza Berger Fiedler; 1989
c) Besetzung der MfS-Bezirksverwaltung Dresden am 5./6. Dezember 1989; Fritz Lieberwirth; 1989
DVD 2006; 24 min.; Schnitt: Theo Thiesmeier, Berlin
a) MDR Sachsenspiegel, Dresden
b) Progress Filmverleih, Berlin
c) Fritz Lieberwirth, Erkelenz

»Wir sind das Volk/Wir sind ein Volk/Deutschland«
Jens Rötzsch (geb. 1959)
1989; Dresden; Fotografie,
24,0 x 24,0 cm (Reproduktion)
Jens Rötzsch/OSTKREUZ, Berlin

Schallplatte »… was die geschichtliche Stunde jetzt möglich macht« – Reden von Bundeskanzler Kohl zur Wiedervereinigung
Presse- und Informationsamt der Bundesregierung
1989; Pappe, Kunststoff;
31 x 31 cm
Privatbesitz

Ansprache des Bundeskanzlers Kohl am 19. Dezember 1989 an der Ruine der Dresdner Frauenkirche
Presse- und Informationsamt der Bundesregierung
1989; DVD 2006; 15:35 min.
Stiftung Haus der Geschichte, Zeitgeschichtliches Forum Leipzig

Lese-Klemmleuchte vom Pult des Bundeskanzlers Kohl bei seiner Rede am 19. Dezember 1989
1989; Narva; DDR; Metall, Kunststoff, Glas; 21 x 9 x 15 cm
Stiftung Haus der Geschichte, Bonn

Demonstranten an der Ruine der Frauenkirche am 19. Dezember 1989 Abb. S. 114
Kostas Margitudis (geb. 1961)
Dresden; Fotografie,
18,0 x 24,0 cm (Reproduktion)
Kostas Margitudis, Dresden

5. 2 Dresden schöner denn je

Filmdokumente zum Wiederaufbau Dresdens in den Jahren 1946 bis 1970
1946–1970; DVD 2006; 11 min.; Schnitt: Theo Thiesmeier, Berlin
Bundesarchiv – Filmarchiv, Berlin
Progress Filmverleih Berlin
Deutsches Rundfunkarchiv Potsdam

Zwei Bildschirme zur Stadtentwicklung Dresdens
a) »atlas dresden I. Der Stadtkörper in seiner Veränderung von 1200 bis heute«
b) »atlas dresden II. Die konstituierenden Elemente des Stadtkörpers von 1200 bis heute«
2002–2006; Dresden; Bildfolge, 4 und 6 min.
a) Anna Jessen mit Jana Bräunling, Sophie Büchner, Angelika Haase, Dirk Haid, Adina Hempel, Thomas Hielscher, Charlotte Hopf, Janine Kleber, Sven Kowalewsky, Kathleen Köpp, Anna Lemme, Susann Löffler, Susanne May, Anne Prehn, Michael Stoss, Katrin Thiemig und Mirco Urban
b) Anna Jessen mit Jana Bräunling, Sophie Büchner, Angelika Haase, Dirk Haid, Adina Hempel, Thomas Hielscher, Charlotte Hopf, Anna Lemme, Susann Löffler, Susanne May, Michael Stoss und Mirco Urban
Lehrstuhl für Öffentliche Bauten, Prof. Ivan Reimann, Technische Universität Dresden, Fakultät für Architektur

»Das alte Dresden« von Fritz Löffler (1899–1988)
1955, Sachsenverlag Dresden
Falk Löffler, Dresden

Dokumente zur Enttrümmerung Dresdens
a) Werbekarte »Gestatten: Ziegelstein!«; 1946; Ratsdruckerei Dresden; 21,0 x 14,8 cm
b) Figurengruppe »Hilf auch Du!«; 1948–49; SBZ; Holz; 6,2 x 9,2 x 2,5 cm
c) Bericht über freiwilligen Arbeitseinsatz am 10. und 11. November 1945; 12. November 1945; Dresden; Typoskript, 14,5 x 20,5 cm (Reproduktion)
a, c) Landeshauptstadt Dresden, Stadtarchiv
b) Stiftung Haus der Geschichte, Bonn

Fünf Aufbaulose der Aufbaulotterie für drei geleistete Arbeitsstunden
Nationale Front des Demokratischen Deutschland
1959; Dresden, Offset
a) Los Nr. 59056; 15 x 10,5 cm
b) vier Aufbaulose; 7,5 x 10,5 cm
Landeshauptstadt Dresden, Stadtarchiv

Sechs Plakate zu Aufbau und Trümmerbeseitigung in Dresden
a) »Wir Ziegel warten nur auf Dich«; A. W. Paul; 1945/56; Lithographie; Ratsdruckerei Dresden; 42,0 x 29,7 cm
b) »Alle Hände greifen zu!«; Ernst Ludwig Stahl

(1887–1965); nach dem 8. Mai 1945; Ratsdruckerei Dresden; Lithographie; 42,0 x 29,0 cm

c) »Zum Wiederaufbau Deine ganze Kraft«; Heide; 1946; Irisdruck Dresden; 29,7 x 21,0 cm

d) »Deine Stadt! Jeder Dresdner einen freiwilligen Sonntagseinsatz im Monat«; Kurt Fiedler (geb. 1878); 1945; Ratsdruckerei Dresden; 61,5 x 43,5 cm

e) »Wir bauen auf!«; um 1945; Dr. Güntz-Druck Dresden; 85,0 x 59,0 cm

f) »Gebt alle zum Neuaufbau Eurer Stadt«; 1950; Kreisausschuss der Nationalen Front Dresden; 59,5 x 42,1 cm

a) Museen der Stadt Dresden, Stadtmuseum

b) Deutsches Historisches Museum, Berlin

c–e) Stiftung Haus der Geschichte, Zeitgeschichtliches Forum Leipzig

f) Stiftung Haus der Geschichte, Bonn

Zwei Fotografien zur Trümmerberäumung in Dresden von Willy Roßner (1903–1980)
1945; Dresden; Fotografien

a) 27,0 x 41,0 cm (Abzug 2005)

b) 61,0 x 46,0 cm (Abzug 2005)
Militärhistorisches Museum der Bundeswehr, Dresden

Trümmerfrauen
Erich Höhne (1912–1999) und Erich Pohl (1904–1968)
1945/46, Dresden; Fotografie; 16,5 x 22,5 cm
Sächsische Landesbibliothek – Staats- und Universitätsbibliothek Dresden, Abt. Dt. Fotothek

Dokumente zum Wiederaufbau Dresdens
a) Broschüre »1946. Das erste Jahr des großen Dresdner Aufbauplanes – Sondersitzung des Rates der Stadt Dresden am 5. Januar 1946«; 1946; Rat der Stadt Dresden; 21 x 60,5 cm

b) Faltblatt »Das Neue Dresden«; Horst Naumann (1908–1989); 1946; Dresden; 21,0 x 15,0 cm

c) Broschüre »Dresden. Unsterbliche Stadt«; 1952; Deutsches Friedenskomitee Berlin

a, b) Landeshauptstadt Dresden, Stadtarchiv

c) Privatbesitz

Zwei Entwürfe von Hanns Hopp für ein Neues Dresden
Hanns Hopp (1890–1971)
a) Skizze der neuen Silhouette von der Marienbrücke aus gesehen; 21. Juni 1945; 47,0 x 58,0 cm (Reproduktion)

b) Schematische Darstellung der Wohnblocks mit den dahinter liegenden Bürohochhäusern; 16. Juni 1945; 47,0 x 65,0 cm (Reproduktion)
Landesamt für Denkmalpflege Sachsen, Dresden, Plansammlung

Plakate zum Wiederaufbau Dresdens
a) »Aufbau in Dresden 1945«; 1945/46; Ratsdruckerei Dresden; Lithographie; 59,0 x 41,8 cm

b) »Das Neue Dresden. 1946«; Horst Naumann (1908–1989); 1946; Aktiengesellschaft für Kunstdruck Dresden; Offset; 60,0 x 42,0 cm

c–e) Drei Plakate der Serie »Du und Deine Stadt«; um 1950; Ratsdruckerei Dresden; Offset: »Überzeuge Dich selbst …«; 58,0 x 41,0 cm; »Es geht aufwärts«; 59,0 x 42,0 cm; »Fleißige Hände schufen neue Wohnungen«; 58,0 x 41,5 cm

a) Stiftung Haus der Geschichte, Bonn

b) Privatbesitz, Dresden

c–e) Deutsches Historisches Museum, Berlin

Drei Werbeblätter für die »Zwinger-Lotterie«
a) »3. Zwinger-Lotterie«; 1952; DDR; Offset; 21,0 x 15,0 cm

b) »2. Zwinger-Lotterie«; 1950; DDR; Offset; 21,0 x 14,8 cm

c) »30.000 DM Höchstgewinn«; 1951; Dresden; Offset; 13,0 x 41,0 cm

a–b) Stiftung Haus der Geschichte, Bonn

c) Landeshauptstadt Dresden, Stadtarchiv

Los der 5. Zwinger Lotterie
1955; Dresden; Offset; 15 x 7 cm
Landeshauptstadt Dresden, Stadtarchiv

Broschüre »Der Dresdner Zwinger und sein Wiederaufbau«
1951; Dresden; 14,7 x 20,7 cm
Landeshauptstadt Dresden, Stadtarchiv

Plakat zur Förderung der »Zwinger-Lotterie«
Willy Petzhold (1885–1978); 1956/57; DDR; Offset; 82,0 x 58,6 cm
Stiftung Haus der Geschichte, Bonn

Zwei Fotografien zum Wiederaufbau des Zwingers
a) Ruine des Wallpavillons; Erich Höhne (1912–1999) und Erich Pohl (1904–1968); 1945; Dresden; 18,0 x 22,0 cm

b) Steintransport am Zwinger; Kurt Schaarschuch (1905–1955); 10. Oktober 1946; Dresden; 30,0 x 40,0 cm (Reproduktion)

a) Sächsische Landesbibliothek – Staats- und Universitätsbibliothek Dresden, Abt. Deutsche Fotothek

b) Museen der Stadt Dresden, Stadtmuseum

Entwurf eines Briefes von Fritz Löffler (1899–1988) an den Oberbürgermeister Gute, den Abriss der Sophienkirche betreffend
1959; Dresden; Typoskript (Reproduktion)
Sächsische Landesbibliothek – Staats- und Universitätsbibliothek Dresden

Gotisches Maßwerk aus den Trümmern der Sophienkirche
Neun Teile, annähernd vollständig; Stein; 120 x 172 x 18 cm
Landeshauptstadt Dresden, Amt für Kultur und Denkmalschutz

Drei Fotografien der Sophienkirche in unterschiedlichen Bauzuständen
a) Die neugotische Turmfront der Sophienkirche; unbekannter Fotograf; um 1930; 40,0 x 30,0 cm (Reproduktion)
b) Die Ruine der Sophienkirche vom Postplatz aus gesehen, Richard Peter sen. (1895–1977); 1946; 46,0 x 38,0 cm
c) Die Ruine der Sophienkirche von Osten aus gesehen; Richard Möbius (1900–1959); 1955; 30,0 x 40,0 cm (Reproduktion)
a, c) Sächsische Landesbibliothek – Staats- und Universitätsbibliothek Dresden, Abt. Deutsche Fotothek
b) Privatbesitz, Dresden

Walter Ulbricht beseitigt die Sophienkirche aus dem Innenstadtmodell
Erich Höhne (1912–1999) und Erich Pohl (1904–1968)
1961; Dresden; zwei Fotografien; jeweils 40,0 x 30,0 cm (Reproduktionen)
Sächsische Landesbibliothek –

Staats- und Universitätsbibliothek Dresden, Abt. Deutsche Fotothek

Quartettspiel »Dresden – kulturhistorische Bauten, gestern und heute«
nach 1967; Verlag Rudolf Forkel Pößneck
Falk Löffler, Dresden

Brief des Verlages Rudolf Forkel Pößneck an Dr. Fritz Löffler betreff »Quartettspiel: Dresden – kulturhistorische Bauten, gestern und heute«
14. Februar 1967
Sächsische Landesbibliothek – Staats- und Universitätsbibliothek Dresden

Drei Fotografien zu Zerstörung und Wiederaufbau des Dresdner Altmarktes
a) Die zerstörte Ostseite des Altmarktes mit Kreuzkirche; Heinrich; 1945; 30,0 x 40,0 cm (Reproduktion)
b) Grundsteinlegung des Altmarktes am 31. Mai 1953; Erich Höhne (1912–1999) und Erich Pohl (1904–1968); 1953; 18,0 x 24,0 cm
c) Die aufgebaute Ostseite des Altmarktes mit Kreuzkirche; Richard Möbius (1900–1959); März 1956; 30,0 x 40,0 cm (Reproduktion)
Sächsische Landesbibliothek – Staats- und Universitätsbibliothek Dresden, Abt. Deutsche Fotothek

Drei Fotografien der Grunaer Straße in Dresden
a) Blick vom Rathausturm nach Osten auf die Grunaer Straße; 11. November 1951; 30,0 x 40,0 cm (Reproduktion)
b) Wiederaufbau Grunaer Straße; April 1951; 30,0 x 40,0 cm (Reproduktion)

c) Eine neue Häuserzeile auf der Grunaer Straße; Januar 1952; 30,0 x 40,0 cm (Reproduktion)
Sächsische Landesbibliothek – Staats- und Universitätsbibliothek Dresden, Abt. Deutsche Fotothek

Modell der Prager Straße mit sieben Gebäuden
vor 1969; Dresden; Holz, Kunststoff; Maßstab 1:200; 27 x 119,5 x 183 cm
Landeshauptstadt Dresden, Stadtplanungsamt

»Dresden schöner denn je«
Sonderausgabe der Sächsischen Zeitung vom 4. Juli 1969; Dresden; 50,5 x 35 cm
Deutsches Hygiene-Museum, Dresden

Kopf einer Pusteblume vom Brunnen auf der Prager Straße
Leonie Wirth (geb. 1936)
1969; Dresden; Metall; Dm 132 cm
Landeshauptstadt Dresden, Amt für Kultur und Denkmalschutz

Vier Ansichten der Prager Straße vom Rathausturm aus
Dresden; Fotografien; 40,0 x 30,0 cm (Reproduktionen)
a) Hilmar Pabel (1910–2000); 1955
b) Dietmar Alex; 1961
c) Richard Peter sen. (1895–1977); 1969
d) Daniel Scholz (geb. 1978); 1997
a) Bildarchiv Preußischer Kulturbesitz, Berlin
b–d) Sächsische Landesbibliothek – Staats- und Universitätsbibliothek Dresden, Abt. Deutsche Fotothek

5. 3 Neues Bauen

Synagoge Dresden
Architekten: Wandel Hoefer Lorch + Hirsch
2001; Saarbrücken

a) Aussenansicht, Fotografie
von Norbert Miguletz
b) Innenansicht, Fotografie von
Norbert Miguletz
c) Rotation nach Osten,
Konstruktionszeichnung
Architekten Wandel Hoefer
Lorch + Hirsch, Saarbrücken
**Projekt aus dem »Atelier Neu-
markt Dresden 2000«**
Altes Gewandhaus
Stephan Braunfels, Architekten
2000; Dresden
a) Lageplan Dresden Altstadt,
Zeichnung
b) Collage Neumarkt, Computer-
collage
c) Grundriss Gewandhaus,
Fassadenabwicklung, Zeichnung
Stephan Braunfels, Architekten,
München und Berlin
**Projekt aus dem »Atelier Neu-
markt Dresden 2000«**
Neumarkt Südseite
Thomas Müller, Ivan Reimann,
Architekten
2000; Dresden
a) Lageplan Dresden Altstadt,
Zeichnung
b) Collage Neumarkt, Computer-
collage
c) Grundriss Stadthaus, Zeich-
nung
Thomas Müller, Ivan Reimann,
Architekten, Berlin
**Projekt aus dem »Atelier
Neumarkt Dresden 2000«**
An der Frauenkirche 20
Code Unique Architekten
Martin Boden und Volker Giezek
2000; Dresden
a) Lageplan, Zeichnung, Maß-
stab 1:500
b) Modell, Fotografie
c) Innenperspektive mit Blick
auf die Frauenkirche, Collage
Code Unique Architekten,
Dresden

5. 4 Mythische Produkte

Tabakindustrie

**Verpackungen für Zigaretten
aus Dresdner Produktion**
a) Zigarettenschachtel »f6«, vor
1989; Dresden; Papier;
8 x 5,7 x 2,4 cm
b) Zigarettenschachtel »Karo«;
vor 1989; Dresden, Papier;
8 x 5,5 x 2,5 cm
c) Zigarettendose »Atikah-
Cigaretten«; 1900–1930; Dresden; Metall; 1,8 x 13,6 x 11,6 cm
d) Zigarettendose »Sultan Aus-
lese Nr. 8«; 1900–1930; Dresden; Metall; 1,6 x 11,6 x 7,2 cm
e) Zigarettendose »Dresdner
Bank Zigaretten«; um 1930;
Dresden; Metall; 5 x 14,4 x 7,6 cm
f) Zigarettendose, golden, mit
Moschee; um 1920; Dresden;
Metall; 1,7 x 11,5 x 6,6 cm
g) Zigarettendose »Unser Kaiser«;
um 1910; Dresden; Metall;
1,7 x 8,4 x 7,5 cm
h) Zigarettendose »Salem Gold«;
1900–1930; Dresden; Metall;
2,5 x 13,4 x 7,5 cm
i) Zigarettenschachtel
»Laferme«; 1900–30; Dresden;
Pappe; 2,6 x 12,2 x 7,2 cm
j) Zigarettenschachtel »Pteo
Zigaretten«; um 1930; Dresden;
Pappe; 1,8 x 8 x 7,5 cm
k) Zigarettenschachtel »Süsse
Mädels«; um 1910; Dresden;
Pappe; 13,5 x 4,5 x 7,3 cm
Museen der Stadt Dresden,
Stadtmuseum
**Zwei Werbeschilder für
Zigaretten**
Dresden
a) »Pteo Zigaretten«; um 1930;
Eisenblech, emailliert; 66 x 40 cm
b) »Jasmatzi Cigaretten«;
um 1920; Glas; 62 x 24 cm

Museen der Stadt Dresden,
Stadtmuseum
**Sieben Plakate der Dresdner
Zigarettenindustrie**
a) »Jasmatzi. Ramses Cigarette«;
118,4 x 80,6 cm
b) »Jasmatzi. Gold Ramses Cigarette«, Dresden; 119,0 x 83,5 cm
c) »Laferme Cigaretten«;
Dresden; Lithographie;
80,0 x 52,0 cm
d) »Der Kenner. Cigaretten
Laferme Dresden«; Fritz Rehm
(1871–1928); Leipzig 1896;
Lithographie; 84,1 x 57,5 cm
e) »Graf Schuwalow Cigarette«;
W. L.; um 1905; Chromolithographie; 83,0 x 55,5 cm
f) »Karo Country«; 1991;
99,8 x 70,0 cm
g) »Cigaretten-Fabrik Georg A.
Jasmatzi«; Wilhelm Hoffmann,
Kunstanstalt AG; vor 1895;
Dresden, Chromolithographie;
90,7 x 62,7 cm
a – c) Staatliche Museen zu
Berlin, Kunstbibliothek
d, g) Kunstsammlungen Chemnitz
e) Museen der Stadt Dresden,
Stadtmuseum
f) Stiftung Haus der Geschichte,
Bonn

Süßwarenindustrie

Warenautomat für Süßwaren
Eierlegende Henne; um 1920;
Dresden-Niedersedlitz;
60 x 30 x 55 cm; Gewicht 22 kg
Deutsches Automatenmuseum,
Espelkamp
**Acht Verpackungen für
Schokolade**
a) Schokoladentaler »750 Jahre
Dresden«; VEB Dresdner Süß-
warenfabriken Elbflorenz; 1956;
Metall, Papier (ohne Schoko-
lade); H 0,5 cm, Dm 7,8 cm

b) Pappsschachtel »Tell Apfel«;
vor 1989; Dresden; 8 x 8 x 8 cm
c) Pappsschachtel »Dankapfel«;
Kant-Hartwig & Vogel GmbH
Einbeck; um 1990; 7,5 x 7,5 x
7,5 cm
d) Pappschachtel »Jordan &
Timaeus«; 1900-1930; Dresden;
4,5 x 18 x 12,5 cm
e) Pappschachtel »Werner's
feinste Oblatenlebkuchen«;
nach 1928; Dresden; H 11 cm,
Dm 10 cm
f) Pappschachtel »Tell Pastillen«;
Hartwig & Vogel; um 1930;
Dresden; H 2,5 cm, Dm 11,5 cm
g) Blechschachtel »Tell Dessert«;
Hartwig & Vogel; Dresden; um
1930; ca. 3 x 5 x 12 cm
h) Blechdose »Rüger Kakao
Schokolade«; Firma Otto Rüger;
um 1910; Dresden; 10,2 x 11,2 x
7,8 cm
a) Stiftung Haus der Geschichte,
Bonn
b, d–h) Museen der Stadt Dresden, Stadtmuseum
c) Landeshauptstadt Dresden,
Stadtarchiv

**Blechei für Schokoladen-
automaten**
Merkur-Automaten-Haus Bruno
Dressler; um 1900; Dresden;
Metall; zwei Hälften; H 5,5 cm,
Dm 4 cm
Museen der Stadt Dresden,
Stadtmuseum

Zwei Schokoladenformen
a) Weihnachtsmann
b) Hase
Firma Anton Reiche Dresden;
1. Hälfte 20. Jh.; Metall;
ca. 10 x 18 x 6,5 cm
Museen der Stadt Dresden,
Stadtmuseum

**Plakat »Rüger Schokolade
Kakao«**
1906; Dresden; 39,0 x 29,0 cm

Museen der Stadt Dresden,
Stadtmuseum

**Teebeutel aus dem
Hause Teekanne**

**Der Vorläufer des Teebeutels:
Die »Teebombe«**
vor 1918, Dresden, Mull
Teekanne GmbH & Co. KG,
Düsseldorf

**Beleuchtungskörper »Thee«-
Lampion**
um 1900, Gebr. Pilz, Schlettau,
Glaslithographien, Blech, Glas;
55 x 30 cm
Teekanne GmbH & Co. KG,
Düsseldorf

Melitta

»Urfilter« des Melitta-Filters
Melitta Bentz (1873–1950);
1908; Nachbau 2. Hälfte 20. Jh.;
Messing; H 14 cm, Dm 22 cm
Melitta Beratungs- und Verwal-
tungs GmbH & Co. KG, Minden

Filtertütenpackung
Melitta-Werke; um 1925;
Dresden; Pappe, Papier;
8,5 x 8,5 x 2,5 cm
Melitta Beratungs- und Verwal-
tungs GmbH & Co. KG, Minden

Molkerei Gebrüder Pfund

**Drei Verpackungen und
Gefäße für Molkereiprodukte**
a) Sahneflasche; um 1910; Glas;
H 14 cm, Dm 8 cm
b) Yoghurtglas; um 1910; Glas;
H 8 cm, Dm 8 cm
c) Karton Milchseife; um 1900;
Pappe; 3 x 6,5 x 26 cm
Dresdner Molkerei Gebrüder
Pfund GmbH

**Fliese aus dem »schönsten
Milchladen der Welt«**

Villeroy & Boch; 1892; Dresden,
Keramik; 44 x 59,5 cm
Dresdner Molkerei Gebrüder
Pfund GmbH

**Werbeschild »Pfunds Conden-
sierte Milch«**
um 1900; Dresden; Eisen-
blech, emailliert, dreieckig;
25 x 40 cm
Dresdner Molkerei Gebrüder
Pfund GmbH

**Drei Plakate zu Pfunds
Molkereiprodukten**
a) »Esst Pfunds Yoghurt«; 1907;
ca. 42,0 x 30,0 cm
b) »Esst Pfunds Butter«; Dore
Mönkemeyer-Corty
(1890–1973); um 1925;
86,0 x 56,0 cm
c) »Pfunds condensierte Milch«;
um 1920; 78,4 x 57,9 cm
a) Dresdner Molkerei Gebrüder
Pfund GmbH
b) Museen der Stadt Dresden,
Stadtmuseum
c) Staatliche Museen zu Berlin –
Preußischer Kulturbesitz, Kunstbibliothek

Odol

Drei Odol-Flaschen
a) Lingner-Werke; um 1910;
Dresden; Papier, Glas, Nicht-
eisenmetall; 12,4 x 6 x 2,9 cm
b) VEB Elbe Chemie; 1985;
Dresden; Papier, Glas, Kunststoff; 12,5 x 4,6 x 3 cm
c) GlaxoSmithKline Consumer
Healthcare GmbH & Co. KG;
2005; Brühl; Papier, Glas,
Kunststoff; 14,5 x 6 x 3 cm
Deutsches Hygiene-Museum,
Dresden

**Werbeanzeige für Odol mit
Plagiaten**
12. März 1910; Papier;
29,0 x 21,2 cm

Deutsches Hygiene-Museum,
Dresden
Werbeschild »Odol«
Lingner-Werke
um 1910; Dresden; Eisenblech,
emailliert; 59 x 118,5 x 7 cm
Deutsches Hygiene-Museum,
Dresden

Chlorodont

**Zahnpastatube »Chlorodont«
mit Faltschachtel**
Leo-Werke GmbH
1920er Jahre; Dresden, Metall,
Pappe; ca. 2 x 3 x 12 cm
Dental-Kosmetik GmbH & Co.
KG, Dresden
**Zahnpflegeset »Putzi. Kinder-
zahnpflege«**
VEB Elbe-Chemie Dresden
1985–1990; Dresden, Geschenk-
karton; Papier, Glas, Kunststoff,
Metall, Karton; 6 x 21 x 16,5 cm
Deutsches Hygiene-Museum,
Dresden
**Zwei Werbeaufsteller für
»Chlorodont«**
a) »Chlorodont die Qualitäts-
Zahnpaste«
b) »Abends und morgens Chlo-
rodont«
Leo-Werke GmbH; 1930–1939;
Dresden; Pappe; 31,8 x 19,8 cm
Deutsches Hygiene-Museum,
Dresden
Plakat »Nimm Putzi«
Günter Schmitz (1909–2002)
1962; Dresden; ca. 42,0 x 30,0 cm
Dental-Kosmetik GmbH & Co.
KG, Dresden

Mineralwasseranstalt Dr. Struve

**Mineralwasserflasche von
Dr. Struve in Dresden**
Mitte 19. Jh.; Dresden; Glas;
H 17 cm

Eugen Leitherer, München
**»Die nachgesuchte Erteilung
eines Privilegiums für
Dr. Struwe wegen Bereitung
künstl. Mineralwassers«**
1831; Manuskript;
35,0 x 21,5 cm (Reproduktion)
Sächsisches Staatsarchiv –
Hauptstaatsarchiv Dresden
Plakate zu Mineralwasser
a) »Künstliche Mineralwässer
Dr. Struve & Soltmann«; Lucian
Bernhard (1883–1972); 1913;
Berlin; Lithographie;
34,4 x 46,8 cm
b) »Briesnitzer Sauer-Brunnen.
Städtische Mineralquellen zu
Dresden-Briesnitz«; um 1910;
Dresden; 75,0 x 33,0 cm
c) »Margonwasser prickelnd
frisch«; Heidenau, 1957;
84,0 x 59,0 cm
a) Kunstsammlungen Chemnitz
b) Museen der Stadt Dresden,
Stadtmuseum
c) Stiftung Haus der Geschichte,
Bonn

**Firma Kästner Diskret-
versand**

**Vier Kondompackungen
»Mondos spezial«**
vor 1989, Pappe, je 5 x 5 cm
Landeshauptstadt Dresden,
Stadtarchiv
**Werbematerial der Firma
Kästner**
a) Prospekt »75 Jahre«; H. K.-
Versand; 1974; Dresden, Papier;
14,5 x 10 cm
b) Werbekarte »Rauh-Präs. jetzt
ebenfalls lieferbar!«; H. K.-Ver-
sand; 1976; Dresden; Papier;
10,4 x 14,8 cm
c) Bestellkarte; H. K.-Versand;
um 1980; Dresden; Papier;
10,5 x 14,8 cm

Landeshauptstadt Dresden,
Stadtarchiv

**Sächsisches Serumwerk
Dresden**

**Drei Impfstoffe des Sächsi-
schen Serumwerkes**
a) »Masern-Impfstoff SSW«;
um 1986; Dresden; Papp-
schachtel mit Glasampullen;
13 x 18 x 2 cm
b) »Influenza-Virus-Absorbat-
Impfstoff SSW«; um 1980;
Dresden; Pappschachtel mit
fünf Glasampullen; 8,5 x 16 x
3 cm
c) »Influsphit SSW 2005/2006«;
2006; Dresden
Sächsisches Serumwerk
Dresden

Schreibmaschinenindustrie

**Erika – Die Königin der
Schreibmaschinen**
»Erika. Modell 1«; Aktiengesell-
schaft vormals Seidel & Nau-
mann; 1909; Metall;
16,3 x 28 x 24 cm
Museen der Stadt Dresden,
Technische Sammlungen
**Prospekt »Erika. Die Königin
der Kleinschreibmaschinen«**
Seidel & Naumann AG;
um 1930; Dresden; Papier;
29 x 22,5 cm
Sächsisches Wirtschaftsarchiv
e. V., Leipzig
**Plakat »SEIDEL & NAUMANN
Schreibmaschinen«**
um 1900; Lithographie;
68,0 x 45,5 cm
Staatliche Museen zu Berlin –
Preußischer Kulturbesitz, Kunst-
bibliothek

Nähmaschinenindustrie

Gestellnähmaschine »Veritas«
Clemens Müller GmbH; um
1900; Dresden; Metall; ca. 105 x
76 x 44 cm
Museen der Stadt Dresden,
Technische Sammlungen
Werbeschild »Veritas«
Clemens Müller AG; um 1920;
Dresden; Eisenblech, emailliert;
50,5 x 36 cm
Museen der Stadt Dresden,
Technische Sammlungen
**Plakat »Clemens Müller.
Dresden«**
Hermann Neuber
um 1890; Leipzig; Chromolitho-
graphie; 79,9 x 50,5 cm
Kunstsammlungen Chemnitz

Kameraindustrie

**Der erste Amateurfilmapparat
»Ernemann-Kino I«**
Johann Heinrich Ernemann
(1850–1928)
1903–1908; Heinrich Ernemann
AG Dresden; Holz, Leder,
Metall, Glas; 16 x 15 x 15 cm
Ernst Hirsch, Dresden
Film für die »Ernemann-Kino I«
Heinrich Ernemann AG Dresden;
um 1905
a) Filmdose; Metall; H 3 cm,
Dm 5 cm
b) 17,5 mm-Filmrolle;
H 1,75 cm, Dm ca. 4 cm
Ernst Hirsch, Dresden
**Historische Filmaufnahmen
mit dem »Ernemann-Kino«
aus Dresden**
1903–1905; DVD 2005; ca. 4 min.;
Schnitt: Theo Thiesmeier, Berlin
**Drei Fotoapparate aus
Dresdner Produktion**
a) »Kine Exakta«; Ihagee-Kame-
rawerke Dresden; Kleinbild-

Spiegelreflexkamera; 1940;
Metall, Glas; 7 x 16 x 4 cm
b) »Praktika mat«; VEB Pentacon
Dresden; Kleinbild-Spiegel-
reflexkamera; 1966; Metall,
Kunststoff; Glas; 12 x 18 x
12 cm
c) Geräuscharme Spiegelreflexkamera (GSK); VEB Pentacon
Dresden; 1977–1984; Metall,
Kunststoff; Glas;
17,4 x 16,6 x 12,8 cm
a, b) Museen der Stadt Dresden,
Technische Sammlungen
c) Stiftung Haus der
Geschichte, Bonn
Werbeschild »Zeiss Ikon«
1910–1920; Dresden; Eisenblech, emailliert; 68,0 x 33,0 cm
Museen der Stadt Dresden,
Stadtmuseum
**Fünf Plakate zu Kameras aus
dem Hause Ernemann**
a) »Ernemann«; Hans Carl
Friedrich Unger (1872–1936);
1900–1930; Lithographie;
90,0 x 119,0 cm
b) »Ernemann Platten«; Ludwig
Hohlwein (1874–1949);
1900–1930; 41,7 x 29,6 cm
c) »Ernemann Kamera Optik-
Verschluß«; Ludwig Hohlwein
(1874–1949); 1900–1930;
55,7 x 40,2 cm
d) »Ernemann-Kinox. Der ideale
Familienkinematograph«;
1900–1930; Offset;
55,0 x 35,0 cm
e) »Ernemann Cameras sind
die Besten«; Hans Carl Friedrich
Unger (1872–1936);
1900–1930; Lithographie;
93,0 x 63,9 cm
a–d) Staatliche Museen zu
Berlin – Preußischer Kulturbesitz, Kunstbibliothek
e) Kunstsammlungen Chemnitz

Lichtdruck

»Großer Schlosshof«
Emil Römmler (1842–1941)
1896; Dresden; Lichtdruck aus
der Mappe »Das Königliche
Residenz-Schloß zu Dresden«;
ca. 72,0 x 52,0 cm
Bauhaus-Universität Weimar,
Universitätsbibliothek

Mikroelektronik

**Tisch-Rechenautomat
»IMR D 4a«**
Nicolaus Joachim Lehmann
(1921–1998)
um 1964; Dresden, Holz, Metall,
Kunststoff; 44 x 57,5 x 43 cm
Technische Universität Dresden,
Sammlung Historischer Rechen-
maschinen
**Speichermedien aus Dresdner
Produktion**
a) D4a-Logik-Karten; um 1964;
Dresden, ca. 3 x 17 x 17 cm
b) 5-Zoll-Siliziumscheibe mit 68
Megabite-Chips; Zentrum Mikro-
elektronik Dresden; 1989;
Kunststoff, Metall, Textil;
3 x 16,4 x 16,4 cm
c) 300-mm-Wafer; Infineon
Technologies; 2005; Dm 30 cm
d) 1G DDR2 T11, Microchip;
Infineon Technologies; 2005;
1 x 2 cm
a) Technische Universität Dres-
den, Sammlung Historischer
Rechenmaschinen
b) Stiftung Haus der
Geschichte, Zeitgeschichtliches
Forum Leipzig
c, d) Infineon Technologies
Dresden GmbH & Co.OHG
**Zwei Plakate zur Mikro-
elektronik**
a) »Im Wettlauf mit der Zeit«;
Jürgen Mücke und Hartmut

Schorsch; 1987; Magdeburg;
57,3 x 40,6 cm
b) »Working without limits«;
Infineon Technologies; 2005;
84,0 x 59,0 cm
a) Stiftung Haus der Geschichte,
Zeitgeschichtliches Forum Leipzig
b) Infineon Technologies Dresden GmbH & Co.OHG

**Erfindungen von Manfred von
Ardenne (1907–1997)**

**Modell einer »IRATHERM 2000«
zur Ganzkörperhyperthermie**
1992; Dresden; Kunststoff;
17 x 33 x 23 cm
Alexander von Ardenne, Dresden

Dresdner Ratschaisenträger

**Modell einer Sänfte der
Ratschaisenträger**
um 1710; Dresden; 2. Hälfte
20. Jh.; Holz, Metall; Maßstab
1:15; 33 x 26 x 51 cm
Verkehrsmuseum Dresden
**Firmenschild Karosseriebau
»Gläser«**
um 1930; Dresden; Nachferti-
gung 2006; Metall; 6,5 x 5 cm
Verkehrsmuseum Dresden
**Tragegeschirr der Ratsch-
aisenträger zum Transport
schwerer Lasten**
um 1950; Dresden; Leder, Hanf,
Metall; ca. 40 x 140 cm
Ratschaisenträger zu Dresden
OHG

Die erste deutsche Dampflok

**Modell der Dampflok »Saxo-
nia« mit Tender**
Johann Andreas Schubert
(1808–1870)
1839; Dresden; 2. Hälfte 20. Jh.;
Holz, Metall; Maßstab 1:10;

54 x 25 x 100 cm
Verkehrsmuseum Dresden
**Schienenstück der Strecke
Leipzig-Dresden**
»Amerikanischer-Oberbau«;
um 1836–1838; Holz, Metall;
12 x 10,5 x 87 cm
Verkehrsmuseum Dresden

Verkehrsflugzeug »152«

Modell des Flugzeuges »152/II«
um 1959; Schreibtischmodell;
Metall; Maßstab 1:75;
22 x 44 x 38 cm
Verkehrsmuseum Dresden
Werbefilm für die »152«
um 1959; CD-Rom, ca. 15 min.
Fraunhofer Institut Werkstoff-
und Strahltechnik, Dresden;
© Airbus

VW »Phaeton«

Modell eines »Phaeton«
2005; Metall, Kunststoff; Maßstab 1:18; 8 x 11,5 x 28 cm
Die Gläserne Manufaktur von
Volkswagen in Dresden
**Drei Lackmodelle zur Auswahl
des Lackes**
2005; Gießharz; 6 x 26 x 10 cm
a) Farbe: Tarantella schwarz
perleffekt
b) Farbe: Coucou grau metallic
c) Farbe: Silverarrow metallic
Die Gläserne Manufaktur von
Volkswagen in Dresden
Schriftzug »Phaeton«
2005; sieben einzelne Buchsta-
ben; Metall; zusammen: 14 x 2 cm
Die Gläserne Manufaktur von
Volkswagen in Dresden
**Plakat »Ein Meisterstück aus
Dresden«**
2005; 84,1 x 59,4 cm
Die Gläserne Manufaktur von
Volkswagen in Dresden

Fahrräder

**Zwei Plakate zu Naumann-
Fahrrädern**
um 1930
a) »Das Rad ist so«; 65,0 x 45,0 cm
b) »Schlagfeste Emaillierung«;
50,0 x 39,0 cm
Sächsisches Industriemuseum
Chemnitz

Tintenproduktion

**Zehn Farbbänder für Schreib-
maschinen**
1930er Jahre; August Leonhardi
AG; Dresden; Metall, Kunststoff,
Stoff; Dm 5–10 cm
Museen der Stadt Dresden,
Technische Sammlungen
**Tintenflaschen aus Dresdner
Produktion**
Glas, Papier, Kunststoff; leer
a) »Leonhardi Tinte«; um 1940;
August Leonhardi AG;
20 x 7 x 7 cm
b) »Barock Füllhaltertinte«;
vor 1989; 6,5 x 7,2 x 4 cm
a) Museen der Stadt Dresden,
Technische Sammlungen
b) Privatbesitz

Bierdeckel

Vier Bierdeckel
Robert Ludwig Sputh
(1843–1913)
nach 1900; Dresden; Holzfilz,
Dm ca. 10 cm
Matthias Walther, Kreischa

Steingutfabrik Villeroy & Boch

Nachttopf
um 1900; Villeroy & Boch; Dresden; Steingut; H 12 cm, Dm 27 cm
Museen der Stadt Dresden,
Stadtmuseum

Zwei Wandfliesen
um 1900; Villeroy & Boch;
Dresden; Steingut; jeweils:
1 x 15 x 15 cm
Museen der Stadt Dresden,
Stadtmuseum

Schuhcreme von »Eg-Gü«

**Drei Plakate zu Schuhcreme
aus dem Hause »Eg-Gü«**
a) »Bewunderung ein Schuh
erregt der ständig mit Eg-Gü
gepflegt«; 1954; 84,0 x 59,0 cm
b) »Eg-Gü Lederöl mit Silikon
pflegt ihre derben Schuhe«;
1967; 84,0 x 59,3 cm
c) »Für jeden Schuh Eg-Gü«;
1958; 82,0 x 58,0 cm
Museen der Stadt Dresden,
Stadtmuseum

**Dresdner Werkstätten für
Handwerkskunst**

**Plakat »Ausstellung der
Dresdner Werkstätten für
Handwerkskunst«**
Otto Fischer (1870–1947)
1903; Dresden; Lithographie;
66,3 x 97,1 cm
Kunstsammlungen Chemnitz

Steckenpferd Lilienmilch-Seife

**Plakat »Steckenpferd Lilien-
milch-Seife von Bergmann & Co«**
um 1900; Bruxelles; Lithographie; 99,8 x 149,0 cm
Kunstsammlungen Chemnitz

Naturheilkunde

**Sonnenliege aus dem
Lahmann-Sanatorium**
um 1920; Rattan, Holz, Metall;
95 x 70 x 82 cm (zusammen-
geklappt); Tiefe: 137 cm

(auseinandergeklappt)
Deutsches Hygiene-Museum,
Dresden

**»Das neue Naturheilverfahren
mit Einschluß der Biologie.
Lehr- und Nachschlagebuch
der naturgemäßen Heilweise
und Gesundheitspflege.
Ein Ratgeber in gesunden und
kranken Tagen«**
Friedrich Eduard Bilz (1842–
1922)
1921; Verlag von F. E. Bilz,
Leipzig
Deutsches Hygiene-Museum,
Dresden

**Historische Filmaufnahmen
»Licht, Luft und Wasser.
Ein Film für das deutsche Volk
in vier Abteilungen«**
Friedrich Eduard Bilz
(1842–1922)
1926; DVD 2006; 2:20 min.;
Schnitt: Theo Thiesmeier, Berlin
Bundesarchiv – Filmarchiv,
Berlin

Flasche »Sinalco«
ca. 1910; Glas; H 21 cm
Die Deutsche Sinalco GmbH,
Duisburg

**Plakat »Sinalco. Alcoholfreies
Tafelgetränk«**
ca. 1907; Lithographie; 81,0 x
61,0 cm
Die Deutsche Sinalco GmbH,
Duisburg

Dresdner Christstollen

**Verpackung »Echter Dresdner
Christstollen«**
2005; Pappe; 8,5 x 43,5 x 19 cm
Privatbesitz

**Historische Filmaufnahmen
zu Dresdner Produkten und
Erfindungen**
DVD 2006; 10 min.; Schnitt:

Theo Thiesmeier, Berlin
Bundesarchiv – Filmarchiv, Berlin
Progress Filmverleih, Berlin
Deutsches Rundfunkarchiv,
Potsdam
Günter Eiselt, Dresden
Infineon Technologies Dresden
GmbH & Co. OHG
Die Gläserne Manufaktur von
Volkswagen in Dresden

**Schlussbild: Stimmen über
Dresden**
2006; Videoinstallation und
Projektion
Regie: Jan Martin Scharf
Kamera: Philipp Schäfer
Interviews: Jan Martin Scharf
und Kathrin Ahnert
Interviewpartner: Prof. Theo
Adam, Sylke Bock, Michael
Bormann, Dr. Eberhard Burger,
Susanne Dagen, Jens Gensch-
mar, Anja Güldner, Durs Grün-
bein, Dr. Diane Hirschfeld,
Dr. Karl-Ludwig Hoch, Lan Ngu-
yen, Tom Pauls, Frank Richter,
Winfried Ripp, Ingolf Roßberg,
Nilsson Samuelsson, Prof. Dr.
Petra Schwille, Prof. Dr. Ulrike
Stopka
Projektion: Matthias Wächter
Deutsches Hygiene-Museum,
Dresden
Mit freundlicher Unterstützung
von Google und der Landes-
hauptstadt Dresden, Städtisches
Vermessungsamt

Autorenbiographien

Kathrin Ahnert
M.A., Studium der Neueren und Neuesten Geschichte, Germanistik/Literaturwissenschaft und Erziehungswissenschaft in Dresden, Mitarbeit bei der Gedenkstätte Bautzen und der Holocaust Memorial Foundation of Illinois/USA. Seit 2005 wissenschaftliche Mitarbeit am Ausstellungsprojekt »Mythos Dresden« am Deutschen Hygiene-Museum.

Andreas Beyer
Prof. Dr. phil., Kunsthistoriker. Nach Professuren an der Universität Jena und an der RWTH Aachen seit 2003 Ordinarius für die Kunstgeschichte der Neuzeit an der Universität Basel. Forschungen zur Architektur- und Kunstgeschichte der Italienischen Renaissance, zur Deutschen Klassik und im Bereich der Wissenschaftsgeschichte. Projektleiter im Forschungsschwerpunkt »Iconic Criticism« des Schweizerischen Nationalfonds. Mitherausgeber der »Zeitschrift für Kunstgeschichte«. Letzte Buchveröffentlichungen: »Das Porträt in der Malerei«, München 2003; »Bild und Erkenntnis. Formen und Funktionen des Bildes in Wissenschaft und Technik«, München 2005.

Jens Bisky
Dr. phil., Studium der Kunstwissenschaften und Germanistik an der Humboldt-Universität zu Berlin, Redakteur im Feuilleton der Süddeutschen Zeitung. Letzte Buchveröffentlichungen: »Poesie der Baukunst.

Architekturästhetik von Winckelmann bis Boisserée«, Weimar 2000; »Geboren am 13. August. Der Sozialismus und ich«, Berlin 2004; »Die deutsche Frage. Warum die Einheit unser Land gefährdet«, Berlin 2005.

Ronald Füssel
Dr. phil., Studium der Geschichte und Kunstgeschichte an der Philipps-Universität Marburg und an der Kansas-State University, seit 1998 kulturhistorische Ausstellungen, u. a. Deutsches Museum Bonn, Museum für Hamburgische Geschichte, Universitätsmuseum Marburg, Stadtmuseum Erfurt. Freier Kurator.

Ulrike Gätke-Heckmann
M.A., Studium der Mittleren und Neueren Geschichte, Historischen Hilfswissenschaften/Archivwissenschaft und Betriebswirtschaftslehre in Leipzig und Amsterdam. Mitarbeit an der Sonderausstellung »Dansen, dansen, dansen« in Amsterdam. Seit Februar 2005 wissenschaftliche Mitarbeit am Ausstellungsprojekt »Mythos Dresden« am Deutschen Hygiene-Museum.

Durs Grünbein
geboren in Dresden, lebt seit 1985 als Lyriker, Übersetzer, Essayist in Berlin. Neben zahlreichen anderen Auszeichnungen erhielt er 1995 den Georg-Büchner-Preis, 2004 den Friedrich-Nietzsche-Preis und 2005 den Friedrich-Hölderlin-Preis.

Letzte Veröffentlichungen: »Warum schriftlos leben. Aufsätze«, Frankfurt 2003; »An Seneca. Postscriptum«, Frankfurt 2003; »Vom Schnee oder Descartes in Deutschland«, Frankfurt 2003; »Berenice. Ein Libretto nach E.A. Poe«, Frankfurt 2004; »Der Misanthrop auf Capri, Historien, Gedichte«, Frankfurt 2005; »Antike Dispositionen. Aufsätze«, Frankfurt 2005; »Porzellan. Poem vom Untergang meiner Stadt«, Frankfurt 2005.

Gunda Luyken
Dr. phil., Studium der Kunstgeschichte, Philosophie und Betriebswirtschaftslehre in München, Paris (École du Louvre), Karlsruhe (ZKM), Wien (Universität für Angewandte Kunst); DAAD Stipendiatin in New York und Wien; 2002-2004 Leiterin der Abt. Künstler-Archive der Berlinischen Galerie, Museum für Moderne Kunst, Fotografie und Architektur; freie Kuratorin; zahlreiche Veröffentlichungen zur Kunst des 19.–21. Jahrhunderts.

Olaf B. Rader
PD Dr. phil. habil., Studium der Geschichte und Archivwissenschaft in Berlin, wissenschaftlicher Mitarbeiter bei den Monumenta Germaniae Historica an der Berlin-Brandenburgischen Akademie der Wissenschaften, lehrt als Privatdozent an der Humboldt-Universität zu Berlin Kulturgeschichte des Mittelalters, letzte Veröffentlichungen: »Grab und Herrschaft. Politi-

scher Totenkult von Alexander dem Großen bis Lenin«, München 2003; »Kleine Geschichte Dresdens«, München 2005.

Ingo Schulze
geboren in Dresden, lebt seit 1993 in Berlin, studierte Klassische Philologie in Jena und arbeitete in Altenburg als Schauspieldramaturg und Zeitungsredakteur. Für sein erstes Buch »33 Augenblicke des Glücks« wurde er 1995 mit dem aspekte-Literaturpreis ausgezeichnet. Für »Simple Storys«, Berlin 1998, erhielt er den Berliner Literaturpreis mit der Johannes Bobrowsky-Medaille, 2001 den Joseph-Breitbach-Literaturpreis, letzte Veröffentlichungen: »Von Nasen, Faxen und Ariadnefäden« (zusammen mit Helmar Penndorf), Berlin 2001, Neue Leben, Berlin 2005.

Sigrid Walther
Kunsthistorikerin, 1977–1991 Galeristin in Dresden, 1991–2002 freie Ausstellungskuratorin, seit 2003 wissenschaftliche Mitarbeiterin am Deutschen Hygiene-Museum in Dresden. Ausstellungen und Veröffentlichungen zu kunst- und kulturhistorischen Themen.

Dank

Bei der Vorbereitung der Ausstellung und der Publikation wurde uns von vielen Seiten Rat und Unterstützung gewährt. Wir danken folgenden Damen und Herren

Baden-Baden
Gisela und Helmut Joos
Sabine und Armin Röttele

Bad Homburg
Dr. Friedl Brunckhorst

Basel
Anna Jessen

Bautzen
Dr. Birgit Mitzscherlich

Bayreuth
Gudrun Foettinger
Dr. Sven Friedrich

Berlin
Elke Ahrens
Dr. Petra Albrecht
Kerstin Cmelka
Stephan Dörschel
Prof. Dr. Bernd Evers
Charlotte Frank
Dr. Jörn Grabowski
Durs Grünbein
Erika Hoffmann-Koenige
Cornelia Klauss
Fritz Lobeck
Dr. Hans-Dieter Nägelke
Prof. Dr. Eef Overgaauw
Dr. Dorothea Peters

Vera Reise
Dr. Matthias Schirren
Gudrun Schmidt
Prof. Axel Schultes
Prof. Dr. Peter-Klaus Schuster
Ingo Schulze
Dr. Wolfgang Trautwein
Prof. Konrad Vanja
Dr. Dieter Vorsteher
Wolfgang Wittrock
Dr. Samuel Wittwer
Peter Zimmermann

Bern
Prof. Dr. Martin Dreier

Bonn
Volker Thiel
Prof. Dr. Hermann Schäfer

Bremen
Bremer Theater

Chemnitz
Jana Bille
Katharina Metz
Ingrid Mössinger

Dresden
Dr. Christoph Adam
Prof. Theo Adam

Dr. Alexander von Ardenne
Frank Aurich
Dr. Nancy Aris
Dr. Werner Barlmeyer
Dr. Lorenz Beck
Axel Becker
Michael Beleites
Marcel Beyer
Ulrike Beyer
Dr. Ulrich Bischoff
Sylke Bock
Michael Bormann
Dr. Jens Bowe
Harald Bretschneider
Dr. Nils Brübach
Dr. Thomas Bürger
Eberhard Burger
Susanne Dagen
Rudolf Eichner
Martina Drieschner
Dr. Günter Eiselt
Ralf Eisenschmidt
Walter Ekkehard
Konrad Felber
Jutta Frevert
Dr. Anke Fröhlich
Kristin Gäbler
Wolfgang Gahn
Jens Genschmar

Steffen Giersch
Prof. Anke Glasow
Prof. Dieter Goltzsche
Dr. Rainer Grund
Anja Güldner
Dr. Norbert Haase
Andreas Heine
Bernd Heise
Dr. Anette Hellmuth
Dr. Andreas Henning
Ernst Hirsch
Dr. Diana Hirschfeld
Dr. Karl-Ludwig Hoch
Jürgen Hofmann
Prof. Dr. Wolfgang Holler
Gisela Hoppe
Dr. Igor A. Jenzen
Lothar Klein
Wolfram Kluge
Dr. Thekla Kluttig
Peter Kny
Dr. Andreas Krase
Uwe Kretzschmar
Thomas Kübler
Ralf Kukula
Nora Lang
Thomas Lange
Dr. Hans-Ulrich Lehmann
Gerda Lepke
Dr. Heinz-Werner Lewerken
Dr. Helmut Lindner
Claus Lippmann
Eugen Lisewski
Prof. Dr. Manfred Ludwig
Hans-Peter Lühr
Prof. Enno Markwart
Prof. Dr. Harald Marx
Maren May
Erika Naumann
Prof. Dr. Hans Joachim Neidhardt
Christian Neuber
Peter Neukirch
Matthias Neutzner
Lan Nguyen
Anita Niederlag
Kathrin Nitzschke
Tom Pauls
Dr. Rosemarie Pohlack
Götz-Ulrich Penzel

Andreas Pischel
Dr. Peter Plaßmeyer
Dr. Gisbert Porstmann
Lars Rebehn
Prof. Dr. Siegbert Rehberg
Friedrich Reichert
Prof. Ivan Reimann
Frank Richter
Katrin Riedel
Winfried Ripp
Annegret Rösel
OBM Ingolf Roßberg
Diana Rulle
Sächsischer Landtag
Nilsson Samuelsson
Christine C. Scheerle
Nicole Schönherr
Dr. Heinz Schulz
Roland Schwarz
Prof. Dr. Petra Schwille
Rico Seifert
Dr. Erich Sobeslavsky
Christine Stade
Wolfgang Steinert
Prof. Dr. Ulrike Stopka
Kerstin Stöver
Prof. Christine Straumer
Dr. Peter Ufer
Dr. André van der Goes
Chloë Voisin
Frank Wend
Dr. Peter Wiegand
Ursula Wilde
Prof. Dipl.-Ing. Thomas Will

Erkelenz
Fritz Lieberwirth

Frankfurt am Main
William Forsythe

Freital
Rolf Günther

Fritzlar
Dr. Johann Henrich Schotten

Goch
Dr. Stephan Mann

Graz
Dr. Gudrun Danzer

Dr. Christa Steinle

Hamburg
Andrea Joosten
Stefan Keuchel
Prof. Dr. Uwe Schneede
Dr. Andreas Stolzenburg

Kassel
Dr. Michael Eissenhauer
Dr. Marianne Heinz

Köln
Herbert Burkert
Stefan Diederich
Prof. Dr. Siegfried Gohr
Candida Höfer
Prof. Kasper König

Krefeld
Dr. Martin Hentschel
Dr. Sabine Röder

Leipzig
Dr. Rainer Eckert
Melanie Gruß
Dr. Birgit Heise
Mitteldeutscher Rundfunk
Kerstin Langwagen
Doris Mundus
Dr. Volker Rodekamp
Dr. Heidi Roth
Gabriele Ruiz
Dr. Dietulf Sander
Dr. Janine Schulze
Karsten Sichel
Siegfried Stadler
Tilla Stöckigt

London
Sophie Gordon
Violet Hamilton

Lünen
Gudrun Fabian

Marbach
Dr. Michael Davidis

Marburg
Dr. Christian Bracht

Mannheim
Hans und Inge Bichelmeier

Meißen
Dr. Peter Braun
Dieter Keil
Dieter Ottlik
Dr. Hannes Walter

Minden
Annett Hässler

München
Dr. Ursula Henn

Münster
Dr. Monika Kopplin

Neuruppin
Dr. Peter Schmidt

Nürnberg
Dr. Ulrich Grossmann
Dr. Rainer Schoch

Pirna
Gisela Hanl

Potsdam
Thomas Gubig

Radebeul
Dirk Günther
René Wagner

St. Gallen
Franziska Severin

Stuttgart
Prof. Dr. Ulrike Gauss

Weimar
Dr. Frank Simon-Ritz

Wien
Dr. Ulrike Dembski
Dr. Barbara Lesák
Dr. Thomas Trabitsch
Prof. Dr. Patrick Werkner

Zürich
Prof. Dr. Christoph Eggenberger
Ruth Häusler
Daniel Weiss

Darüber hinaus danken wir folgenden Institutionen und Firmen für Einsicht in Archive, die Überlassung von Filmen oder Sachspenden

Berlin
Presse- und Informationsamt der
   Bundesregierung
Rundfunk Berlin-Brandenburg

Dresden
Deutsche Werkstätten Hellerau
   GmbH
Erich-Kästner-Museum
Jüdische Gemeinde
Landeshauptstadt Dresden

Städtisches Vermessungsamt
Staatsschauspiel Dresden
Mitteldeutscher Rundfunk,
   Landesfunkhaus Sachsen
Palucca Schule Dresden –
   Hochschule für Tanz
Institut Rhythmik Hellerau e. V.
Internationales Congress Center

Frankfurt/Main
The Forsythe Company

Gütersloh
Bertelsmann AG

Hamburg
Google

Leipzig
Mitteldeutscher Rundfunk

Radebeul
Sächisches Staatsweingut GmbH
   Schloß Wackerbarth

Leihgeber

Bad Homburg
Verwaltung der Staatlichen
   Schlösser & Gärten Hessen

Basel
Anna Jessen

Bautzen
Domschatzkammer St. Petri
   Bautzen

Bayreuth
Richard-Wagner-Museum mit
   Nationalarchiv der Richard-
   Wagner-Stiftung

Berlin
Agentur Ostkreuz – Agentur der
   Fotografen GmbH
Akademie der Künste
   Archiv Darstellende Kunst
   Baukunstarchiv
   Kunstsammlung
Kerstin Cmelka
Deutsches Historisches
   Museum
Herbert Franke
Presse- und Informationsamt der
   Bundesregierung
Sammlung Hoffmann

Axel Schultes Charlotte Frank
   Architekten
Staatliche Museen zu Berlin –
   Stiftung Preußischer Kultur-
   besitz
   Kunstbibliothek
   Museum Europäischer
   Kulturen
   Zentralarchiv
Staatsbibliothek zu Berlin –
   Preußischer Kulturbesitz
Technische Universität Berlin,
   Plansammlung

Bern
Schweizerische Theatersammlung

Bonn
Stiftung Haus der Geschichte der Bundesrepublik Deutschland

Chemnitz
Kunstsammlungen Chemnitz
Sächsisches Industriemuseum Chemnitz

Dresden
Dr. Alexander von Ardenne
Bertolt-Brecht-Gymnasium
OLKR Harald Bretschneider, Landesjugendpfarrer von 1975–1991
Dental Kosmetik GmbH & Co. KG
Deutsche Werkstätten Hellerau GmbH
Die Bundesbeauftragte für die Unterlagen des Staatssicherheitsdienstes der ehemaligen DDR, Ast. Dresden
Die Gläserne Manufaktur von Volkswagen in Dresden
Dresdner Molkerei Gebrüder Pfund GmbH
Galerie Döbele
Steffen Giersch
Einhart Grotegut
Marian Günther
Peter Götz Güttler
Sächsisches Staatsarchiv – Hauptstaatsarchiv Dresden
Bernd Heise
Ernst Hirsch
Kampfmittelbeseitigungsdienst Sachsen
Günter Karasek
Karstadt
Heinz Kitsche
Peter Kny
Thomas Kübler
Landesamt für Denkmalpflege Sachsen
Landeshauptstadt Dresden

Amt für Kultur und Denkmalschutz bzw. Grünflächenamt
Stadtarchiv
Stadtplanungsamt, Geschäftsbereich Stadtentwicklung
Claus Lippmann
Falk Löffler
Loschwitzer Antiquariat Claus Kunze
Kostas Margitudis
Militärhistorisches Museum der Bundeswehr Dresden
Museen der Stadt Dresden
Stadtmuseum
Technische Sammlungen
Christian Neuber/ Maler und Grafiker
Matthias Neutzner
Palucca-Schule Dresden – Hochschule für Tanz
Rigo Pohl
Polizeidirektion Dresden
Ratschaisenträger zu Dresden OHG
Sächsische Landesbibliothek – Staats- und Universitätsbibliothek
Sächsische Landesbibliothek – Staats- und Universitätsbibliothek, Deutsche Fotothek
Sächsisches Serumwerk Dresden
Heinz Schulz
Staatliche Kunstsammlungen Dresden
Galerie Neue Meister
Gemäldegalerie Alte Meister
Kunstgewerbemuseum
Kupferstich-Kabinett
Mathematisch-Physikalischer Salon
Münzkabinett
Museum für Sächsische Volkskunst
Puppentheatersammlung
Rüstkammer
Skulpturensammlung
Staatsschauspiel Dresden
Städtische Galerie Dresden

Stiftung Deutsches Hygiene-Museum
Technische Universität Dresden, Kustodie-Sammlungen und Kunstbesitz
Detlef Ulbrich
Verkehrsmuseum Dresden
Ekkehard Walter

Duisburg
Die Deutsche Sinalco GmbH

Düsseldorf
Teekanne GmbH & Co. KG

Espelkamp
Sammlung Gauselmann – Deutsches Automatenmuseum

Freital
Städtische Sammlungen Freital auf Schloss Burgk

Fritzlar
Stiftung »Museum Fritzlar«

Gera
Gerda Lepke

Graz
Neue Galerie am Landesmuseum Joanneum

Hamburg
Hamburger Kunsthalle

Hannover
Kestner-Museum

Köln
Museum Ludwig

Krefeld
Kunstmuseen Krefeld

Leipzig
Deutsche Bücherei Leipzig
Museum für Musikinstrumente der Universität Leipzig
Sächsisches Wirtschaftsarchiv e.V.
Stadtarchiv Leipzig
Stadtgeschichtliches Museum Leipzig

Stiftung Haus der Geschichte
der Bundesrepublik Deutsch-
land, Zeitgeschichtliches
Forum Leipzig
Universitätsbibliothek Leipzig,
Hauptbibliothek »Bibliotheca
Albertina«

Marbach am Neckar
Deutsches Literaturarchiv
Marbach

Marburg
Ronald Füssel

Meissen
Dieter Ottlik
Staatliche Porzellanmanufaktur
Meissen GmbH

Minden
Melitta Beratungs- und Verwal-
tungs GmbH & Co. KG

München
Eugen Leitherer

Münster
Museum für Lackkunst

Neuruppin
Bilderbogen-Dokumentations-
zentrum Neuruppin

Nürnberg
Germanisches Nationalmuseum

Pirna
Gisela Hanl

Potsdam
Stiftung Preußische Schlösser
und Gärten Berlin-Brandenburg, Graphische Sammlun-
gen/Plankammer

Radebeul
Karl-May-Museum
Claus Weidensdorfer

St. Gallen
Lukas Unseld

Stuttgart
Staatsgalerie Stuttgart

Warschau
The Royal Castle in Warsaw

Weiden
Henny Brenner

Weimar
Universitätsbibliothek, Bauhaus-
Universität Weimar

Wien
Österreichisches Theatermuseum
Universität für angewandte Kunst

Zürich
Hochschule und Museum für
Gestaltung und Kunst, Institut
für Geschichte und Theorie
der Architektur

Bildnachweis

Seite 1
Sylvio Dittrich; Blick auf die Elbe
mit Dampfer und Blauem
Wunder; Fotografie

Seite 2
Jaqueline Merz; Dresdner
Christstollen; Fotografie

Seite 3
Striezelmarkt auf dem Altmarkt;
1955; Plakat; Deutsches
Historisches Museum; Berlin

Seite 4
Sascha Schneider; Entwurf für
das Buchcover »Winnetou«
von Karl May; 1904; Pastell;
Karl-May-Museum; Radebeul

Seite 5
Andy Warhol; Raphael I-$ 6.99;
1985; Gemälde; Andy Warhol
Nachlass; Pittsburgh

Seite 6
Internationales Dixiland Festival
Dresden; Plakat; Sächsische
Festival Vereinigung e.V.;
Dresden

Seite 7
Matthias Krüger; Kreuzchor vor
dem Glockenspiel-Pavillon im
Dresdner Zwinger; Fotografie

Seite 8
Odol Mundwasserflasche;
Stiftung Deutsches Hygiene-
Museum; Dresden

Seite 9
Nimm Putzi, die Kinderzahnpaste
mit Fruchtgeschmack; Plakat;
Dental Kosmetik GmbH & Co.
KG; Dresden

Seite 10
Dieter Gutmann; Goldener Rei-

ter; Fotografie

Bautzen
Domschatzkammer St. Petri
Bautzen, Jürgen Matschie

Berlin
Akademie der Künste, Archiv
Darstellende Kunst
Baukunstarchiv
Bundeskunstarchiv
Bildarchiv Preußischer Kultur-
besitz
Deutsches Historisches
Museum
Presse- und Informationsamt der
Bundesregierung
Sammlung Hoffmann
Axel Schultes Charlotte Frank
Architekten
Staatliche Museen zu Berlin –
Stiftung Preußischer Kultur-
besitz

Alte Nationalgalerie
Neue Nationalgalerie

Bern
Schweizerische Theatersammlung

Bonn
Stiftung Haus der Geschichte
der Bundesrepublik Deutschland

Dresden
Herbert Boswank
Dental Kosmetik GmbH & Co. KG
Die Bundesbeauftragte für die
Unterlagen des Staatssicher-
heitsdienstes der ehemaligen
DDR
Sylvio Dittrich
Steffen Giersch
Marian Günther
Dieter Guttmann
Sächsisches Staatsarchiv Lan-
desbibliothek – Hauptstaats-
archiv Dresden
Bernd Heise
Matthias Krüger
Dieter Krull
Landesamt für Denkmalpflege
Sachsen, Bildsammlung
Landeshauptstadt Dresden –
Stadtarchiv
Werner Liebeknecht
Kostas Margitudis
Jaqueline Merz
Militärhistorisches Museum der
Bundeswehr Dresden
Museen der Stadt Dresden,
Stadtmuseum
Matthias Neutzner
Rigo Pohl
Sächsische Festival Vereinigung
e.V.
Sächsische Landesbibliothek –
Staats- und Universitätsbiblio-
thek/ Deutsche Fotothek,

Sigfried Bregulla, Regine
Richter, Martin Würker
Staatliche Kunstsammlungen
Dresden
Galerie Neue Meister
Gemäldegalerie Alte Meister:
Elke Estel, Hans Peter Klut
Grünes Gewölbe: Jürgen
Karpinski
Kunstgewerbemuseum:
Jürgen Karpinski
Kupferstich-Kabinett: Herbert
Boswank, Elke Estel, Hans
Peter Klut
Porzellansammlung: Jürgen
Karpinski
Puppentheatersammlung:
Frank Höhler
Rüstkammer: Hans Peter Klut
Staatsschauspiel Dresden: Hans
Ludwig Böhme
Stiftung Deutsches Hygiene-
Museum: Herbert Boswank,
Werner Liebknecht
Technische Universität Dresden,
Kustodie – Sammlungen und
Kunstbesitz
Ekkehard Walter

Essen
Museum Folkwang Essen

Frankfurt am Main
dpa Picture-Alliance GmbH, CTK

Graz
Neue Galerie am Landesmu-
seum Joanneum

Hamburg
Hamburger Kunsthalle

Hannover
Kestner-Museum

Köln
Candida Höfer
Rheinisches Bildarchiv

Leipzig
Museum der bildenden Künste
Leipzig: Ursula Gerstenberger
Stiftung Haus der Geschichte,
Zeitgeschichtliches Forum
Leipzig

London
The Wilson Centre for Photo-
graphy

Marbach am Neckar
Deutsches Literaturarchiv
Marbach

Münster
Museum für Lackkunst

New York
The Andy Warhol Foundation for
the Visual Arts/Artists Right
Society, New York

Nürnberg
Germanisches Nationalmuseum

Possendorf
Gemeindeverwaltung

Saarbrücken
Wandel, Hoefer, Lorch + Hirsch

St. Gallen
Lukas Unseld

Stuttgart
Staatsgalerie Stuttgart

Wien
Österreichisches Theater-
museum

Zürich
Hochschule und Museum für
Gestaltung und Kunst, Institut
für Geschichte und Theorie
der Architektur

186

Impressum

»Mythos Dresden.
Eine kulturhistorische Revue«
8. April – 31. Dezember 2006
Eine Ausstellung des
Deutschen Hygiene-Museums

Gefördert durch

KULTURSTIFTUNG
DES FREISTAATES
SACHSEN

**Kulturstiftung Dresden
der Dresdner Bank**

Odol

PLEON

und den Freundeskreis
Deutsches Hygiene-Museum e. V.

Stiftung Deutsches Hygiene-Museum
in Partnerschaft mit der

Deutsche Krankenversicherung

Direktor
Klaus Vogel

**Museums- und Ausstellungs-
leiterin, Stellvertretende Direktorin**
Gisela Staupe

Kaufmännischer Direktor
Hans-Werner Stumpf

Presse- und Öffentlichkeitsarbeit
Christoph Wingender

Marketing/Kooperationen
Sylvia Gnieser, Anja Sommer

Leihbüro
Silke Naumann, Stephan Rosenkranz

Ausstellungsbau
Werkstätten der Stiftung Deutsches
Hygiene-Museum unter der Leitung
von Karl-Heinz Söhnel

**Medientechnik und Ausstellungs-
betreuung**
Matthias Wächter, Kay Jansen

Ausstellung

Konzeption und Projektleitung
Sigrid Walther
Wissenschaftliche Mitarbeit
Kathrin Ahnert, Dr. Ronald Füssel,
Ulrike Gätke-Heckmann,
Dr. Gunda Luyken
**Finanzcontrolling und organisatori-
sche Mitarbeit**
Heike Jentzsch
Wissenschaftlicher Beirat
Marcel Beyer
Hans-Peter Lühr
Prof. Dr. Siegbert Rehberg
Ausstellungsarchitektur
Wandel Hoefer Lorch + Hirsch
Nikolaus Hirsch, Wolfgang Lorch
mit TU Darmstadt, FG Entwerfen und
Hochbaukonstruktion,
Marcus Kaiser (Gestaltungsleitung),
Tobias Katz (Produktionsleitung)
Dramaturgie
Jan Martin Scharf
Redaktion der Ausstellungstexte
Dr. Christine Gräfin von Brühl
Studentische Hilfskraft
Stefanie Brauer
Organisatorische Mitarbeit
Grit Jüttler
Praktikantinnen
Kornelia Ehrlich, Franka Häßner
Grafik und Reproduktion
Marion Mende, Gabriele Radde,
büro quer
Objekt- und Exponateinrichtung
Marcus Lilge mit A+Team
Schnitt historisches Filmmaterial
Theo Thiesmeier
Faltblatt, Plakat
Schmidt & Schumann, Dresden
**Restaurierung und Konservatori-
sche Betreuung**
Sybille Kreft, Jürgen Knoop
Transport
Hasenkamp Internationale Transporte
GmbH
Schenker Deutschland AG,
Frankfurt/Main
Hubert Barduhn, Stiftung Deutsches
Hygiene-Museum
Versicherung
Kuhn & Bülow, Berlin

Stiftung Deutsches Hygiene-Museum
Lingnerplatz 1, 01069 Dresden
Telefon +49 (0)351-4846-670
www.dhmd.de

Katalog

Herausgeber
Stiftung Deutsches Hygiene-Museum
Konzept und Redaktion der Essays
Helga Raulff
**Bildauswahl und Texte der
Bildessays**
»Dionysisches Dresden«:
Ronald Füssel   *rf*, Ulrike Gätke
Heckmann – *ugh*, Gunda Luyken – *gl*
»Musenort«: Gunda Luyken – *gl*,
Ulrike Gätke-Heckmann – *ugh*
»Apokalypse«: Ronald Füssel – *rf*
»Metamorphosen: Heißer Herbst
1989«: Kathrin Ahnert – *ka*
»Luftschlösser«: Gunda Luyken – *gl*
Bildverwaltung
Stefanie Brauer, Franka Häßner
Verlagslektorat
Stefan Wunsch
Titelgestaltung
Schmidt & Schumann, Dresden

Erschienen im
Böhlau Verlag GmbH & Cie.
Ursulaplatz 1, 50668 Köln
Telefon +49 (0)221-91390-0
Telefax +49 (0)221-91390-32
info@boehlau.de, www.boehlau.de
Alle Rechte vorbehalten.
Printed in Germany.

Druck + Verarbeitung
Westermann Druck, Zwickau

ISBN-10   3-412-34005-7
ISBN 978-3-412-34005-6

Siegfried Gerlach

George Bähr

Der Erbauer der Dresdner

Frauenkirche

Ein Zeitbild

2005. 236 S. 20 s/w-Abb.

auf 16 Tafeln. Gb. mit SU.

€ 19,90/SFr 34,90

ISBN 3-412-22805-2

Der Wiederaufbau der 1945 zerstörten Frauenkirche in Dresden, die im Oktober 2005 geweiht wird, rückte zunehmend Fragen zur Entstehungsgeschichte des Bauwerkes und seines Schöpfers George Bähr in den Blick. Im vorliegenden Band begibt sich Siegfried Gerlach auf eine Reise in die kurfürstlichsächsische Residenzstadt Dresden im 18. Jahrhundert und verfolgt die Entstehung der Frauenkirche von den ersten Entwürfen bis hin zu ihrer Vollendung. Vor dem Hintergrund des kulturellen und gesellschaftlichen Klimas der augusteischen Epoche schildert er den Aufbau der Kirche und bindet ihn zugleich in das Gesamtwerk des Ratszimmermeisters Bähr ein. Er nähert sich dem vielfältigen Wirken des großen bürgerlichen Barockarchitekten und entwirft einen panoramahaften Blick auf dessen Lebenswelt, geprägt durch die politischen und wirtschaftlichen Ambitionen Augusts des Starken, den barocken Ausbau der Residenzstadt sowie das kulturelle Milieu der Elbmetropole.

KÖLN WEIMAR WIEN

Böhlau

URSULAPLATZ 1, D-50668 KÖLN, TELEFON (0221) 91390-0, FAX 91390-11

2280505 0822

Schriften des Deutschen Hygiene-Museums Dresden

Bd. 1:
Annette Lepenies:
Wissen vermitteln im Museum.
2003. 212 S. 23 farb. Abb. auf 16 Taf. Br. € 24,90 / SFr 42,-
ISBN 3-412-18102-1

Bd. 2:
Der (im-)perfekte Mensch.
Metamorphosen von Normalität und Abweichung.
Hg. v. Petra Lutz, Thomas Macho, Gislea Staupe, Heike Zirden.
2003. 483 S. 38 farb. u. 67 s/w-Abb. Br. € 29,90 / SFr 50,20
ISBN 3-412-08403-4

Bd. 3:
Tiere.
Eine andere Anthropologie.
Hg. v. Hartmut Böhme, Franz-Theo Gottwald, Christian Holtorf, Thomas Macho, Ludger Schwarte, Christoph Wulff.
2004. 329 S. 37 s/w-Abb. Br.
€ 19,90 / SFr 34,90
ISBN 3-412-16003-2

Bd. 4:
Dingwelten.
Das Museum als Erkenntnisort.
Hg. v. Anke te Heesen, Petra Lutz.
2005. 194 S. 8 s/w- und 43 farb. Abb. auf 30 Taf. Br.
€ 24,90/SFr 43,70
ISBN 3-412-16604-9

Bd. 5:
Die Zehn Gebote.
Ein widersprüchliches Erbe?
Hg. von Hans Joas.
Bearb. von Christian Holtorf.
2006. Ca. 192 S. Br.
Ca. € 19,90/SFr 34,90
ISBN 3-412-36405-3

Böhlau

KÖLN WEIMAR WIEN

TR80806O310

URSULAPLATZ I, D-50668 KÖLN, TELEFON (0 22 I) 91 39 00, FAX 91 39 011

Reiner Pommerin
Geschichte der TU Dresden 1828—2003

(175 Jahre TU Dresden, Bd. 1)

2003. XII, 452 S. 38 s/w-Abb.

Gebunden.

€ 24,90/SFr 42,–

ISBN-10   3-412-02303-5

ISBN 978-3-412-02303-4

Am 1. Mai des Jahres 1828 schlug die Geburtsstunde der Technischen Bildungsanstalt, aus der sich die heutige Technische Universität Dresden entwickelte. Der erste Band der dreibändigen Reihe »175 Jahre TU Dresden« ist der Geschichte der TU Dresden und ihrer Vorgängerinstitutionen von 1828 bis 2003 gewidmet.

Das Buch bietet eine verständliche und gut lesbare Darstellung der Geschichte der TU Dresden von der Gründung als Technische Bildungsanstalt 1828 bis heute. Es beschreibt ihre Geschichte in den unterschiedlichen politischen Systemen. Schwerpunkte bilden dabei die Zeit der Weimarer Republik, des »Dritten Reiches«, ihrer Wiedereröffnung nach dem Zweiten Weltkrieg sowie der DDR. Ein Blick auf ihre Entwicklung seit der Wiedervereinigung rundet den Band ab.

Band 2: Thomas Hänseroth (Hg.). Wissenschaft und Technik.
Studien zur Geschichte der TU Dresden.
2003. IX, 308 S. 65 s/w-Abb. Gebunden. € 34,90/SFr 57,70
ISBN 978-3-412-02403-1 / ISBN-10 3-412-02403-1

Band 3: Dorit Petschel (Bearb.). Die Professoren
der TU Dresden 1828–2003. 2003. IX, 1090 Seiten.
50 s/w-Abbildungen. Gebunden. € 59,90/SFr 97,–
ISBN 978-3-412-02503-8 / ISBN-10 3-412-02503-8

Ursulaplatz 1, D-50668 Köln, Telefon (0221) 91 39 00, Fax 91 39 011

Köln Weimar Wien

Böhlau

0230306031o

Klaus Herbers

Helmut Neuhaus

Das Heilige

Römische Reich

Schauplätze einer

tausendjährigen

Geschichte

(843–1806)

Vor den Augen des Lesers läßt diese reich bebilderte und anschaulich erzählte Darstellung ein herrschaftliches Gebilde
aufleben, das etwa ein Jahrtausend lang die kulturelle, soziale
und politische Geschichte weiter Teile Europas maßgeblich
bestimmt hat. Ausgehend von seinen Schauplätzen spüren die
Autoren der Entstehung und Entwicklung, aber auch dem
Ende des Heiligen Römischen Reiches nach. So entsteht zum
200. Jahrestag seines Niedergangs ein umfangreicher Querschnitt seiner vielschichtigen Wirklichkeit.

2005. VIII, 343 S. mit
307 s/w-Abb. 38 farb. Abb.
auf 24 Taf. 27,5 x 21 cm.
Gb. mit SU.
Einführungspreis bis zum
31.12.2006: € 34,90/SFr 60,40.
Danach € 44,90/SFr 77,–
ISBN 3-412-23405-2

KÖLN WEIMAR WIEN

Böhlau

URSULAPLATZ 1, D-50668 KÖLN, TELEFON (0221) 91390-0, FAX 91390-11

23405051202